Savoir cuisiner

James Peterson

# Savoir cuisiner

LES ÉDITIONS DE
L'HOMME

Traduction de l'anglais : Jean-Marc Bendera, Aline Gracias, Yannick Jobert,
Anita Vettier pour LocTeam, S.L., Barcelone
Correction : Caroline Yang-Chung

**Catalogage avant publication
de Bibliothèque et Archives Canada**

Peterson, James

   Savoir cuisiner : apprendre et maîtriser 250 techniques et recettes de base

   Traduction de : Essentials of Cooking

   1. Cuisine. I. Titre.

TX651.P47142005        641.5      C2005-941852-4

Pour en savoir davantage sur nos publications,
visitez notre site : **www.edhomme.com**
Autres sites à visiter : www.edjour.com • www.edtypo.com
www.edvlb.com • www.edhexagone.com • www.edutilis.com

09-05

L'ouvrage original a été publié par Artisan,
division de Workman Publishing Company, Inc.,
sous le titre *Essentials of Cooking*

La première édition française de ce livre a été publiée en 2000
par Könemann Verlagsgesellschaft mbH
sous le titre *L'ABC de l'art culinaire*

Dépôt légal : 4e trimestre 2005
Bibliothèque nationale du Québec

ISBN 2-7619-2171-2

DISTRIBUTEURS EXCLUSIFS :

• Pour le Canada et les États-Unis :
  **MESSAGERIES ADP***
  955, rue Amherst
  Montréal, Québec  H2L 3K4
  Tél. : (514) 523-1182
  Télécopieur : (450) 674-6237
  * Filiale de Sogides ltée

• Pour la France et les autres pays :
  **INTERFORUM**
  Immeuble Paryseine, 3, Allée de la Seine
  94854 Ivry Cedex
  Tél. : 01 49 59 11 89/91
  Télécopieur : 01 49 59 11 96
  **Commandes** : Tél. : 02 38 32 71 00
               Télécopieur : 02 38 32 71 28

• Pour la Suisse :
  **INTERFORUM SUISSE**
  Case postale 69 - 1701 Fribourg - Suisse
  Tél. : (41-26) 460-80-60
  Télécopieur : (41-26) 460-80-68
  Internet : www.havas.ch
  Email : office@havas.ch
  DISTRIBUTION : OLF SA
  Z.I. 3, Corminbœuf
  Case postale 1061
  CH-1701 FRIBOURG
  **Commandes** : Tél. : (41-26) 467-53-33
               Télécopieur : (41-26) 467-54-66

• Pour la Belgique et le Luxembourg :
  **INTERFORUM BENELUX**
  Boulevard de l'Europe 117
  B-1301 Wavre
  Tél. : (010) 42-03-20
  Télécopieur : (010) 41-20-24
  http://www.vups.be
  Email : info@vups.be

Gouvernement du Québec – Programme de crédit d'impôt
pour l'édition de livres – Gestion SODEC –
www.sodec.gouv.qc.ca

L'Éditeur bénéficie du soutien de la Société de développement
des entreprises culturelles du Québec pour son programme
d'édition.

Nous reconnaissons l'aide financière du gouvernement du Canada
par l'entremise du Programme d'aide au développement de
l'industrie de l'édition (PADIÉ) pour nos activités d'édition.

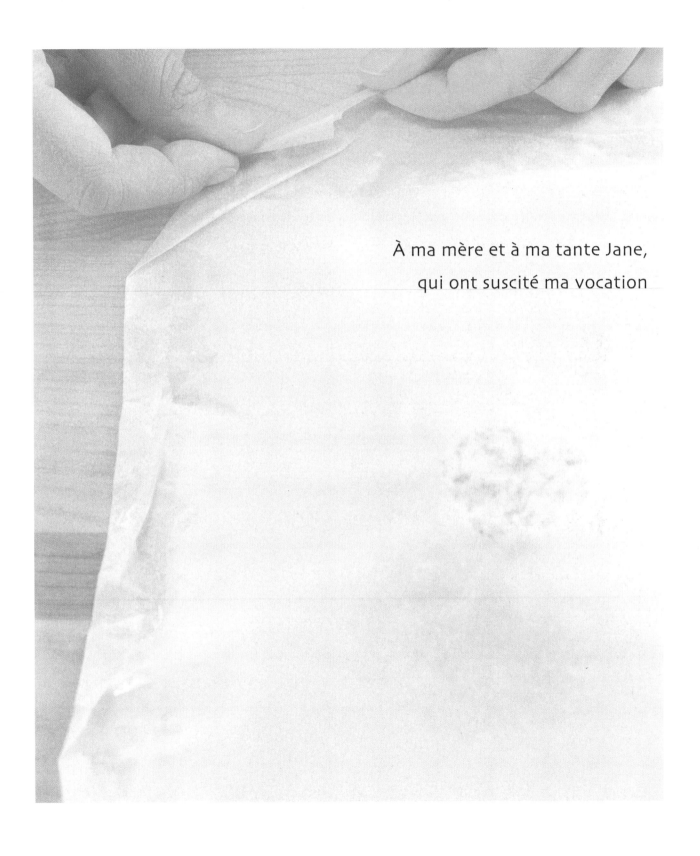

À ma mère et à ma tante Jane,
qui ont suscité ma vocation

Tellement de personnes ont joué un rôle vital dans la création de cet ouvrage que je dois demander pardon à celles que j'oublierais. Je dois adresser mes remerciements tout particuliers à Debré DeMers non seulement pour ses mains, qui apparaissent sur presque toutes les photos, et pour ses lèvres, qui apparaissent sur l'une d'elles, mais aussi pour son amitié, son enthousiasme, son regard photographique critique, et enfin pour avoir partagé avec moi tous ces plats à l'issue de nos séances photos. Merci également d'avoir toujours fait appel à ce bon goût infaillible pour sélectionner les accessoires les plus harmonieux sur les clichés. Merci à Geraldine Cresci d'avoir contribué à styliser les photos d'introduction des chapitres, et bien plus encore. Je serai, en outre, toujours reconnaissant à mes agents, Arnold et Elise Goodman, qui me soutiennent avec détermination. Après tant d'années, j'en suis venu à les apprécier et à les respecter d'une manière qui ne cesse de me surprendre. Enfin, merci à l'homme qui partage ma vie, Zelik Mintz, qui semble parfois se soucier davantage que moi des satisfactions et écueils de mon existence d'auteur de livres de cuisine.

VIII

## Volailles et œufs 145

## Viandes 183

## Tout faire soi-même 219

## Glossaire 261

IX

Parfois, en feuilletant des livres de cuisine en librairie, je ressens ce besoin impérieux de m'exprimer sur certains points concernant l'art culinaire, une impression qu'il subsiste des zones d'ombres, sentiment semblable à la frustration éprouvée au cours d'une discussion lorsque l'on ne parvient pas à faire entendre son propos. C'est cette frustration qui m'a amené à écrire ce livre.

Je me suis donc décidé à créer une sorte de guide de référence des techniques culinaires, destiné aux personnes peut-être habituées à cuisiner d'après des recettes, mais désireuses d'acquérir davantage d'aisance et de se sentir plus libres dans leur cuisine. Les recettes sont contraignantes, souvent intimidantes, et bien que j'en aie écrit des milliers, je doute de leur efficacité à apprendre réellement à cuisiner. Les techniques concrètes, en revanche, nous apprennent à tirer le meilleur parti d'un ingrédient en nous invitant à faire appel à notre intuition et à nous fier à notre palais.

Je distingue deux catégories de techniques: les techniques mineures qui simplifient et rationalisent les tâches du cuisinier, et les techniques incontournables qui font de vous un véritable cordonbleu. Aussi surprenant que cela puisse paraître, ces dernières sont peu nombreuses. Une fois maîtrisées la cuisson au four, au gril, à la friture, à la vapeur, braisée, sautée et pochée, vous savez cuisiner la plupart des plats, et si vous en comprenez la logique, vous pouvez improviser par intuition et conférer à vos plats votre touche personnelle.

Néanmoins, certaines techniques sont impossibles à enseigner sans un minimum d'illustration visuelle. Ayant moi-même gâché des après-midi à monter mes propres étagères, je m'imagine sans peine l'un de mes infortunés lecteurs, ficelle en main, s'acharnant à brider un poulet pour tout délaisser au bout de dix minutes et en venir directement à la strangulation. J'ai donc illustré certaines techniques au moyen de photos que je me suis efforcé de rendre engageantes et réalistes.

L'organisation de cet ouvrage ne fut pas chose aisée. Nous avons décidé de le diviser en six chapitres de techniques fondamentales qui montrent et expliquent comment procéder. Certaines définitions et explications ont été regroupées dans un glossaire. À la fin de chaque technique, vous êtes renvoyé non seulement aux termes concernés, mais également aux autres techniques mentionnées. Ainsi, les diverses phases techniques finissent par se combiner de manière logique. À la fin de la rubrique « Cuire des légumes au four », par exemple, la section « Voir également » vous renvoie aux instructions sur la façon de tourner des légumes à rôtir, de réaliser une chapelure fraîche pour légumes rôtis et de préparer un fond de poulet afin de dorer des légumes. De même, les légumes se révélant particulièrement savoureux lorsqu'ils sont rôtis avec un poulet ou un gigot d'agneau, vous savez tout de suite quelles rubriques consulter pour rôtir les viandes et la volaille. En fin de compte, vous pouvez vous servir de cet ouvrage comme d'un guide de référence rapide, mais aussi vous y plonger à votre guise, en passant d'une rubrique à l'autre afin de découvrir la logique inhérente aux techniques les plus essentielles.

Toutefois, certaines techniques sont semblables à des poupées russes, chacune en renfermant une autre. J'ai donc tenu à ce qu'aucune étape ne soit négligée tandis que vous travaillez en suivant les explications et les photos. Rôtir un poulet, par exemple, est en soi une tâche très simple, mais il existe des opérations secondaires, telles que le bridage, le dégraissage, et l'épaississement du jus avec de la farine ou de la purée d'ail, qui valorisent au mieux un poulet rôti. Ces sous-techniques pouvant tout autant convenir à d'autres recettes et préparations, il était impératif qu'elles ne demeurent pas enfouies dans la rubrique du poulet rôti. C'est pourquoi nous avons également illustré diverses techniques mineures comme le dégraissage, l'épaississement de purées de légumes et la confection d'un roux.

Bien que les recettes ne soient pas toujours expliquées de manière traditionnelle en indiquant précisément les quantités d'ingrédients et les temps de cuisson, cet ouvrage procure les instructions suffisantes pour la réalisation de presque 150 plats. Il vous montre, en effet, comment cuisiner en vous apprenant les préparations élémentaires, optant ainsi pour une méthode où il s'agit de savoir regarder, goûter, toucher, sentir, voir et écouter tandis que vous cuisinez. Dans la rubrique « Préparer un gratin de légumes », vous apprenez d'abord la technique de base : les légumes sont disposés en couches dans un plat, puis cuits au four sous une garniture croustillante. Ensuite, il vous est expliqué comment varier cette technique selon les légumes. Par ailleurs, aucune mesure de liquide n'est employée, car le volume est à déterminer d'après la taille du plat et la quantité de légumes. Ainsi, nous vous indiquons les règles à appliquer pour évaluer le volume nécessaire. Les thermostats des fours étant généralement peu fiables, les températures de cuisson ne sont également que des ordres de grandeur. Il est donc important d'apprendre quel aspect doit présenter le gratin à mesure qu'il cuit afin de pouvoir augmenter ou baisser la température selon les besoins.

Les nombreuses notes et astuces de cet ouvrage proposent des remarques générales et des conseils divers, quelques observations sur les ustensiles requis, ainsi que des suggestions sur l'application d'une certaine technique à d'autres plats.

Le chapitre intitulé « Tout faire soi-même » présente des techniques plus complexes, susceptibles d'intimider les débutants. Certaines opérations, telles que la découpe d'un poisson en filet ou le parage d'un carré d'agneau, peuvent certes être effectuées par votre poissonnier ou votre boucher, mais tout professionnel se doit de les maîtriser. Il est, de toute façon, très possible que vous deveniez pointilleux et que vous préfériez faire tout vous-même.

La découpe est une autre affaire. Il était autrefois de rigueur, du moins pour les hommes, de savoir découper. Il s'agissait d'un symbole de classe, à l'instar de l'équitation et du tennis. La plupart d'entre nous ne se préoccupent plus guère de ce genre de choses (ou refusent de l'admettre), et même si cela vaut mieux ainsi, l'un des rituels les plus conviviaux de l'existence s'est perdu. De nos jours, même la dinde de Noël se découpe dans la cuisine, presque furtivement, et l'allure majestueuse de ce volatile géant est quasiment tombée dans l'oubli. C'est pourquoi je souhaite ressusciter cet art, auquel une multitude d'aliments se prêtent. Une découpe soignée permet de transformer le plus modeste plat en repas élégant mais non formel à l'excès.

*Savoir cuisiner* se veut une sorte de compagnon dont je souhaite qu'il suscite en vous l'envie de cuisiner, qu'il vous tire de l'embarras occasionnel et qu'il vous aide à cuisiner en confiance, voire avec une touche d'audace, car une certaine assurance est source de créativité, stade ultime où le plaisir de cuisiner prend toute sa dimension… Il est bien sûr judicieux d'utiliser cet ouvrage parallèlement à d'autres afin de vous assurer que vous êtes sur le bon chemin ou de comprendre si telle ou telle méthode convient ou non. Mon vœu le plus cher, toutefois, est que cet ouvrage vous libère du carcan des recettes figées et que vous vous élanciez vaillamment faire votre marché et votre cuisine avec aisance et entrain.

# Notions

## Éplucher des asperges avec un économe à lame pivotante

Épluchez les asperges afin qu'elles cuisent uniformément, ce qui permet de les manger en entier.

1. Coupez l'extrémité rigide sur 2,5 cm (1 po).

2. Épluchez les asperges jusqu'à la base de la pointe en effectuant le long de la tige un va-et-vient avec l'économe. Maintenez les asperges bien à plat sur la planche. Les grosses asperges peuvent être épluchées avec un économe à lame fixe ou un couteau d'office.

## Éplucher des légumes

Même si certaines personnes préfèrent utiliser un seul type d'économe ou de couteau pour éplucher tous les légumes, le moyen le plus sûr de gagner du temps et de limiter la perte est d'utiliser différents ustensiles selon le type de fruit ou de légume à éplucher. L'économe à lame pivotante est recommandé pour les légumes à peau fine et fragile tels que l'asperge et la carotte. L'économe à lame fixe convient davantage aux légumes qui doivent être débarrassés d'une peau plus épaisse, comme les navets et les aubergines. Pour les légumes à peau particulièrement épaisse comme le céleri-rave, rien de tel que le couteau d'office, qui permet d'extraire les yeux et imperfections qui se cachent sous la peau.

Certains légumes tels que les oignons, les tomates, les poivrons et les châtaignes exigent des méthodes d'épluchage particulières.

### Notes et astuces

- Augmentez l'efficacité de l'économe en l'utilisant de façon appropriée: avec l'économe à lame pivotante, effectuez un mouvement de va-et-vient, ou bien épluchez en éloignant la lame de soi. L'économe à lame fixe, par contre, doit être ramené vers soi.

- Épluchez les légumes à peau fine tels que carottes et asperges avec un économe à lame pivotante.

- Épluchez les légumes à peau plus épaisse tels que les aubergines, les navets et les pommes de terre avec un économe à lame fixe.

- Enlevez les fils du fenouil et du céleri avec un économe ou un couteau.

- Épluchez au couteau les légumes à peau très épaisse tels que le céleri-rave ou la courge.

- Un bref passage dans l'eau bouillante permet de détacher la peau des oignons et des tomates, ainsi que la fine peau des châtaignes écossées. Cette astuce convient particulièrement aux petits oignons.

- On pense souvent qu'il est inutile d'éplucher les asperges, mais cela en facilite la cuisson, car la tige cuit aussi vite que les pointes, ce qui permet de déguster ainsi l'asperge en entier.

## Éplucher des aubergines avec un économe à lame fixe

1. Coupez les deux extrémités.
2. Épluchez en ramenant l'économe vers vous.

## Éplucher le céleri-rave au couteau

1. Si le céleri a toujours ses feuilles, coupez-les au ras du bulbe.
2. Épluchez le bulbe en le faisant pivoter contre la lame du couteau d'office.

## Éplucher des navets avec un économe à lame fixe

Si le navet a encore ses feuilles, coupez-les au ras du bulbe. Dans le cas contraire, coupez la partie dure où se trouvaient les feuilles. Épluchez le navet en le faisant pivoter contre la lame d'un économe (ou d'un couteau d'office).

### Éplucher des châtaignes

Les châtaignes possèdent deux enveloppes: une écorce épaisse et une peau très fine collée à la chair.

1. Dessinez un grand X au couteau sur la partie plate de la châtaigne. Prenez soin de transpercer l'écorce sans abîmer la chair. Laissez tremper les châtaignes 15 min dans de l'eau chaude. Égouttez-les. Faites-les griller, soit 15 min au four à 180 °C (350 °F), soit jusqu'à ce que l'écorce s'ouvre au niveau du X.

2. Retirez l'écorce tant que les châtaignes sont encore chaudes (utilisez éventuellement un torchon). Si elles refroidissent et deviennent difficiles à éplucher, remettez-les au four 5 min. Pour retirer la peau, plongez-les dans l'eau bouillante pendant 2 min environ. Égouttez-les et frottez-les immédiatement dans un torchon pour éliminer la majeure partie de cette fine peau.

### Éplucher des fèves

À moins que les fèves ne soient très petites et pas encore mûres, il faut, après les avoir écossées, enlever la peau amère qui les recouvre.

1. Faites glisser le pouce le long de la ligne située sur le côté de la fève et séparez les deux parties de la cosse.

2. Épluchez chaque fève avec l'ongle du pouce ou avec un petit couteau d'office. Si la quantité de fèves à éplucher est importante, plongez-les une fois écossées dans l'eau bouillante pendant environ 30 sec, égouttez-les, puis passez-les sous l'eau froide afin de faciliter l'épluchage.

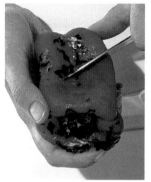

### Éplucher le fenouil

1. Coupez les tiges au ras du bulbe. (Vous pourrez les garder et les destiner à vos bouillons. Les petites feuilles peuvent être hachées finement et utilisées comme herbe aromatique ou en décoration.)
2. Pour enlever les parties filandreuses ou noircies, épluchez le bulbe du fenouil soit avec un économe à lame fixe ou pivotante, soit avec un couteau d'office. Maintenez le fenouil par la partie inférieure et épluchez en ramenant l'économe vers vous.

### Éplucher des petits oignons

1. Versez de l'eau bouillante sur les oignons et laissez reposer 1 min. Égouttez et passez sous l'eau froide.
2. Coupez les petites racines.
3. Retirez la fine peau avec un couteau d'office.

### Griller et peler des poivrons

Une fois grillés et épluchés, les poivrons (et certains piments) sont plus savoureux et plus tendres.
1. Placez les poivrons directement sur un brûleur, sur un gril ou sous le grilloir (sur une plaque électrique, pliez un cintre en deux, placez-le sur la plaque chaude et disposez-y les poivrons). Faites-les griller jusqu'à ce qu'ils aient complètement noirci.
2. Retirez autant que possible la peau noircie avec les doigts, puis utilisez un couteau pour enlever les parties plus résistantes.

## Peler des tomates

En général, il n'est pas nécessaire de peler les tomates. Cela est, par exemple, facultatif pour une salade de tomates. Si, en revanche, vous utilisez des tomates hors saison, l'épluchage permet d'en améliorer la texture. Pensez également à les peler lorsque vous préparez des tomates concassées, sinon la peau forme des particules qui finissent par flotter dans la sauce.

1. Retirez la queue à l'aide d'un couteau d'office. Plongez les tomates dans de l'eau bouillante pendant 15 sec si elles sont mûres, et 30 sec dans le cas contraire.

2. Égouttez-les et passez-les immédiatement sous l'eau froide, ou plongez-les dans de l'eau glacée.

3. Ôtez la peau par lambeaux en la saisissant entre le pouce et le couteau, ou retirez-la simplement avec les doigts.

Voir également
Épépiner des tomates, page 36
Préparer des tomates concassées, page 50

Termes du glossaire
Blanchir
Concasser
Coulis

6

# Éplucher, équeuter, couper et épépiner des légumes

## Découper des choux de Bruxelles

1. Si les choux sont en branche, coupez chaque chou au niveau de la tige. S'ils sont séparés, coupez les extrémités, qui peuvent avoir légèrement noirci ou séché.
2. S'ils sont gros, coupez-les en deux ou en quatre.
3. Vous pouvez également défaire vos choux en retirant toutes les feuilles une à une pour finalement les préparer sautés ou à la vapeur, de la même façon que les autres légumes verts à feuilles.

## Éplucher le maïs et l'égrener

Utilisez les grains de maïs dans vos soupes et sauces.
1. Retirez les feuilles vertes et les barbes qui enveloppent les grains. Si ces dernières s'enlèvent difficilement, passez-les sous l'eau froide en frottant avec une brosse en nylon rigide.
2. Détachez les grains en faisant glisser un couteau bien aiguisé le long de l'épi.

## Couper un chou-fleur

1. Retirez les tiges et les feuilles vertes du pied du chou-fleur. Découpez la partie inférieure avec un couteau pour retirer le trognon.
2. Retirez l'essentiel du cœur du chou-fleur en faisant le tour à l'aide de votre couteau.
3. Séparez les bouquets à l'endroit où ils se rejoignent, au centre du chou-fleur.
4. Coupez ensuite chaque bouquet à la base pour en obtenir de plus petits.

## Équeuter des légumes

Retirez les tiges rigides des légumes à feuilles avant la cuisson. Les feuilles de l'oseille et des épinards s'enlèvent facilement à la main. Utilisez un couteau pour ceux, comme la blette, dont les feuilles sont plus épaisses.

## Équeuter des épinards

Tenez la feuille d'épinard entre le pouce et le majeur et tirez sur la tige afin que la partie reliée au dos de la feuille se détache également.

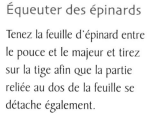

## Épépiner des concombres

1. Coupez le concombre en deux sur la longueur.
2. Retirez les graines.

## Équeuter une blette

Pliez la feuille en deux et coupez le long de la tige pour en séparer la feuille.

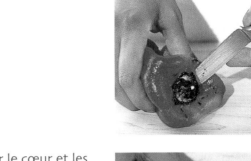

## Couper et nettoyer des poireaux

1. Coupez la racine du poireau à la base (ne coupez pas trop haut afin d'éviter que les feuilles ne se détachent).
2. Coupez les feuilles pour ne garder que 2,5 cm (1 po) de la partie verte.
3. Taillez la couche extérieure de feuilles vert foncé.
4. Coupez le poireau en deux dans le sens de la longueur.
5. Passez chaque moitié sous l'eau froide en la tenant à l'envers afin qu'aucune impureté ne se glisse plus profondément sous les feuilles. Frottez-les entre le pouce et le majeur pour éliminer toute trace de saleté.

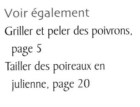

## Enlever le cœur et les graines des poivrons grillés

1. Avec un couteau d'office, incisez autour du cœur du poivron préalablement pelé.
2. Retirez le cœur avec les doigts.
3. Ouvrez le poivron en le découpant de haut en bas.
4. Coupez les nervures blanches à l'intérieur et jetez-les. Enlevez les graines à l'aide d'un couteau ou avec les doigts (vous pouvez aussi les passer rapidement sous l'eau froide).

9

### Voir également

Griller et peler des poivrons, page 5
Tailler des poireaux en julienne, page 20

# Couper des légumes et fines herbes

Pour bien couper des légumes, prenez en considération leur taille, leur forme et la façon dont vous allez les cuisiner. Généralement, les légumes sont hachés, taillés en dés ou en rondelles, ou encore émincés. Vous pouvez également les râper ou les tailler en julienne. Seulement, comment savoir s'il faut les hacher, les détailler en rondelles ou en julienne?

Hacher signifie généralement couper en morceaux plus petits sans prendre en considération la taille ou la forme. Vous pouvez hacher les légumes et fines herbes dont l'aspect final n'importe guère, ou ceux qui seront retirés de la sauce ou du bouillon sans être servis. En général, il est préférable de hacher grossièrement les légumes des plats à cuisson longue, et plus finement ceux dont la cuisson est plus courte. Émincer signifie simplement hacher finement et s'utilise pour la préparation des plats à cuisson très rapide, ou si vous désirez présenter les légumes émincés dans votre plat, dans votre sauce par exemple.

Taillez en dés, c'est-à-dire en petits cubes, quand vous accordez de l'importance à la présentation de vos légumes. La taille des dés est différente selon qu'il s'agit d'une brunoise ou d'une macédoine.

Râper, tailler en julienne ou tailler en chiffonnade désignent trois façons de découper des légumes en lanières. Râpez les légumes feuillus comme le chou; taillez en chiffonnade fines herbes (basilic) et légumes verts (épinards); taillez en julienne les autres légumes comme les tubercules. Le découpage en julienne précède directement le découpage en dés très fins appelé brunoise.

Les légumes peuvent également être coupés en morceaux plus gros, et utilisés comme garniture pour les aliments braisés, les rôtis et les ragoûts, ou pour être servis seuls. Les navets et le fenouil sont souvent coupés en triangles. Vous pouvez également tourner les légumes, c'est-à-dire les tailler de manière à leur donner une jolie forme ovale (page 21).

## Hacher et émincer

### Hacher et émincer des oignons

Utilisez la même méthode pour hacher oignons, échalotes et ail.

1. Placez une moitié d'oignon épluché sur la planche à découper, la racine vers l'extérieur. Tranchez finement ou grossièrement dans le sens de la longueur sans détacher les tranches de la racine.

2. Coupez ensuite horizontalement en prenant toujours soin de ne pas découper la racine.

3. Enfin, coupez en diagonale. Pour émincer, poursuivez le découpage jusqu'à ce que les tranches deviennent très fines.

## Émincer l'ail et le piler

L'ail pilé est encore plus fin que l'ail émincé. Utilisez-le lorsque vous avez besoin d'une texture bien lisse, par exemple pour l'incorporer dans une mayonnaise ou une soupe, ou si vous préparez un pistou sans mortier ni pilon.

1. Placez la lame d'un couteau à plat sur la gousse d'ail et avec la paume, donnez un coup sec. Enlevez la peau. Coupez la petite racine. Placez la gousse du côté plat sur la planche à découper. Si elle n'a pas de côté plat ou qu'elle est trop grosse, coupez-la en deux en passant par la racine et disposez la moitié à plat.

2. Coupez la gousse dans le sens de la longueur avec un couteau d'office bien aiguisé sans détacher les lanières de la racine.

3. Faites trois incisions horizontales.

4. Coupez finement en diagonale.

5. Pour obtenir de l'ail pilé à partir de l'ail émincé, placez-le sur le bord de la planche à découper et écrasez-le par petites quantités avec la lame d'un couteau de chef posée à plat. Appuyez fermement sur le couteau avec la paume.

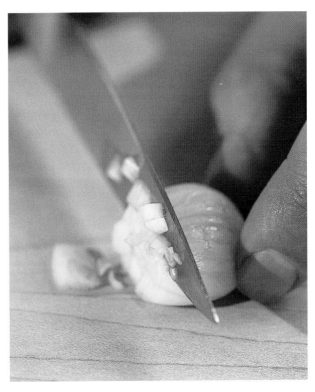

11

### HACHER ET ÉMINCER

Vous pouvez hacher et émincer des légumes avec un couteau de chef en coupant d'un geste rapide et saccadé. Cette opération est plus efficace si l'on adopte les astuces suivantes.

- Hachez une quantité relativement importante en une seule fois afin d'utiliser la lame tout entière (à moins que vous ne disposiez que d'une petite quantité à hacher, il est dommage de ne pas mettre à profit toute la lame).
- Disposez les aliments en long, parallèles à la lame (encore une fois pour utiliser la lame tout entière).
- Le geste sera plus efficace si vous tenez le couteau le plus près possible de la lame.

Celle-ci doit être coincée entre le pouce et le majeur, le manche étant tenu par le reste de la main.

- Maintenez la pointe du couteau bien appuyée contre la planche à découper afin qu'il soit bien stable et que vous puissiez contrôler la lame. (Certains cuisiniers appuient sur le dos du couteau avec la main libre pour le stabiliser, mais cela s'avère inutile si l'extrémité est fermement plantée dans la planche. Vous pouvez alors utiliser votre main libre pour faire glisser les aliments sous la lame au fur et à mesure.)
- Vous préférerez peut-être hacher certains aliments (légumes et fines herbes de consistance molle) en utilisant le couteau de la même façon que

pour le découpage en rondelles: au lieu de maintenir l'extrémité du couteau contre la planche, faites glisser la lame tout entière de haut en bas. Si vos mains fatiguent, utilisez cette troisième méthode: tenez la lame avec les deux mains, l'une à l'extrémité, l'autre sur le manche, et faites rapidement monter et descendre le couteau.

### COUPER EN RONDELLES

- Coupez les légumes en rondelles soit à la main, soit à l'aide d'un coupe-légumes. Avec le coupe-légumes, vous êtes sûr d'obtenir des rondelles bien fines et régulières.
- Si vous coupez à la main, tenez le légume avec une main en repliant les doigts dessous afin d'éviter la

lame. Si vous plaquez le plat de la lame contre vos articulations, vous pouvez obtenir des rondelles d'épaisseur régulière en reculant la main petit à petit. La main qui tient le couteau peut alors avancer rapidement. En général, il est possible de relever complètement le couteau entre chaque rondelle, mais si les légumes sont particulièrement durs, maintenez le bout de la lame contre la planche à découper afin de stabiliser le couteau et de donner plus de force à votre geste.

- Il est toujours plus aisé de couper un légume en demi-rondelles, car cela signifie que le légume repose à plat et qu'il est donc plus stable.

## TAILLER EN DÉS

- Tailler en dés exige plus de méthode que le simple hachage, car les dés doivent être réguliers et de taille égale. Coupez d'abord vos légumes en lanières ou julienne régulières, puis détaillez-les en dés.
- Les dés très fins (moins de 6 mm / ¼ po) portent le nom de brunoise; ceux légèrement plus grands (moins de 1,25 cm / ½ po), celui de macédoine.
- Lorsqu'il s'agit de cuisine à la maison, il est rarement nécessaire de couper des dés parfaits; du moment que les morceaux gardent une taille similaire, les dés irréguliers font parfaitement l'affaire. Il est beaucoup plus facile de couper des carottes ou tout autre légume cylindrique tel que les panais en petits morceaux triangulaires qu'en cubes réguliers.
- Pour tailler un légume rond en dés parfaitement réguliers, coupez d'abord les côtés afin d'obtenir un gros cube

(page 17). Si vous voulez conserver les chutes (qui se congèlent bien), pensez à éplucher les légumes au préalable.

## RÂPER, TAILLER EN JULIENNE ET EN CHIFFONNADE

- Râpez le chou soit à la main, soit avec un coupe-légumes.
- Pour tailler en julienne, coupez les légumes en fines rondelles, empilez les rondelles et coupez-les de nouveau. La consistance de la julienne dépend de l'épaisseur des rondelles.
- Les coupe-légumes et les mandolines peuvent servir pour le découpage en julienne, mais on ne peut en général choisir qu'entre une ou deux épaisseurs (qui ne correspondent, semble-t-il, jamais à celle dont on a besoin), et il est parfois difficile de faire passer un légume à travers les nombreuses petites lames. Coupez d'abord les légumes en rondelles avec le coupe-légumes, puis en julienne à la main.

- Pour tailler en chiffonnade les fines herbes et les légumes feuillus, empilez quelques feuilles, que vous enroulez en petits cylindres bien serrés, et tranchez-les finement. Versez quelques gouttes d'huile d'olive sur les herbes, telles que le basilic, qui ont tendance à noircir au contact de l'air.

## TOURNER DES LÉGUMES

- Tourner des légumes signifie les couper et les égaliser afin d'obtenir une forme ovale allongée. Coupez d'abord le légume en morceaux, puis égalisez les côtés avec un petit couteau d'office. Observez bien la forme du légume avant de le tourner afin d'en tirer le meilleur parti. Il est en général préférable de couper les légumes cylindriques en tronçons et les légumes ronds en triangles ou rectangles.
- Conservez les chutes pour préparer des soupes et purées.

14

## Découper chapeaux et pieds de champignons

Coupez le chapeau et le pied des gros champignons séparément.

1. Si le pied est sale, épluchez-le avec un couteau d'office.

2. Nettoyez les champignons à l'eau ou avec du papier absorbant humide.

3. Ôtez le pied et découpez le chapeau en lamelles.

4. Maintenez les lamelles ensemble et coupez-les dans l'autre sens.

5. Coupez les pieds en rondelles.

6. Hachez pieds et chapeaux. Pour les petits champignons, coupez le chapeau et le pied en même temps, puis hachez.

## Hacher du persil

Cette méthode peut être utilisée pour la majorité des fines herbes et des légumes feuillus. Les fines herbes doivent être bien sèches.

1. Coupez les tiges du persil (conservez-les pour un bouillon ou un bouquet garni, ou jetez-les). Regroupez les feuilles afin d'en hacher le plus possible à la fois.

2. Avec la main libre, faites glisser les feuilles sous le couteau et hachez rapidement. Maintenez l'extrémité du couteau contre la planche pour qu'il soit bien stable. Si vos mains se fatiguent, tenez la lame avec les deux mains.

## Couper des carottes en triangles

Cette méthode est applicable aux légumes cylindriques tels que le panais, la courgette ou le concombre, ainsi qu'aux légumes en branches tels que le céleri. Pour celui-ci, coupez les branches en lanières dans le sens de la longueur, puis tranchez dans l'autre sens.

1. Coupez les carottes pelées en deux dans le sens de la longueur. Si elles sont longues, coupez-les d'abord en deux dans l'autre sens, puis coupez chaque tronçon en trois grands morceaux.

2. Découpez en petits triangles (morceaux irréguliers).

## Couper en rondelles

### Couper des carottes en rondelles

Si l'aspect importe peu, coupez vos carottes et autres légumes cylindriques en deux dans le sens de la longueur, afin qu'ils restent bien stables sur la planche à découper. En revanche, pour les plats dont l'esthétique a de l'importance, conservez les rondelles entières (ne coupez pas la carotte en deux au préalable).

### Couper des carottes en demi-rondelles

Coupez les carottes en deux dans le sens de la longueur et disposez-les à plat. Découpez en maintenant l'extrémité du couteau appuyée contre la planche, et faites reculer l'autre main le long de la carotte au rythme de la lame.

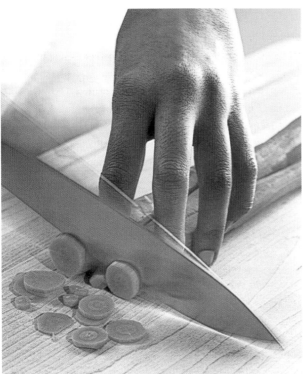

### Couper des courgettes en rondelles

Les courgettes et autres légumes cylindriques à chair tendre tels que le concombre peuvent être coupés très rapidement et avec précision en tenant le légume d'une main et en faisant reculer doucement l'autre main au fur et à mesure que la lame avance.
1. Coupez l'extrémité correspondant au pédoncule.
2. Tenez la courgette avec une main, en repliant l'index sur la partie supérieure, de façon que la lame glisse de haut en bas contre les articulations et ne puisse pas heurter le doigt. Coupez rapidement en effectuant un mouvement de haut en bas.

### Couper des courgettes en triangles

Pour certaines préparations comme les soupes et les pâtes, les rondelles entières sont trop grosses: coupez alors la courgette en deux ou en quatre dans le sens de la longueur avant de la découper.
Il est plus facile de tailler en triangles qu'en rondelles, car le légume repose à plat sur la planche à découper.
1. Coupez l'extrémité correspondant au pédoncule, puis coupez en quatre ou plus dans le sens de la longueur.
2. Découpez les morceaux à raison de plusieurs à la fois.

## Couper du fenouil avec un coupe-légumes en plastique

Réglé sur la position la plus mince, un coupe-légumes en plastique permet d'obtenir des tranches aussi fines que du papier.

Frottez le fenouil de haut en bas contre la lame en veillant à maintenir les doigts bien tendus et éloignés de la lame. Lorsque votre main se rapproche de la lame, utilisez la poignée de protection.

## Couper des concombres rapidement

Les légumes longs et les lanières de légumes peuvent être rassemblés afin d'en couper une grande quantité à la fois.

1. Coupez le concombre en deux dans le sens de la longueur. Creusez chaque moitié avec une cuillère pour retirer les graines.

2. Placez les deux moitiés l'une sur l'autre et découpez-les en même temps. La main libre maintient les deux moitiés en place.

## Couper des truffes

Bien qu'il soit facile de couper les truffes à la main ou avec un coupe-légumes en plastique, un appareil à couper les truffes peut s'avérer pratique et même esthétique si vous effectuez le découpage à table.

Choisissez l'épaisseur désirée en réglant la vis située sur le côté de la lame.

Faites glisser la truffe contre la lame en effectuant un rapide mouvement de va-et-vient.

Terme du glossaire
Coupe-légumes (également
   photo d'un protège-main)

## Tailler en dés

### Tailler des navets en dés

Vous pouvez tailler ainsi tous les légumes ronds.
1. Après avoir épluché le navet, taillez les côtés afin d'obtenir un cube parfait.
2. Coupez ce cube en tranches. Le nombre de tranches dépend de la taille que vous voulez donner aux dés. Veillez à faire des tranches d'épaisseur égale.
3. Maintenez fermement les tranches et coupez dans l'autre sens pour obtenir des bâtonnets.
4. Enfin, détaillez ces bâtonnets en dés.

Termes du glossaire
Brunoise
Macédoine

# Râper, tailler en julienne et en chiffonnade

## Ôter le cœur du chou et râper le chou

1. Coupez le chou en quatre en passant par le cœur.
2. Retirez le cœur de chaque quartier au couteau.
3. Râpez chaque quartier avec un coupe-légumes ou un couteau de chef.

## Tailler des betteraves en julienne ou en bâtonnets

Procédez de la même manière pour les autres légumes ronds tels que les navets et le céleri-rave.
1. Coupez en tranches les betteraves épluchées, cuites à l'eau ou au four.
2. Empilez les tranches et découpez-les, soit en fines lanières ou julienne, soit en lanières plus épaisses ou bâtonnets, comme illustré.

Voir également
Éplucher des betteraves cuites au four, page 71

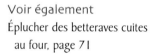

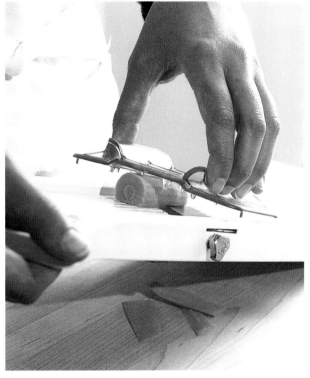

19

## Tailler des carottes en julienne

Vous pouvez tailler en julienne le panais et les autres légumes cylindriques en suivant la méthode présentée ici. Pour les légumes ronds comme le navet, utilisez plutôt le découpage en tranches, empilez les tranches et taillez-les finement en julienne.

1. Coupez les carottes épluchées en tronçons de la longueur désirée pour votre julienne.

2. Pour chaque tronçon, coupez de haut en bas des tranches sur les quatre côtés. Arrêtez quand vous atteignez le cœur jaune et jetez-le.

3. Vous pouvez, pour la même opération, utiliser un coupe-légumes.

4. Empilez les tranches (pas plus de trois à la fois) et maintenez-les fermement avec les doigts.

5. Coupez-les en lanières aussi larges qu'épaisses.

## Tailler en julienne des poivrons grillés

Après avoir vidé le poivron de ses graines et de ses nervures blanches, aplatissez-le sur la planche à découper et détaillez-le en fines lanières.

### Voir également

Griller et peler des poivrons, page 5

Enlever le cœur et les graines des poivrons grillés, page 9

### Terme du glossaire

Coupe-légumes

## Tailler des poireaux en julienne

Cette opération s'effectue entièrement à la main.

1. Retirez les feuilles du poireau. Coupez-le en deux dans le sens de la longueur et passez-le sous l'eau.
2. Coupez la racine sur environ 6 mm (¼ po) pour que les feuilles blanches se détachent plus facilement.
3. Épluchez en enlevant trois feuilles à la fois.
4. Si les feuilles mesurent plus de 8 cm (3 po), pliez-les en deux (si elles sont vraiment trop longues, coupez-les en deux).
5. Maintenez les poireaux bien en place et détaillez-les avec un couteau de chef.

Voir également
Couper et nettoyer des
  poireaux, page 9

## Couper le basilic en chiffonnade

Vous pouvez appliquer cette méthode à tous les légumes feuillus. La majorité des légumes verts tels que les épinards et la blette ne noircissent pas une fois coupés, il n'est donc pas nécessaire de les asperger d'huile d'olive.

1. Pour éviter que le basilic ne noircisse, versez quelques gouttes d'huile d'olive sur les feuilles et frottez-les afin de bien enduire chacune d'elles.
2. Empilez deux ou trois feuilles et roulez-les en cylindres bien serrés.
3. Découpez les feuilles en fines lanières.

# Façonner des légumes: tourner et couper en morceaux

## Tourner des navets

Appliquez cette méthode à tous les légumes ronds et fermes. Il est plus facile de couper les navets en plusieurs morceaux avant de tourner leurs angles. Le nombre de morceaux dépend de la taille que l'on souhaite leur donner et de celle du navet. Vous pouvez couper les petits navets en quatre, comme illustré, et les navets plus gros ou autres gros légumes en six ou huit. Si vous êtes confronté à un légume particulièrement gros que vous voulez transformer en morceaux arrondis relativement petits, coupez-le en deux le long de son axe, puis découpez chaque moitié.

1. Coupez le navet en quatre morceaux (ou plus).
2. Égalisez les angles en utilisant un couteau bien aiguisé. Essayez de faire glisser la lame de manière continue afin d'obtenir une courbe. Si vous vous arrêtez au milieu, vous risquez de dessiner un angle au lieu d'une forme arrondie.

## Tourner des carottes

Appliquez cette méthode aux autres légumes cylindriques tels que le panais et la courgette. Vous pouvez couper la carotte en tronçons puis tourner chaque tronçon, mais vous perdez ainsi la meilleure partie du légume (la partie orange à l'extérieur). Retirez plutôt le cœur de chaque tronçon en premier, puis taillez-les un par un pour leur donner une jolie forme arrondie.

1. Coupez les tronçons de carottes épluchés en longs triangles. Vous obtiendrez des morceaux de taille égale en divisant les tronçons les plus grands en cinq et les plus petits en deux.
2. Avec un couteau d'office, incisez le long de chaque côté du cœur jaune et retirez-le.
3. Avec un couteau bien aiguisé, arrondissez les angles de chaque triangle en les faisant pivoter contre la lame.

21

## Couper le fenouil en morceaux

1. Coupez les branches du fenouil.
2. Épluchez-le avec un économe.
3. Coupez le bulbe en deux. Passez bien par le centre (visible en dessous) afin que chaque moitié garde une partie du cœur attachée, qui l'empêche de se défaire totalement.
4. Coupez chaque moitié en six ou huit morceaux en fonction de la taille de votre fenouil, toujours en passant par le centre.

## Couper des navets en morceaux

Coupez en deux dans le sens de la longueur les navets épluchés. Coupez chaque moitié en autant de morceaux que vous le souhaitez.

# Préparer des fruits

Les fruits présentent une telle variété de forme, de taille et de structure que différentes techniques sont nécessaires pour les peler, les épépiner, les équeuter, les couper ou prélever leur zeste.

## Préparer des pommes

### Éplucher des pommes

1. Avec un économe, retirez le pédoncule en creusant d'un mouvement circulaire.
2. Épluchez la pomme en la faisant pivoter contre la lame, de préférence fixe, de l'économe.
3. Frottez-la immédiatement avec du citron pour l'empêcher de noircir.

## Détailler des pommes en quartiers

1. Coupez en deux les pommes épluchées, en partant du haut.
2. Coupez chaque moitié en deux quartiers ou plus, puis retirez le cœur de chacun d'eux.
3. Coupez les quartiers pour obtenir des lamelles. Vous pouvez asperger ces lamelles de jus de citron pour les empêcher de noircir, mais ne les plongez jamais dans de l'eau citronnée (comme les artichauts), ce qui éliminerait tout leur sucre et leur donnerait un goût proche de celui du concombre.

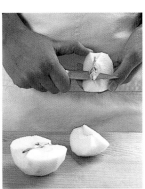

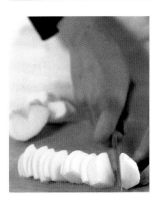

## Préparer des agrumes

Nous proposons ici la préparation de l'orange et du citron, mais ces techniques sont applicables à tous les agrumes.

### Peler parfaitement une orange

1. Coupez les extrémités d'une orange sans pépins de manière à faire apparaître la pulpe.
2. Posez l'orange sur une planche à découper et retirez soigneusement la peau avec un couteau d'office. Suivez au plus près la forme de l'orange afin d'enlever le moins de pulpe possible. Vous pouvez

ensuite la couper simplement en rondelles ou en quartiers.

### Couper une orange pelée en quartiers

1. Utilisez un couteau d'office pour inciser le long de la membrane qui sépare chaque quartier. N'incisez pas plus loin que le cœur de l'orange.
2. Coupez ainsi le long de chacune des deux membranes en vous mettant au-dessus d'un bol afin de récupérer le jus et d'y laisser tomber les quartiers.
3. Pressez les membranes pour en faire sortir tout le jus.

## Couper le zeste du citron en julienne

1. Un zesteur permet de former de très fines lanières de zeste.

2. Si vous n'en possédez pas, découpez soigneusement des bandelettes de zeste avec un couteau d'office ou un économe, et éliminez tout reste de peau blanche.

3. Découpez ces bandelettes en julienne très fine.

## Préparer les fruits à noyau

### Dénoyauter des cerises

La plupart des cuisiniers ont leur propre méthode. Au lieu d'utiliser un dénoyauteur, qui gaspille beaucoup de chair, faites sortir le noyau à l'aide d'un bâtonnet.

### Dénoyauter des abricots

1. Avec un petit couteau d'office, faites tout le tour de l'abricot en incisant jusqu'au noyau.

2. Séparez les deux moitiés avec les doigts et enlevez le noyau.

## Préparer des fruits exotiques

Pour préserver la chair tendre des kiwis et des kakis, épluchez-les avec une cuillère.

### Éplucher des kiwis et les couper en rondelles

1. Coupez les extrémités du kiwi avec un couteau d'office bien aiguisé.
2. Introduisez une cuillère à soupe entre la peau et la chair et faites-la tourner en la pressant contre l'intérieur de la peau de manière à ne pas abîmer la chair. Faites tout le tour du kiwi en faisant glisser la cuillère, jusqu'à ce que la peau se détache complètement.
3. Retirez le kiwi de sa peau.
4. Détaillez-le en rondelles.
5. Vous pouvez également le couper dans le sens de la longueur. Si le cœur est dur, retirez-le.

## Préparer des kakis

Les kakis doivent avoir la consistance d'une tomate très mûre.
1. Coupez les extrémités.
2. Coupez les kakis en deux.
3. Retirez la chair avec une cuillère.

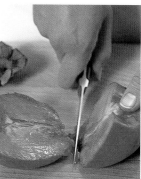

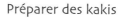

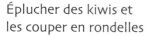

## Éplucher et découper un ananas

1. Pour arracher les feuilles, effectuez un mouvement circulaire en tirant.

2. Coupez les deux extrémités de manière à faire apparaître la chair. Posez l'ananas debout sur une planche à découper (veillez à ce que la planche soit bien propre, car l'ananas absorbe volontiers les autres saveurs).

3. Découpez le pourtour suffisamment en profondeur pour éliminer les taches marron. (Vous pouvez aussi ne pas couper aussi profond et enlever ensuite ces taches une à une avec un couteau. Cette méthode est plus longue, mais permet de moins gaspiller.)

4. Coupez l'ananas dans le sens de la hauteur en quatre ou six parts, en passant par le cœur.

5. Retirez le cœur de chaque part et jetez-le.

6. Découpez les parts en morceaux.

**Dénoyauter et éplucher une mangue**

1. Coupez la mangue en deux en partant du côté le plus pointu du fruit (les mangues ont un grand noyau plat qu'il vaut mieux atteindre par le côté). Avec le couteau, coupez le long du noyau pour diviser la mangue en deux.

2. Glissez le couteau sous le noyau et détachez-le de la mangue.

3. Faites une série d'incisions dans la chair, sur la longueur puis en diagonale, de manière à dessiner des croisillons. Prenez soin de ne pas transpercer la peau, car la mangue serait plus difficile à éplucher et vous risqueriez de vous blesser.

4. Retournez la chair vers l'extérieur et détachez les cubes de mangue à la cuillère.

**Équeuter des fraises**

Pour avoir moins de perte, n'équeutez pas vos fraises en arrachant tout simplement les queues. Retirez celles-ci en faisant pivoter un couteau d'office au sommet de la fraise, en créant ainsi un petit creux en forme de cône (nettoyez toujours vos fraises avant de les équeuter pour éviter qu'elles ne se gorgent d'eau).

# Extraire la chair
# de la noix de coco

Si vous achetez une noix de coco, secouez-la en la collant à votre oreille. Vous devez entendre le liquide clapoter à l'intérieur.

### Extraire la chair de la noix de coco

1. À l'aide d'un tournevis cruciforme, faites deux trous au niveau des «yeux», à une extrémité de la noix de coco. Si l'écorce résiste, enfoncez-le avec un marteau. Laissez s'écouler le jus, boisson sucrée et délicieuse, mais qui n'est pas du véritable lait de coco.

2. Faites cuire la noix de coco 20 min au four à 180 °C (350 °F) afin que la chair se détache de l'écorce. Enveloppez la noix de coco dans un torchon, placez-la sur une surface solide et cassez-la avec un marteau.

3. Ouvrez-la. Utilisez un tournevis pour détacher le blanc de l'écorce.

4. Épluchez la peau brune avec un économe.

## Râper la noix de coco et préparer le lait

De nombreux cuisiniers confondent le lait de noix de coco avec le liquide que l'on trouve à l'intérieur du fruit. Le lait de noix de coco s'obtient en faisant infuser de la noix de coco râpée dans de l'eau bouillante et en filtrant ensuite le mélange.

1. Râpez la noix de coco épluchée soit à la main, soit au robot, et placez-la dans une jatte.

2. Versez de l'eau bouillante de façon à recouvrir presque entièrement la noix de coco râpée.

3. Laissez reposer 15 min, puis filtrez dans une passoire fine en appuyant sur la noix de coco avec une louche afin d'extraire le plus de lait possible. Ensuite, versez à nouveau de l'eau bouillante sur la noix de coco et renouvelez le processus afin d'obtenir un second lait.

# Préparer un fond de poulet

Les fonds sont essentiels à la préparation de nombreux plats. Ils constituent la base d'un très grand nombre de soupes et de sauces, et servent à mouiller ragoûts, sautés et daubes. Dans les restaurants traditionnels, on dispose toujours de fond de veau, de poulet ou de bœuf, mais on peut simplifier les choses en utilisant un fond blanc de poulet pour les préparations peu colorées et à saveur délicate, et un fond brun pour les plats plus foncés et plus relevés.

Le fond blanc de poulet, préparé à base de légumes crus et de poulet, est légèrement teinté et d'un goût léger. On l'incorpore à des soupes claires et à tout autre plat peu teinté ou à la saveur délicate tel que la fricassée blanche de poulet et la blanquette de veau. On élabore le fond brun de poulet à partir d'os et de légumes dorés au four, sur lesquels on verse l'eau. Grâce à cette caramélisation préalable, ce type de fond est plus riche en saveur et plus foncé que le fond blanc. On l'utilise dans les fricassées brunes de poulet comme le coq au vin, ainsi que dans les daubes, les ragoûts et les rôtis.

## Le fond brun

1. Disposez les morceaux de carcasse ou autres chutes de poulet avec les légumes aromatiques dans un plat à four robuste.

2. Faites cuire à 200 °C (400 °F) jusqu'à ce que la viande soit bien grillée, que le jus soit caramélisé au fond et que la graisse flotte. Retirez le poulet, mettez-le dans une cocotte à part et ôtez la graisse à la cuillère.

3. Placez le plat sur la cuisinière et versez de l'eau ou du bouillon pour déglacer le jus caramélisé tout en grattant le fond avec une cuillère en bois jusqu'à dissolution du jus.

4. Versez le jus déglacé sur le poulet. Recouvrez à nouveau avec de l'eau ou du bouillon. Faites frémir doucement et retirez l'écume et la graisse. Ajoutez un bouquet garni.

5. Faites cuire à feu doux 3 ou 4 h en retirant l'écume et la graisse toutes les 30 min. Filtrez et laissez refroidir. Placez une nuit au réfrigérateur. Enlevez la graisse solidifiée à la surface à la cuillère.

## Le fond blanc

1. Recouvrez d'eau froide légumes aromatiques, bouquet garni et morceaux de poulet.

2. Faites cuire à feu doux pendant 3 ou 4 h, en retirant le gras et l'écume de temps en temps.

3. Filtrez, laissez refroidir et mettez au réfrigérateur.

## Notes et astuces

- Pour les fonds, utilisez la carcasse ou les morceaux d'un poulet entier, éventuellement des ailes et pilons s'ils sont plus faciles à trouver ou moins coûteux.

- Comptez environ 500 ml (2 tasses) d'eau pour 480 g (1 lb) d'aliments solides. Pour que votre fond ne soit pas trop clair, recouvrez à peine d'eau.

- Rehaussez la saveur en ajoutant carottes, oignons, céleri et, éventuellement, du fenouil en branches coupé grossièrement.

- Dégraissez à la louche lors de la cuisson, puis lorsque le fond est froid, enlevez la graisse solidifiée à la surface.

- Le fond de canard se prépare comme celui de poulet. Pour rehausser sa saveur, mouillez les os avec un fond blanc ou brun de poulet.

- Ne placez jamais un fond encore chaud au réfrigérateur ou au congélateur, car la chaleur dégagée augmenterait la température et gâterait les autres aliments. Faites, par conséquent, refroidir vos fonds à température ambiante une heure ou deux avant de les placer au réfrigérateur. Si vous voulez les congeler, faites-les d'abord refroidir au réfrigérateur plusieurs heures.

- Si vous préparez plus de 8 litres (32 tasses) de fond (plus courant dans un restaurant que dans une cuisine privée), ou s'il fait particulièrement chaud dans votre cuisine, refroidissez rapidement votre fond avant de le mettre au réfrigérateur, en plaçant le récipient dans un autre plus grand rempli d'eau glacée. Si le récipient est très grand faites-y plutôt flotter un récipient plus petit, très propre, rempli de glace.

- Vous pouvez garder vos fonds 5 jours maximum au réfrigérateur et presque indéfiniment au congélateur.

- Si votre fond est au réfrigérateur depuis cinq jours, faites-le bouillir à nouveau, laissez-le refroidir en suivant les conseils ci-dessus, puis replacez-le au réfrigérateur pendant cinq jours. Vous pouvez recommencer cette opération indéfiniment.

## Composer un bouquet garni

Un bouquet garni est un assortiment de fines herbes que l'on joint aux fonds, ragoûts et soupes afin de rappeler la saveur et l'arôme des herbes. Un bouquet garni classique se compose de persil, de thym et de feuilles de laurier, mais dans certaines régions, on y ajoute parfois d'autres herbes. Dans le sud de la France par exemple, on peut trouver de l'écorce d'orange séchée. La plupart des livres de cuisine conseillent de ficeler les herbes dans une étamine, très utile si vous utilisez des herbes séchées sans tige. En revanche, si les herbes (sèches ou fraîches) ont toujours leur tige, il est plus commode de les attacher avec une ficelle. Rappelez-vous que la taille du bouquet dépend de la quantité de liquide dans lequel il sera plongé. Pour une petite quantité, choisissez un bouquet gros comme le pouce, et pour une grande marmite, un bouquet long comme

l'avant-bras. Le bouquet illustré ici convient pour une petite casserole.

### Voir également

Préparer un ragoût sans dorer, page 210
Préparer une blanquette de veau à la crème, page 212

### Termes du glossaire

Bouillon
Caraméliser
Cuire au four
Déglacer
Dégraisser
Émulsion
Fricassée
Légumes aromatiques

# Préparer un fumet de poisson

Le fumet de poisson classique se prépare en faisant cuire à feu doux des têtes et des arêtes de poisson dans du vin blanc et de l'eau, avec des oignons et un bouquet garni. Utilisez des parures non cuites pour un résultat peu coloré et moins savoureux, et des parures préalablement passées au four pour une saveur plus relevée. Les poissons maigres tels que les bars et dorades conviennent parfaitement aux fumets blancs de sauces, plats de poissons braisés et paellas. Pour un fumet brun bien consistant tel que celui destiné à la bouillabaisse, faites dorer les arêtes et les légumes au four avant d'ajouter l'eau afin que leur jus se caramélise et apporte une saveur riche et corsée.

Le fumet au vin rouge tel que celui de la préparation de la dorade s'élabore à partir des arêtes dorées d'un poisson plus gras, le saumon, dont la saveur est trop forte pour un bouillon classique au vin blanc et à l'eau. Vous pouvez ajouter des carottes pour rehausser la saveur de ce type de fumet.

## Notes et astuces

- Comptez environ 500 ml (2 tasses) d'eau pour 480 g (1 lb) d'arêtes. Pour éviter que le fumet ne soit trop fade, recouvrez à peine d'eau. Pour le fumet brun, diminuez encore la quantité d'eau, car les arêtes se seront détachées et prendront moins de place.

- Faites tremper les arêtes dans de l'eau froide, afin d'éliminer tout reste de sang qui altérerait la couleur du fumet, et coupez les ouïes.

- Cassez l'épine dorsale pour libérer la gélatine, qui donne sa consistance au fumet, rend les arêtes plus compactes et vous permet d'utiliser moins d'eau. Laissez les têtes entières, car il est presque impossible de les casser (elles se détacheront en cuisant).

- Étant donné que le temps de cuisson du fumet est plus court que celui du fond de poulet, hachez les oignons bien fin ou détaillez-les en rondelles afin qu'ils libèrent toute leur saveur.

- Les fumets de poissons nécessitent un temps de cuisson moins long que les fonds de volaille ou de viande (de 20 à 30 min), car les arêtes se cassent et libèrent rapidement la gélatine. Ne prolongez pas inutilement le temps de cuisson, car votre fumet serait trop corsé.

## Fumet de poisson

Un fumet de poisson classique s'élabore en faisant cuire les arêtes et les têtes (*parures* pour les professionnels) de poissons dont les filets ont été levés avec des oignons émincés, un bouquet garni, un peu de vin blanc et de l'eau. Le fumet ne doit pas cuire plus de 30 min pour ne pas devenir trop corsé.

1. Videz parfaitement le poisson (certains cuisiniers vident le poisson avant de lever les filets, mais il est plus simple de commencer par les filets, comme illustré).

2. Coupez les branchies.

3. Cassez l'épine dorsale en deux endroits. Faites tremper les parures dans l'eau froide pendant environ 2 h. Placez le récipient au réfrigérateur ou ajoutez-y de la glace, et changez l'eau toutes les 30 min.

4. Égouttez les parures et placez-les dans une cocotte avec un bouquet garni et de l'oignon émincé. Recouvrez à peine d'eau. Ajoutez un peu de vin. Faites mijoter de 20 à 30 min. Passez la préparation dans une passoire.

## Fumet au vin rouge concentré

Ce fumet est réduit jusqu'à obtention de la consistance d'un glaçage. On l'utilise comme jus de cuisson pour les poissons braisés et comme base pour les sauces de poisson au vin rouge. Avec du persil haché et du beurre battu, ce fumet devient une sauce d'accompagnement délicieuse pour le saumon et autres poissons à forte saveur.

1. Coupez les branchies du saumon et jetez-les.
2. Faites revenir les oignons et les carottes dans un fait-tout à fond épais.
3. Ajoutez les parures du saumon et faites cuire à feu moyen jusqu'à ce que les parures se délitent (au bout d'environ 15 min).
4. Laissez cuire jusqu'à ce qu'une couche de jus caramélisé se forme dans le fond et que la graisse soit libérée (retirez cette graisse à ce moment-là, ou écumez-la plus tard, après l'ajout du vin).
5. Ajoutez un bouquet garni et recouvrez complètement avec du vin rouge corsé.
6. Faites cuire à feu doux environ 30 min. Retirez graisse et écume à la surface.
7. Filtrez le fumet et faites-le réduire jusqu'à ce qu'il ait la consistance d'un sirop, tout en éliminant régulièrement graisse et écume.

33

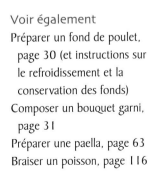

### Voir également

Préparer un fond de poulet, page 30 (et instructions sur le refroidissement et la conservation des fonds)

Composer un bouquet garni, page 31

Préparer une paella, page 63

Braiser un poisson, page 116

Préparer une dorade braisée avec un fumet au vin rouge, page 117

Préparer le *dashi*, page 143

### Termes du glossaire

Bouillon

Monter au beurre

Suer

# Préparer un bouillon de crustacés

On peut, avec les carapaces et têtes des crustacés tels que crabe, homard, écrevisse ou crevette, élaborer un bouillon savoureux qui servira de base aux soupes, sauces (page 139) et plats de riz comme le risotto et la paella. On ajoute généralement des tomates, qui rehaussent la couleur du bouillon et se marient parfaitement avec les crustacés, ainsi que des fines herbes et un bouquet garni. (Retenez que l'estragon est particulièrement délicieux. Ajoutez-le haché à la fin, ou joignez-le au bouquet garni.) Si vous utilisez des têtes d'écrevisses ou de crevettes, ou des carapaces de homard ou de crabe, réduisez-les en poudre au robot ou écrasez-les avec un rouleau à pâtisserie sans poignées, comme illustré, afin que leur saveur imprègne tout le jus. Ne mettez pas de pinces ni de grosses carapaces de crabe dans le robot afin de ne pas endommager la lame. Conservez les queues de crevettes au congélateur dans un sac en plastique en attendant de disposer d'une quantité suffisante pour préparer un bouillon.

## Notes et astuces

- Pour que le liquide soit bien imprégné de la saveur des crustacés, écrasez bien les carapaces et les têtes, soit avec un rouleau à pâtisserie sans poignées, soit au robot. Écrasez les pinces d'écrevisse et les carapaces particulièrement dures à la main afin de ne pas endommager la lame. Il n'est pas nécessaire d'écraser les carapaces peu épaisses comme celles des queues de crevettes. Par contre, faites-le pour les têtes.

- Vous pouvez conserver les carapaces de crustacés au congélateur pendant 2 mois. Enveloppez-les bien serrées dans un film plastique et attendez d'en avoir accumulé suffisamment pour faire un bouillon.

- Pour les soupes et les sauces riches, vous pouvez utiliser du beurre et de la crème afin de faire ressortir la saveur et la couleur des crustacés (page 139).

- Le bouillon de crustacés se marie parfaitement avec l'estragon, les tomates, le safran et le cognac. Tous ces ingrédients peuvent servir à aromatiser sauces, soupes et plats à base de riz.

## Bouillon de crevettes

Avec les carapaces et les têtes de crustacés tels que le crabe, la crevette, l'écrevisse et le homard, on élabore des bouillons savoureux qui peuvent être incorporés à la paella (les crevettes décortiquées servent de garniture) ou aux soupes (une bisque est un bouillon épaissi avec du riz), ou encore être réduits et ajoutés dans une sauce.

1. Déposez les enveloppes et les têtes de crevettes dans une casserole à fond épais avec des légumes aromatiques préalablement hachés.

2. Écrasez-les avec l'extrémité d'un rouleau à pâtisserie sans poignées.

3. Ajoutez des tomates hachées grossièrement et un bouquet garni. Couvrez d'eau et faites mijoter environ 45 min. Filtrez la préparation.

Voir également
Composer un bouquet garni, page 31
Préparer le risotto et la paella, pages 63 et 65
Préparer une sauce à l'écrevisse, page 141

Termes du glossaire
Bouillon
Légumes aromatiques

## Préparer une salade verte

Lorsque vous choisissez les ingrédients pour votre salade, associez sans hésiter des laitues appartenant à l'une des trois catégories de base: celles à saveur douce comme la romaine, la laitue rouge et la feuille de chêne, qui se marient très bien dans toutes sortes de salades simples sans que la saveur de l'une d'entre elles ne l'emporte sur l'autre. Plus amères et au goût plus fort, les salades d'hiver, telles que les endives, la chicorée (frisée), les pissenlits, les radis et le cresson, se complètent parfaitement et accueillent avec bonheur une vinaigrette bien relevée ou des ingrédients savoureux tels que le bacon, les poissons et les viandes grillés ou fumés. En été, composez un mélange relevé de laitues avec roquette, basilic et autres fines herbes et laitues sauvages (vous pouvez, bien sûr, mélanger les variétés à votre guise, cette liste servant uniquement de guide).

Accompagnez votre salade verte de la sauce la plus simple et la meilleure qui soit: un bon vinaigre de vin mélangé à de l'huile d'olive vierge. Faites dissoudre le sel dans le vinaigre avant de l'incorporer à la salade pour ne pas le sentir craquer sous la dent.

### Salade verte

1. Faites tremper les feuilles quelques minutes dans l'eau froide. Faites-les délicatement sortir de l'eau en prenant soin de bien écarter les doigts. Renouvelez l'opération en changeant d'eau chaque fois, jusqu'à ce qu'il n'y ait plus aucun gravillon dans le fond du récipient.

2. Essorez doucement les feuilles dans une essoreuse à salade.

3. Juste avant de servir, aspergez d'huile d'olive extravierge.

4. Mettez une pincée de sel dans l'une des cuillères utilisées pour mélanger la salade.

5. Versez du vinaigre dans la cuillère.

6. Faites dissoudre le sel quelques secondes dans le vinaigre, versez sur la salade, saupoudrez de poivre fraîchement moulu et mélangez.

35

- Lavez la salade soigneusement, mais jamais directement sous le robinet, car la pression abîme les feuilles. Mettez celles-ci dans une jatte remplie d'eau froide et faites-les tourner doucement. Laissez-les tremper quelques minutes, puis retirez-les, la terre et les gravillons restant dans le fond. Mettez-les dans un autre récipient. Changez l'eau du premier récipient et renouvelez l'opération jusqu'à ce qu'il n'y ait plus aucune impureté. Deux fois suffisent généralement à obtenir une salade bien propre, trois fois pour les salades contenant beaucoup de gravillons.

- Il existe des astuces et des gadgets pour sécher la salade. Il est préférable d'essuyer doucement entre deux torchons les feuilles particulièrement délicates. Pour toutes les autres salades, utilisez l'essoreuse à salade, rapide et efficace. Placez-y les feuilles et faites tourner lentement. Lorsque l'appareil s'arrête de tourner, secouez légèrement les feuilles pour les changer de place et tournez de nouveau. Veillez à ce que la laitue soit bien sèche, car l'humidité dilue la sauce et donne un goût d'eau à la salade.

- Si vous voulez laver votre salade plus tôt dans la journée, rincez-la, séchez-la et mettez-la au réfrigérateur enveloppée dans un linge humide. Pour la conserver plus longtemps, mettez le linge humide dans un sac en plastique.

- N'ajoutez votre sauce qu'au dernier moment, car la salade se flétrit au contact des ingrédients acides que sont le vinaigre et le citron.

## Équeuter herbes, cresson et autres légumes verts destinés à la salade

Ne perdez pas de temps à enlever les petites tiges comestibles des légumes verts et des plantes aromatiques telles que le cresson, le persil et la coriandre. Coupez simplement les tiges à la base, comme illustré.
Coupez les tiges à peu près au milieu et laissez les petites tiges comestibles.

## Épépiner les tomates

Coupez les tomates en deux verticalement.
1. Détaillez chaque moitié en plusieurs quartiers.
2. Au-dessus d'un bol, enlevez les pépins de chaque quartier avec le pouce.

## Réaliser une vinaigrette

Une vinaigrette est un mélange de vinaigre et d'huile généralement émulsionné avec de la moutarde. La technique ressemble beaucoup à celle de la mayonnaise, mais sans le jaune d'œuf. En réalité, il n'est pas obligatoire de faire une vinaigrette pour accompagner la salade: le vinaigre, l'huile d'olive et l'assaisonnement sont souvent suffisants. Généralement, on pense que la vinaigrette est une sauce froide destinée aux salades, mais les vinaigrettes chaudes, tout comme les froides, accompagnent à merveille viandes, poissons et légumes.

## Vinaigrette

1. Mélangez la moutarde et le vinaigre dans un bol pour obtenir une consistance bien lisse.

2. Ajoutez l'huile petit à petit. L'illustration présente une huile d'olive extravierge, même si la moutarde a tendance à dissimuler la finesse de certaines huiles.

### Notes et astuces

- Choisissez l'huile et le vinaigre selon vos goûts. L'huile d'olive extravierge s'utilise pour la plupart des vinaigrettes, mais une huile sans goût prononcé comme l'huile de colza (canola) convient parfois mieux aux aliments à saveur délicate tels que les carottes (la saveur de l'huile d'olive l'emporterait sur le reste). En revanche, les huiles de noix s'utilisent parfois pour les endives, la frisée, le chou et les betteraves.

- Les proportions sont généralement un volume de vinaigre (ou jus de citron) pour 3 à 4 volumes d'huile. Goûtez la sauce au fur et à mesure, car le degré d'acidité dépend de l'acide choisi. Par exemple, un vinaigre balsamique n'étant pas très acide, ne mettez que 3 volumes d'huile. Vous devrez par contre certainement augmenter la quantité d'huile si vous utilisez du jus de citron (plus acide). Votre vinaigrette doit être forte sans être piquante.

- Si vous utilisez de la moutarde, mettez-en environ le double du vinaigre. Les vinaigrettes à la moutarde accompagnent à merveille les aliments amers ou à forte saveur tels que betteraves cuites et poireaux.

- Pour une vinaigrette chaude, évaluez la proportion d'huile en fonction de la quantité de vinaigre restant une fois réduit. Mélangez bien avant de goûter.

## Vinaigrette chaude

Procédez de la même manière que pour une sauce classique, mais remplacez le beurre par de l'huile d'olive. L'huile, contrairement au beurre, ne crée pas d'émulsion et ne déglace pas le jus. Étant lui-même une émulsion de graisse et d'eau, le beurre s'émulsionne facilement, tandis que l'huile, qui n'en est pas une, ne se mélange pas au jus. Vous pouvez créer des vinaigrettes chaudes très variées en utilisant des huiles aromatisées à la place de l'huile d'olive.

1. Déglacez votre poêle avec un bon vinaigre de vin.
2. Versez un peu d'huile d'olive pour terminer la sauce, qui accompagnera vos préparations sautées (comme ici, une tranche de dorade).

Voir également

Vinaigrette non émulsionnée,
  page 35
Aromatiser les huiles,
  page 39
Réaliser une mayonnaise,
  page 41

Termes du glossaire
Émulsion
Monter au beurre

### Vinaigre de vin fait maison

Les vinaigres de vin vendus dans le commerce étant parfois de qualité moyenne, il est plus intéressant de fabriquer son propre vinaigre. Procurez-vous un petit tonneau dans un magasin spécialisé en articles destinés à l'élaboration du vin. Mélangez avec un peu de vin le vinaigre mère (qui contient les bactéries nécessaires à la transformation de l'alcool en acide acétique) ou du vinaigre maison que l'on vous aura donné, et laissez reposer au chaud. Tous les deux ou trois jours et pendant plusieurs semaines, ajoutez de 250 à 500 ml (1 à 2 tasses) de vin au tonneau, mais ne le remplissez jamais complètement afin de laisser suffisamment d'oxygène aux bactéries. Bouchez l'orifice situé au-dessus du tonneau avec une étamine afin de laisser rentrer l'oxygène tout en empêchant la poussière et les impuretés de pénétrer. Transvasez le vinaigre dans des bouteilles au fur et à mesure que vous en avez besoin et complétez avec du vin.

# Aromatiser les huiles

Pour donner une saveur et une couleur particulières à l'huile d'olive et aux huiles végétales, aromatisez-les avec des fines herbes, des épices ou tout autre ingrédient aromatique (excepté l'ail, qui gâcherait le goût). Introduisez dans une bouteille d'huile les fines herbes avec leur tige et laissez macérer pendant environ 2 semaines. Pour accélérer le processus, hachez les herbes, moulinez-les ou faites chauffer l'huile. Pour l'huile aromatisée aux champignons séchés par exemple, faites chauffer le mélange à feu doux pour obtenir le maximum de saveur. Procédez de la même manière pour le thym, le romarin et la marjolaine. En revanche, la saveur des fines herbes fragiles comme le basilic ou le persil (qui se déshydratent mal) disparaît avec la chaleur.

Les huiles aromatisées peuvent remplacer l'huile classique et l'huile d'olive dans vos sauces (vinaigrette ou mayonnaise) ou servir elles-mêmes de sauce pour vos préparations (voir Ciboules grillées, page 84). Utilisez-les également pour faire revenir certains aliments, en veillant à maintenir la cuisson à feu doux pour que la saveur de l'huile ne disparaisse pas.

## Huile aromatisée au basilic

1. Dans le robot, placez des feuilles de basilic nettoyées et bien séchées et versez un peu d'huile, juste assez pour que le mélange tourne bien.

2. Mixez 2 min en prenant soin de gratter les bords du bol toutes les 20 sec avec une spatule en plastique. Transvasez le mélange dans une jatte.

3. Versez dans la jatte une quantité généreuse d'huile d'olive vierge de manière à recouvrir les feuilles. Couvrez avec un film plastique et laissez macérer une nuit à température ambiante.

4. Filtrez l'huile soit dans une passoire bien fine, soit dans un égouttoir tapissé de trois étamines.

5. Transvasez dans des bouteilles en verre. Conservez environ un mois à température ambiante.

## Huile aromatisée aux cèpes séchés

1. Réduisez les champignons en poudre dans un mixeur (s'ils sont un peu humides ou mous, séchez-les au préalable en les passant au four à basse température).

2. Versez la poudre de champignons dans une casserole à fond épais.

3. Couvrez d'huile d'olive vierge ou d'huile végétale neutre.

4. Faites chauffer 30 min à feu doux en remuant de temps en temps. Maintenez l'huile à une température vous permettant d'y plonger le doigt 1 ou 2 sec sans vous brûler. À une température plus élevée, la saveur des champignons disparaît.

5. Filtrez dans une passoire fine et transvasez dans des bouteilles en verre.

# Réaliser une mayonnaise

La découverte de la mayonnaise faite maison peut surprendre ceux qui l'ont toujours achetée en magasin. Contrairement au goût insipide de la mayonnaise en pot, elle offre une saveur corsée grâce à la moutarde et au citron. Ajustez sa consistance en fonction des aliments qu'elle accompagne: servez une mayonnaise bien ferme avec artichauts, aliments frits et grillés; une mayonnaise plus onctueuse avec poissons, fruits de mer et légumes chauds ou froids.

L'élaboration d'une mayonnaise ressemble fortement à celle d'une vinaigrette, le jaune d'œuf en plus. Mélangez la moutarde et l'œuf, ainsi qu'un peu de jus de citron ou de vinaigre pour relever le goût. Utilisez des huiles végétales neutres telles que l'huile de colza (canola) ou de carthame pour les mayonnaises de tous les jours. Pour obtenir des mayonnaises au goût particulier, utilisez de l'huile d'olive ou de noix. Vous pouvez monter la plupart des mayonnaises au mixeur, au robot ou à la main, mais veillez à monter celles à l'huile d'olive vierge à la main, soit avec une cuillère en bois, soit dans un mortier, comme pour l'aïoli (page 43), car l'huile d'olive prend un goût amer au contact du fouet ou de la lame du robot.

Si vous préférez ne pas utiliser les jaunes d'œuf cru, faites les cuire afin d'obtenir un sabayon, comme pour une sauce hollandaise, et versez de l'huile à la place du beurre.

## Mayonnaise classique (à la main)

1. Dans un petit récipient, battez les jaunes d'œufs, la moutarde et le jus de citron ou le vinaigre jusqu'à obtention d'une consistance bien lisse.

2. Versez une très petite quantité d'huile le long de la paroi du bol et incorporez le reste petit à petit en fouettant.

3. Quand votre mayonnaise commence à épaissir, versez l'huile plus rapidement (environ 1 c. à soupe chaque fois).

4. Ajoutez de l'huile jusqu'à ce que la consistance soit bien ferme. Si elle le devient trop, versez un peu de jus de citron, de vinaigre ou d'eau pour la rendre plus onctueuse.

## Mayonnaise classique (au mixeur)

1. Mettez les jaunes d'œufs, le jus de citron et la moutarde dans un mixeur.

2. Réglez sur la position la plus lente et versez l'huile en un filet régulier par l'orifice situé au-dessus du bol jusqu'à ce que la mayonnaise soit bien ferme. Salez et poivrez.

## Notes et astuces

- En général, les proportions pour une mayonnaise sont les suivantes : 1 jaune d'œuf pour 125 à 175 ml (½ à ¾ tasse) d'huile, 1 c. à café (1 c. à thé) de moutarde et 1 c. à café (1 c. à thé) de jus de citron, à moduler selon les goûts.

- Pour une consistance plus onctueuse, ajoutez de l'eau, du jus de citron, du vinaigre ou du bouillon.

- La mayonnaise peut «tourner» (l'huile se sépare de l'émulsion et la mayonnaise devient liquide et granuleuse) dans deux cas : si vous incorporez l'huile trop rapidement, surtout au début, ou si sa consistance devient trop épaisse. Si la mayonnaise épaissit avant que vous n'ayez versé toute l'huile, ajoutez un peu d'eau, de jus de citron, de vinaigre ou de bouillon. Si elle «tourne», faites-la monter de nouveau, dans un autre bol, en incorporant un autre œuf (si, juste avant de tourner, sa consistance était ferme, ajoutez un peu d'eau avant d'incorporer l'autre jaune).

- Vous pouvez aromatiser votre mayonnaise de multiples façons : par exemple, la sauce andalouse est une mayonnaise aux tomates et poivrons ; la sauce chantilly contient de la crème fouettée ; la sauce rémoulade est aromatisée aux fines herbes et aux câpres ; la sauce suédoise, sucrée et épicée, est réalisée avec des pommes et du raifort ; la sauce gribiche (page 43) contient des cornichons, des câpres et des fines herbes ciselées.

- L'aïoli (page 43) est une mayonnaise à l'huile d'olive vierge, aromatisée à l'ail. L'huile risque de prendre une saveur amère à cause du fouet, du mixeur ou du robot. Préférez, par conséquent, la cuillère en bois et mélangez doucement, ou alors utilisez un mortier et un pilon comme illustré. De cette manière, l'ail est pilé avant l'incorporation des autres ingrédients.

- Donnez à votre mayonnaise une teinte orange avec du safran, rouge avec du jus de betterave, et verte avec de la chlorophylle (page 52).

## Mayonnaise verte

Ajoutez de la chlorophylle à votre mayonnaise et mixez jusqu'à obtention d'une consistance lisse et bien homogène.

## Sauce gribiche

Incorporez câpres, cornichons, persil, cerfeuil et estragon hachés à votre mayonnaise (n'incorporez que quelques-unes de ces herbes si vous ne les avez pas toutes à disposition).

Voir également
Piler l'ail, page 11
Réaliser une vinaigrette, page 37
Réaliser une sauce hollandaise, page 44
Extraire la chlorophylle, page 52

Terme du glossaire
Émulsion

## Aïoli

Cette mayonnaise à l'ail accompagne à merveille les légumes grillés, les artichauts cuits à l'eau ou à la vapeur, les pommes de terre à l'eau, ainsi que les poissons et fruits de mer cuits au gril ou au four. Vous pouvez y ajouter le jus de cuisson de ces derniers: au fouet, incorporez le jus chaud dans un peu d'aïoli et servez comme sauce d'accompagnement. L'aïoli est délicieux aromatisé au safran.
1. Mettez des gousses d'ail préalablement coupées en lamelles dans un mortier avec une pincée de gros sel (pour écraser l'ail plus facilement). Pilez l'ail (si vous n'avez pas de mortier, utilisez le plat d'un couteau de chef).
2. Ajoutez les jaunes d'œufs, le jus de citron ou le vinaigre, et mélangez jusqu'à obtention d'une texture bien lisse.
3. Incorporez très lentement de l'huile d'olive vierge, puis plus rapidement lorsque l'aïoli commence à épaissir.

## Mayonnaise au safran et à l'ail

Faites tremper des filaments de safran dans 1 ou 2 c. à café (1 ou 2 c. à thé) d'eau pendant 30 min. Incorporez dans l'aïoli le liquide avec le safran.

# Réaliser une sauce hollandaise

Cette sauce légère et délicate est obtenue en battant du beurre et du jus de citron dans une émulsion d'eau et de jaunes d'œufs. La seule différence entre l'élaboration de cette sauce (et de ses dérivés comme la sauce béarnaise) et celle de la mayonnaise est que l'émulsion de jaune d'œuf est chaude et que le beurre remplace l'huile. Pour une sauce hollandaise classique, on utilise du beurre clarifié, et pour obtenir une sauce plus liquide, du beurre entier. Avec le beurre clarifié, on obtient une sauce presque aussi épaisse qu'une mayonnaise, l'eau contenue dans le beurre ayant été éliminée. Utilisez-le, par conséquent, pour élaborer une sauce particulièrement épaisse, par exemple pour recouvrir des huîtres à gratiner, des œufs bénédicte ou un steak. Votre mayonnaise sera plus légère avec du beurre entier, qui contient de l'eau. Vous pouvez l'incorporer soit fondu, soit en petits morceaux à travailler au fouet, comme pour l'élaboration du beurre blanc. Faites une sauce hollandaise au beurre entier pour accompagner poissons, fruits de mer et autres plats dont la saveur délicate se marie mal avec une sauce épaisse.

Pour réaliser votre sauce hollandaise, battez les jaunes d'œufs et l'eau en une émulsion (parfois nommée *sabayon* par les cuisiniers professionnels) jusqu'à obtention d'un mélange mousseux, puis mettez sur le feu en continuant à battre, jusqu'à ce qu'il soit un peu ferme. Versez le beurre clarifié ou fondu en filet régulier (ou des petits morceaux de beurre entier) et fouettez jusqu'à incorporation complète aux jaunes d'œufs et épaississement de la sauce. Aromatisez avec un peu de jus de citron pour une sauce hollandaise et avec une infusion d'estragon, du poivre concassé, des échalotes et du vinaigre pour une béarnaise (la version la plus connue de la sauce hollandaise).

44

## Sauce hollandaise

1. Mettez 1 c. à soupe d'eau froide par jaune d'œuf dans une casserole à bords évasés (ou casserole Windsor) ou dans une jatte en métal.
2. Battez les jaunes jusqu'à ce qu'ils moussent, environ 45 sec.
3. Faites chauffer à feu moyen en fouettant toujours vigoureusement. Les jaunes augmentent de volume. Dès que le volume commence à diminuer et que vous voyez apparaître le fond de la casserole, retirez du feu.
4. Fouettez encore 20 sec le temps que la casserole refroidisse. Vous évitez ainsi que les œufs se figent. Incorporez au fouet du beurre clarifié, comme illustré, ou du beurre entier (fondu ou en morceaux).
5. Ajoutez du jus de citron (environ 1 c. à café (1 c. à thé) pour 4 jaunes), du sel et du poivre blanc.

## Notes et astuces

- Dans l'élaboration d'une sauce hollandaise, le plus compliqué est de savoir quand les jaunes d'œufs (le sabayon) ont «pris». Sur le feu, le mélange devient mousseux et son volume augmente au fur et à mesure que vous battez. Lorsque les œufs sont cuits, mais avant qu'ils ne se figent, le sabayon devient plus ferme et diminue un peu de volume. Il se peut aussi qu'à ce moment-là, le fond de la casserole apparaisse : retirez immédiatement du feu. Ne cessez pas de fouetter afin que le mélange ne continue pas à cuire (environ 20 sec). S'il cuit trop et se fige, redémarrez l'opération en ajoutant un autre jaune d'œuf pour ne pas perdre le beurre.

- Comptez environ 1 c. à soupe d'eau froide et 8 c. à soupe de beurre entier, fondu ou clarifié, par jaune d'œuf ; 1 c. à café (1 c. à thé) de jus de citron pour une sauce hollandaise de 4 jaunes d'œufs, et 125 ml (½ tasse) de vinaigre de vin blanc réduit à 1 ou 2 c. à soupe pour une béarnaise de 4 jaunes d'œufs.

- Le beurre clarifié ou fondu doit être chaud, mais pas bouillant. Une température trop élevée figerait le sabayon.

- Vous pouvez personnaliser votre sauce hollandaise avec du beurre noisette.

- Contrairement à la mayonnaise, où l'huile est incorporée goutte à goutte au début, vous pouvez verser le beurre chaud plus rapidement, car le sabayon est déjà une émulsion.

- Assaisonnez avec du poivre blanc, car les grains du poivre noir sont apparents.

- La casserole Windsor à bords évasés facilite l'élaboration du sabayon, car sa forme permet de déplacer le fouet partout. Avec une casserole classique, le mélange de jaunes d'œufs qui se trouve dans le fond, au niveau des bords, n'est pas battu par le fouet et risque de se figer. Si vous ne disposez pas d'une casserole Windsor, utilisez un bol résistant à la chaleur et tenez-le avec un torchon. N'utilisez pas une casserole à double fond, car la température est trop difficile à contrôler.

## Sauce béarnaise

1. Sur feu moyen, mettez dans une petite casserole des échalotes émincées, des tiges d'estragon frais, du poivre concassé et du vinaigre de vin blanc.
2. Quand le mélange a été réduit à 1 ou 2 c. à soupe de jus, retirez du feu.
3. Passez le mélange dans une passoire fine en appuyant sur les ingrédients solides pour extraire le plus de jus possible.
4. Préparez une sauce hollandaise en suivant les instructions de la page 44 et incorporez la quantité voulue d'infusion aromatisée à l'estragon en remplacement du jus de citron. Salez. Certains cuisiniers ajoutent à la fin de l'estragon frais ciselé ou du beurre d'estragon.

### Voir également
Réaliser une mayonnaise, page 41
Clarifier du beurre, page 46
Élaborer le beurre noisette, page 46
Beurre à l'estragon, page 47

### Termes du glossaire
Émulsion
Sabayon

45

# Clarifier du beurre

Le beurre contient des éléments solides (protéines du lait) qui brûlent à une température relativement basse. Pour cette raison, il ne peut pas être utilisé pour les cuissons à température élevée visant à faire dorer des viandes, des poissons et certains légumes. Le beurre entier contient également de l'eau (environ 25 p. cent) qui rend parfois trop liquides certaines sauces comme la sauce hollandaise. Pour résoudre ces deux problèmes, les cuisiniers professionnels clarifient souvent leur beurre pour éliminer l'eau et les éléments solides du lait.

Il existe deux méthodes de clarification du beurre. L'une est utilisée dans les cuisines professionnelles, où l'on clarifie le beurre en grande quantité : le beurre est mis à fondre dans une grande marmite, puis il repose pendant environ une demi-heure afin que l'eau se dépose au fond et que les éléments solides remontent à la surface. On écume ces derniers à la louche et le beurre clarifié, dont il ne reste que la graisse, est également retiré à la louche et mis de côté. Cette opération est impraticable chez soi, car il est très difficile d'obtenir le même résultat avec une petite quantité de beurre.

Pour clarifier une petite quantité de beurre, déposez deux ou trois tablettes de beurre dans une petite casserole à fond épais et fouettez sur feu moyen jusqu'à ce que l'eau s'évapore du beurre et que les composants solides blondissent un peu. À ce moment-là, filtrez le liquide pour les éliminer. Le beurre est ainsi clarifié et sa saveur, rehaussée par la caramélisation des composants solides. Les cuisiniers indiens donnent au beurre clarifié de cette manière le nom de *ghee*, équivalent du beurre noisette (appelé ainsi du fait que son goût rappelle la noisette).

## Beurre clarifié

1. Faites fondre le beurre sur feu moyen dans une casserole à fond épais.

2. Faites chauffer pendant environ 10 min jusqu'à obtention d'une écume et apparition de composants solides sous forme de points marron au fond de la casserole.

3. Filtrez le beurre dans une passoire tapissée, soit avec un torchon propre, soit avec trois étamines superposées, ou encore avec un filtre à café.

Voir également
Réaliser une sauce
  hollandaise, page 44

# Aromatiser le beurre

Le beurre aromatisé ou beurre composé est un beurre entier froid auquel ont été incorporés selon les cas des fines herbes, des champignons cuits hachés, des truffes hachées, du vin réduit, des épices ou des tomates cuites. Le beurre aromatisé, en rondelles, en petits ou en gros morceaux, peut être servi sur viandes grillées, poissons, fruits de mer et légumes, être ajouté à des soupes, ou encore utilisé pour finir des sauces chaudes comme le beurre blanc. Le beurre à l'estragon illustré ici est roulé en bûche pour faciliter sa conservation et pour l'esthétique de sa présentation, mais cette technique est facultative. Les bûchettes de beurre aromatisé aux fines herbes, enveloppées dans du papier d'aluminium, se conservent près d'un an au congélateur.

4. Afin de servir le beurre en rondelles, disposez le beurre mou sur une feuille de papier paraffiné et refermez la feuille dessus.

5. Faites glisser le bord de la feuille sous le beurre et malaxez jusqu'à ce qu'il prenne la forme d'une bûche.

6. Emmaillotez la bûche en fermant les deux extrémités de la feuille. Placez le beurre au réfrigérateur pendant 1 h au minimum.

7. Tranchez les deux extrémités avec un couteau bien aiguisé. Retirez la feuille.

8. Coupez la bûche en rondelles.

## Beurre à l'estragon

Vous pouvez également utiliser d'autres herbes fraîches, seules ou en mélange.

1. Faites ramollir le beurre en l'aplatissant avec la paume de la main sur une planche à découper (pour une grosse quantité, passez-le au mixeur sur la position lente).

2. Parsemez le beurre de feuilles fraîches d'estragon et hachez le tout (si vous utilisez un mixeur, hachez d'abord les herbes).

3. Hachez jusqu'à ce que les feuilles soient très fines et bien incorporées au beurre.

Voir également
Faire un beurre blanc,
page 48

# Faire un beurre blanc

Un beurre blanc est une sauce au beurre émulsifiée, crémeuse et légère, obtenue en battant du beurre entier avec une réduction de vin blanc, vinaigre de vin blanc et d'échalotes (le beurre est lui-même une émulsion de graisse et d'eau maintenue par les protéines, des composants solides du lait). Le beurre blanc, malgré ce que l'on pense généralement, est d'élaboration facile et rapide. En outre, il peut s'accommoder de manières simples et variées, par l'ajout de différentes fines herbes hachées (ou de beurre aromatisé aux herbes), de curry (incorporé au préalable à du beurre chaud), de piments, de purées de légumes, ou d'autres ingrédients illustrés à la page 49.

## Beurre blanc

1. Dans une casserole à fond épais, faites mijoter à feu moyen du vin blanc sec, du vinaigre de vin blanc et des échalotes émincées.

2. Une fois que le jus, réduit et à l'aspect brillant, recouvre à peine les échalotes, incorporez 2 c. à soupe de crème épaisse et faites frémir, toujours à feu moyen.

3. Ajoutez du beurre froid détaillé en morceaux, et passez à feu vif.

4. Battez sans arrêt jusqu'à obtention d'une sauce lisse et crémeuse. La sauce ne doit pas bouillir pour éviter qu'elle ne tourne. Assaisonnez à votre convenance avec sel, poivre blanc et, éventuellement, quelques gouttes de vinaigre. Si la sauce est trop épaisse, délayez-la avec un peu de crème épaisse ou d'eau; ajoutez un peu de beurre si elle est trop acide.

## Beurre blanc au safran

Faites tremper une pincée de filaments de safran dans 1 c. à soupe d'eau chaude pendant 30 min et versez la totalité de ce mélange dans le beurre blanc.

## Beurre blanc à la tomate et à l'estragon

1. Incorporez au fouet un peu de coulis de tomates dans le beurre blanc.
2. Toujours au fouet, incorporez du beurre aromatisé à l'estragon ou à d'autres herbes (ces beurres peuvent être ajoutés à un beurre blanc classique, sans tomates).

49

### Notes et astuces

- Pour 60 ml (¼ tasse) de vin blanc et 60 ml (¼ tasse) de vinaigre de vin blanc, utilisez 25 g (¼ tasse) d'échalotes hachées et environ 240 g (8 oz) de beurre. Rectifiez ces proportions si besoin est. Si la sauce est fade une fois tout le beurre incorporé, ajoutez un peu de vinaigre. Si vous la trouvez trop acide, ajoutez un peu de beurre.
- Ajoutez de la crème épaisse avant le beurre, ce qui permet de stabiliser la sauce.
- Utilisez du beurre bien froid pour éviter que votre sauce ne devienne huileuse.
- Vous devez obtenir une sauce à peine plus épaisse que de la crème fraîche épaisse.
- Le beurre blanc est une sauce relativement stable, sauf s'il est porté à ébullition (il tourne) ou si une trop grande quantité de beurre est incorporée.
- Si le mélange au vin blanc réduit trop, la sauce peut épaissir trop vite avant que vous n'ayez ajouté tout le beurre. Dans ce cas-là, ajoutez un peu d'eau ou de crème épaisse, puis continuez à incorporer le beurre.

Voir également
Aromatiser le beurre, page 47
Préparer un coulis de tomates, page 50

Termes du glossaire
Concasser
Coulis
Émulsion
Réduire

# Réaliser une sauce tomate

Il existe une grande variété de sauces tomate, dont la plus connue est sans doute la sauce bolognaise, élaborée en faisant revenir des légumes aromatiques, de la viande et, bien sûr, des tomates. Des sauces plus simples sont préparées avec des mélanges de tomates cuites ou crues, hachées ou réduites en purée. On connaît surtout le coulis de tomates et les tomates concassées. Le coulis est obtenu en moulinant des tomates cuites ou crues jusqu'à obtention d'une purée parfaitement lisse (il n'est pas nécessaire de les peler ni de les épépiner). Les tomates concassées, illustrées ici, sont hachées, crues ou cuites, mais non moulinées, le grain de la sauce restant grossier (la sauce n'étant pas moulinée, il faut peler et épépiner les tomates avant de les hacher). Vous utiliserez dans les deux cas des tomates bien savoureuses.

## Tomates crues concassées

1. Pelez les tomates et coupez-les en deux.
2. Épépinez chaque moitié.
3. Découpez-les en tranches.
4. Hachez-les de façon à obtenir la consistance recherchée.

Voir également
Peler des tomates, page 6

Termes du glossaire
Concasser
Coulis
Purée (réduction en purée
   des tomates concassées)

## Tomates cuites concassées

1. Préparez des tomates crues concassées et placez-les dans une grande poêle. Sur feu vif, faites frémir tout en mélangeant avec une cuillère en bois.
2. Faites chauffer jusqu'à complète évaporation de l'eau libérée par les tomates. Salez et poivrez à votre convenance.

# Faire des pâtes aux œufs frais

Pour faire des pâtes aux œufs frais, il faut de la farine et des œufs, mais les recettes varient dans certaines régions d'Italie. Parfois, certains cuisiniers utilisent seulement les jaunes des œufs, ajoutent de l'huile d'olive ou mélangent les farines. La recette présentée ici propose un mélange de farine ordinaire et de farine de semoule ou de blé dur. La semoule donne de la consistance à la pâte, mais vous pouvez aussi bien n'utiliser que de la farine classique.

### Élaborer des pâtes fraîches à la main

1. Avec les doigts, mélangez les farines sur la table de travail.

2. Rassemblez le mélange en tas et faites un puits au milieu.

3. Placez l'assaisonnement, les œufs, l'huile d'olive ou tout autre ingrédient liquide dans le puits.

4. À l'aide d'une fourchette ou avec les doigts, incorporez petit à petit ces ingrédients à la farine.

5. Dès que la majeure partie du liquide a été absorbée par la farine, travaillez la pâte à la main.

6. Pétrissez jusqu'à obtention d'une masse compacte qui doit être légèrement grasse mais ne doit pas coller aux doigts.

7. Continuez à pétrir la pâte en appuyant avec la paume.

8. Faites-en une boule.

## Faire des pâtes colorées

Pour colorer les pâtes fraîches, ajoutez avec les œufs les ingrédients suivants: encre de calamar ou de seiche pour les pâtes noires, safran (mis à tremper 30 min dans un peu d'eau) pour les pâtes orange, jus de betterave pour les pâtes rouges et chlorophylle pour les vertes. Les pâtes vertes sont les plus compliquées à réaliser, car il faut d'abord extraire la chlorophylle des légumes feuillus comme les épinards.

### EXTRAIRE LA CHLOROPHYLLE PURE DES LÉGUMES FEUILLUS

1. Coupez les tiges des feuilles d'épinards.

2. Placez les feuilles dans le bol du mixeur et recouvrez d'eau à moitié. Mixez environ 1 min pour obtenir une «soupe» verte.

3. Transvasez-la dans une petite casserole à fond épais en la filtrant dans une passoire fine (appuyez légèrement avec le dos d'une louche). Jetez ce qui reste au fond de la passoire.

4. Faites chauffer le liquide vert à feu moyen jusqu'à ce qu'il devienne limpide et que des grumeaux verts apparaissent à la surface. Filtrez immédiatement dans une passoire fine, mais n'appuyez pas sur le contenu. Conservez la pâte accumulée au fond de la passoire.

5. Utilisez la chlorophylle dans les deux jours ou plongez-la immédiatement dans un bocal d'huile d'olive. Conservez-la plusieurs semaines au réfrigérateur.

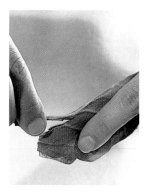

52

## Faire des pâtes fraîches au robot

Le robot convient parfaitement à l'élaboration des pâtes classiques ou, comme illustré ici, des pâtes colorées (vertes).

1. Placez dans le robot la chlorophylle et tous les autres ingrédients.

2. Mixez jusqu'à obtention d'une pâte granuleuse. Si la pâte se met en boule, c'est qu'elle est trop humide: ajoutez alors de la farine.

3. Pétrissez la pâte sur la surface de travail jusqu'à formation d'une masse compacte et légèrement grasse, mais qui ne doit pas coller aux doigts. Si elle ne reste pas compacte, repassez-la au robot avec un œuf ou un peu d'eau. Si elle colle aux doigts, ajoutez un peu de farine et pétrissez.

4. Continuez à pétrir jusqu'à obtention d'une boule compacte et bien lisse.

# Étendre et découper des pâtes fraîches

Utilisez une machine à pâtes pour abaisser la masse et obtenir des feuilles fines. Coupez les feuilles en nouilles plates, soit avec la fonction de découpe de la machine, soit au couteau. Les machines sont généralement dotées d'une fonction permettant d'obtenir deux largeurs, une fine et une épaisse; le découpage à la main vous permet de choisir la taille de vos pâtes.

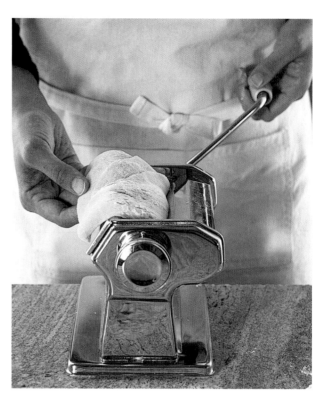

## Abaisser la pâte à la machine

1. Coupez la boule de pâte en morceaux plus petits.

2. Abaissez-les à la main en ajoutant un peu de farine pour les empêcher de coller à la machine.

3. Placez la machine sur la surface de travail et passez la pâte avec les rouleaux fixés sur la position la plus large.

4. Travaillez la pâte en la repliant une ou deux fois et passez-la à nouveau dans la machine.

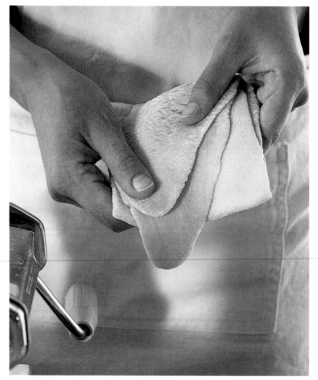

5. Renouvelez l'opération jusqu'à ce que la pâte soit lisse et souple comme du cuir.
6. Avec une main, tenez la pâte et faites-la sortir doucement en tirant tandis que l'autre main actionne la manivelle.
7. Resserrez les rouleaux d'un cran et faites passer la pâte de nouveau. Poursuivez en réglant la machine sur des positions de plus en plus fines.
8. Si les bandes de pâte deviennent trop longues et donc difficiles à manier, coupez-les en deux.

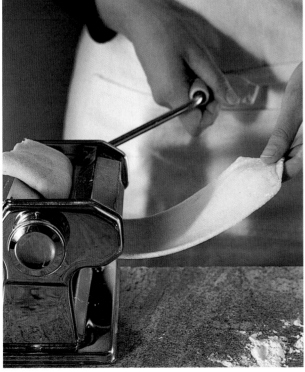

## Découper des nouilles plates à la machine

1. Utilisez la fonction découpage pour couper la pâte en larges bandes (fettucine).

2. Choisissez la position étroite pour des bandes plus fines (linguine).

3. Regroupez les nouilles en petits nids sur la surface de travail bien farinée.

4. Parsemez-les de farine pour éviter qu'elles ne collent.

## Pour découper des nouilles plates à la main

À la main, découpez vos pâtes de la largeur désirée: fettucine (tagliatelle), linguine, pappardelle, etc.

1. Farinez les bandes de pâtes pour qu'elles ne collent pas.

2. Faites-en des rouleaux (pas trop serrés). Découpez suivant la largeur désirée avec un couteau de chef, rapidement pour ne pas appuyer sur la pâte et éviter ainsi qu'elle ne reste collée.

3. Saupoudrez les pâtes de farine (la farine de semoule convient le mieux, car elle colle moins lors de la cuisson).

# Farcir des pâtes

Les feuilles de pâte fraîche peuvent être découpées en formes variées telles que tortellini et ravioli, puis farcies.

## Fabriquer des tortellini

1. Utilisez un emporte-pièce cannelé rond pour découper des cercles de pâte fraîche.
2. Avec une poche à douille ou une cuillère, déposez une petite quantité de farce au milieu de chaque cercle.
3. Autour de la farce, humidifiez le bord de la pâte avec un peu d'eau froide.
4. Recouvrez la farce en repliant la pâte en deux.
5. Appuyez sur les contours de chaque tortellini pour bien enfermer la farce.

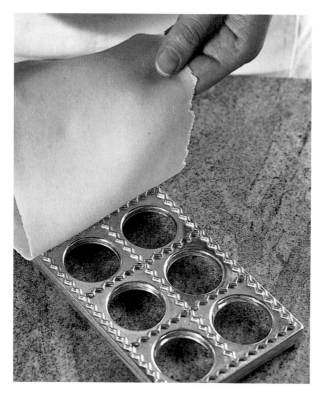

4. À la cuillère ou à la poche à douille, déposez un peu de farce dans chaque trou. Humidifiez la pâte autour de la farce. Recouvrez la pâte d'une seconde feuille.

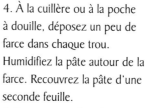

5. Passez un rouleau à pâtisserie sur le moule en métal pour couper et coller simultanément les ravioli.

6. Faites délicatement sortir les ravioli du moule.

## Fabriquer des ravioli

Il existe un certain nombre d'instruments qui facilitent la confection des ravioli. Celui illustré ici est l'un des moins coûteux: un moule en métal combiné avec un moule en plastique.

1. Déposez une feuille de pâte sur le moule en métal.

2. Pressez le moule en plastique sur la pâte pour imprimer la forme des ravioli.

3. Retirez-le.

## Faire des ravioli avec un coupe-pâtes manuel

1. Dessinez des ronds ou des carrés en appuyant sur la pâte avec le coupe-pâtes, mais sans découper complètement, les marques servant seulement de repère pour déposer la farce.
2. À la cuillère ou à la poche à douille, déposez un peu de farce au milieu de chaque rond ou carré et humidifiez la pâte autour. Recouvrez-la d'une seconde feuille.

3. Appuyez sur cette seconde feuille en suivant les contours des ravioli, en éliminant les bulles d'air et en veillant à ce que les deux feuilles adhèrent bien.
4. Découpez des ronds ou des carrés avec le coupe-pâtes.

Voir également
Étendre et découper des pâtes fraîches, page 54

# Faire des gnocchi

Les gnocchi sont des boulettes de pâte qui peuvent prendre différentes formes. Il en existe deux sortes: ceux à base de pommes de terre *(gnocchi di patate)*, illustrés ici, et ceux à base de farine de blé, ou parfois de maïs *(gnocchi a la romana)*. Faites-les cuire à l'eau bouillante, accompagnez de sauce et servez tout de suite. Vous pouvez également les enduire d'huile d'olive, les étaler sur une plaque et les faire réchauffer plus tard, en sauce ou en gratin.

## Gnocchi à la sauce au beurre, à l'ail et à la sauge

Sur feu moyen, faites revenir de l'ail finement haché et des feuilles de sauge entières dans du beurre jusqu'à ce qu'il brunisse légèrement. Ajoutez les gnocchi pochés et égouttés, puis faites chauffer.

## Gnocchi

1. Incorporez œufs et farine à une purée de pommes de terre pour obtenir une pâte plus moelleuse que celle des pâtes fraîches, mais qui ne doit pas coller aux doigts.
2. Formez des boules de la taille d'un citron et farinez-les afin qu'elles n'adhèrent pas à la surface de travail.
3. Travaillez chaque boule jusqu'à obtention d'un cylindre d'environ 2,5 cm de diamètre.
4. Coupez chaque cylindre en morceaux de 2,5 cm (1 po) de large.
5. Plongez-les dans l'eau salée frémissante jusqu'à ce qu'ils remontent à la surface, soit 5 min environ. Retirez-les à l'écumoire et étalez-les sur une plaque huilée, ou servez-les immédiatement avec une sauce. Vous pouvez aussi en faire un gratin.

Voir également
Préparer une purée
  de pommes de terre,
  page 94

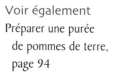

# Préparer blinis et crêpes

Pour faire une pâte à blinis, il suffit de faire une pâte à pancake et de remplacer la levure chimique par de la levure de boulanger, tout en gardant les blancs d'œufs battus. Les crêpes, elles, n'ont pas besoin de levure. Ces deux pâtes ne sont pas compliquées à réaliser, mais veillez bien, lorsque vous mélangez les liquides à la farine, à n'en verser qu'une petite quantité au début afin d'obtenir une pâte bien lisse, puis à incorporer le reste. Vous éviterez ainsi les grumeaux.

On déguste généralement les blinis avec du saumon fumé ou du caviar, mais vous pouvez aussi les servir à la manière des pancakes. Ils sont délicieux avec du beurre fondu et de la crème fraîche. Ils ont un petit goût de levure que n'ont pas les pancakes classiques. En général, la moitié de la pâte est constituée de farine de sarrasin, mais la farine utilisée ici est de la farine ordinaire. Pour les pâtes qui doivent lever, testez d'abord la levure (pour vérifier qu'elle est toujours active): travaillez dans un bol une pincée de levure (ou un petit morceau s'il s'agit de levain) avec un peu d'eau chaude, de sucre et de farine, jusqu'à obtention d'une pâte lisse. Au bout de 10 min, des bulles doivent apparaître et le mélange doit dégager une odeur de levure similaire à celle de la bière éventée.

La pâte à crêpes doit être très fluide, à peu près de la consistance de la crème épaisse. Utilisez de préférence une poêle antiadhésive. Une poêle ou un poêlon en fonte bien huilés font également l'affaire. Si vous faites souvent des crêpes, achetez plutôt deux poêles afin de pouvoir faire plusieurs crêpes à la fois.

## Blinis

1. Pour tester la levure, mélangez-en une pincée avec de l'eau chaude, de la farine et un peu de sucre.

2. Dans une jatte, placez la farine et incorporez du lait jusqu'à obtention d'une pâte bien lisse.

3. Versez tout le lait, puis ajoutez les jaunes d'œufs, la levure du test et le reste de la levure. Couvrez et laissez lever dans un endroit à température relativement élevée jusqu'à ce que la pâte ait doublé de volume.

4. Juste avant la cuisson, incorporez les blancs d'œufs battus à la préparation.

5. À feu moyen, faites fondre un peu de beurre dans une poêle antiadhésive. Versez environ une louche de pâte. Dès que des bulles apparaissent et éclatent au-dessus des blinis, retournez-les et faites-les cuire doucement de l'autre côté. Servez avec du saumon fumé ou avec l'un des ingrédients cités auparavant.

## Crêpes

1. Mélangez dans une grande jatte les œufs et la farine, ainsi qu'une quantité d'eau ou de lait suffisante pour obtenir une pâte bien lisse. Tout en remuant, ajoutez le reste de lait ou d'eau jusqu'à obtention d'une pâte ayant la consistance de la crème épaisse. Si des grumeaux se forment, filtrez la préparation.

2. Ajoutez un peu de beurre fondu en fouettant. Il donnera bon goût à la pâte et l'empêchera de coller, même si cela arrive rarement avec une poêle antiadhésive (n'ajoutez pas le beurre avant de filtrer, car il se figerait légèrement dans la pâte froide et resterait dans la passoire).

3. Faites chauffer une poêle à crêpe antiadhésive sur feu moyen. Versez de la pâte avec une louche, suffisamment pour recouvrir le fond d'une couche fine, et étalez-la bien dans la poêle.

4. Laissez sur feu moyen et attendez que les bords de la crêpe se soulèvent et brunissent légèrement. Prenez la crêpe avec les doigts (ou avec une spatule) et retournez-la.

5. Placez-la bien au centre de la poêle.

6. Servez avec une garniture sucrée ou salée. Ici, les crêpes sont fourrées aux fraises et à la crème chantilly.

### Voir également

Battre les blancs d'œufs, page 179
Découper le saumon fumé en tranches, page 238

### Notes et astuces

- Pour obtenir environ 16 crêpes de taille normale : 270 g (1 ¾ tasse) de farine, 3 gros œufs, 625 ml (2 ½ tasses) de lait ou plus jusqu'à obtention de la consistance de la crème épaisse, 3 c. à soupe de beurre fondu.

- Pour les blinis, mêmes quantités et ingrédients. Ajoutez ½ c. à café (½ c. à thé) de levure préalablement testée, puis laissez lever.

# Préparer le risotto, le riz pilaf ou à la créole, et la paella

Certains plats à base de riz tels que le risotto font ressortir le goût de la fécule du riz et sont préparés de manière à ce que les grains collent et forment une sauce crémeuse. Par contre, dans des plats comme le riz pilaf, les grains ne collent pas et restent relativement aérés. Les plats décrits ici ont recours à différentes sortes de riz et à différentes techniques en fonction du résultat recherché.

Pour préparer le riz à la créole, dont les grains ne collent pas, utilisez du riz ferme à grain allongé comme le riz basmati. Plongez-le dans une grande casserole d'eau bouillante, comme des pâtes. Pour préparer du riz pilaf, faites revenir du riz à grain allongé dans un peu de graisse, pour faire cuire l'amidon. Pour plus de saveur, faites revenir en même temps des ingrédients tels que des oignons ou de l'ail. Ajoutez l'eau.

Le risotto est une préparation crémeuse à base de riz à grain court italien. Faites cuire le riz doucement dans du beurre ou de l'huile d'olive (on utilise généralement du riz vialone nano, carnaroli ou arborio). Ajoutez ensuite du bouillon petit à petit, jusqu'à ce que le riz soit cuit et que le jus soit crémeux. Remuez sans arrêt pour libérer l'amidon, qui fait épaissir le bouillon et donne au plat sa consistance crémeuse, proche de celle d'une soupe. Pour donner de la saveur à un risotto, plusieurs variations sont possibles, complexes ou plus simples *(risotto alla milanese)*.

La paella se prépare avec du riz à grains moyens espagnol, que l'on fait cuire dans un liquide savoureux. Selon le type de paella, on ajoute du poulet, des saucisses (chorizo), des poissons et fruits de mer ou des escargots. La tradition veut que la paella soit préparée sur un feu en plein air, mais vous pouvez aussi bien la faire cuire sur une cuisinière ou dans un four.

## Risotto alla milanese

Aromatisez le risotto classique avec du bouillon de poulet, du safran, du beurre et du parmigiano reggiano finement râpé (véritable parmesan italien).

1. Rincez le riz à grain court dans une passoire.

2. Faites-le revenir sur feu doux ou moyen jusqu'à ce que les grains soient légèrement enrobés de beurre.

3. Ajoutez une pincée de filaments de safran et, tout en remuant, un peu de bouillon de poulet (environ 125 ml / ½ tasse), suffisamment pour juste recouvrir le riz. Remuez jusqu'à ce que le riz ait absorbé tout le bouillon.

4. Ajoutez à nouveau du bouillon, juste assez pour recouvrir le riz, et répétez l'opération jusqu'à ce que la consistance soit crémeuse et que les grains de riz soient cuits (goûtez-en un), au bout d'environ 25 min.

5. Saupoudrez de parmigiano reggiano finement râpé, ajoutez du beurre et mélangez. Salez, poivrez et servez immédiatement.

## Riz à la créole

Pour obtenir un riz qui ne colle pas, versez du riz à grain long du type basmati dans une grosse casserole d'eau bouillante. Quand le riz est tendre (goûtez-le), égouttez-le dans une passoire et ajoutez un peu de beurre.

## Riz pilaf

1. Rincez du riz à grain allongé comme illustré à la page 63. Dans un peu de beurre ou d'huile d'olive, faites revenir des oignons ou de l'ail émincé (ou les deux). Ajoutez le riz et faites cuire 5 min à feu moyen, sans cesser de remuer. Ajoutez de l'eau ou du bouillon. Couvrez soit avec du papier sulfurisé ou d'aluminium, soit avec un couvercle.

2. Cuisez 20 min au four à 180 °C (350 °F) ou à feu moyen, jusqu'à ce que tout le liquide soit absorbé et le riz, tendre.

### Notes et astuces

- Outre la méthode de cuisson utilisée pour le risotto, il existe trois méthodes de base pour cuire le riz.

- Pour obtenir un riz qui ne colle pas du tout, versez-le dans une grosse casserole d'eau bouillante, comme pour la cuisson des pâtes. Lorsque le riz est cuit, égouttez-le et servez-le avec un peu de beurre.

- Pour le riz pilaf, faites revenir des ingrédients aromatiques, généralement des oignons, dans un peu de beurre ou d'huile d'olive, puis ajoutez du riz à grains moyens ou longs. Laissez-le revenir dans la matière grasse, puis ajoutez de l'eau ou du bouillon (environ 500 ml (2 tasses) par tasse de riz). Laissez mijoter. Le riz est prêt quand il a complètement absorbé le liquide. Le riz pilaf est servi en accompagnement.

- Pour la paella, versez du riz à grains moyens dans une poêle à paella remplie de liquide aromatisé (une poêle à paella est un plat peu profond aux bords évasés et doté de deux poignées). Faites mijoter (traditionnellement sur un feu en plein air) jusqu'à absorption complète de l'eau. Disposez ensuite dans le riz poulet, saucisses, poisson ou escargots, en veillant à mettre en dernier les aliments dont la cuisson est rapide. Il existe toutes sortes de paella, mais pour les plus traditionnelles, on utilise des fonds de poulet ou de poisson. La paella présentée à la page 65 est préparée avec du bouillon de crevettes.

## Paella aux poissons et aux fruits de mer

1. Dans une poêle à paella ou dans une grande casserole, préparez un *sofrito*: faites revenir lentement des oignons et de l'ail émincés dans de l'huile d'olive. Remuez de temps en temps. La préparation doit devenir translucide. Ajoutez des tomates hachées, pelées et épépinées, et poursuivez la cuisson sans cesser de remuer.

2. Quand le mélange devient sec et compact, versez du bouillon. Le bouillon utilisé ici a été élaboré avec des têtes et des queues de crevettes.

3. Saupoudrez d'une pincée de filaments de safran et ajoutez du riz à grain moyen espagnol préalablement rincé. Mélangez.

4. Faites mijoter sur feu moyen (ou sur un feu en plein air) jusqu'à ce que le jus soit absorbé presque complètement. Ajoutez les poissons et fruits de mer, couvrez sans serrer avec du papier d'aluminium et poursuivez la cuisson. Glissez éventuellement au four à la fin pour achever la cuisson des fruits de mer. Le poulpe de l'illustration de droite a été cuit à l'avance.

Voir également
Préparer un fond de poulet, page 30
Préparer un bouillon de crevettes, page 34

Termes du glossaire
Mirepoix (concernant le *sofrito*)
Rond de papier sulfurisé ou d'aluminium

# Vérifier la cuisson des aliments

Pour bien cuisiner, apprenez à connaître les aliments, l'évolution de leur cuisson, de même que les signes visuels et tactiles qui vous révèlent s'ils sont cuits. De nombreux facteurs peuvent en modifier la cuisson: leur taille et leur texture, le bon fonctionnement du thermostat du four, le type, la taille et le matériau des ustensiles utilisés, la température des brûleurs. Pour cette raison, si vous souhaitez savoir si vos préparations sont cuites, ne vous fiez pas uniquement aux recettes et aux temps de cuisson indiqués. Vous devez être capable d'évaluer la cuisson des aliments pour pouvoir ajuster correctement la température et le temps de cuisson. S'il vous semble difficile de faire une évaluation de la consistance et de l'aspect, prenez l'habitude d'observer les aliments et de les toucher avec le doigt, et vérifiez votre diagnostic en les coupant ou en y insérant un thermomètre à lecture instantanée.

## Pour savoir si un steak est cuit

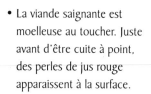

- La viande bien cuite est très ferme. Des jus roses et marron se forment à la surface.

- La viande très cuite est dure au toucher et les jus sont marron.

- La viande saignante est moelleuse au toucher. Juste avant d'être cuite à point, des perles de jus rouge apparaissent à la surface.

- La viande cuite à point, moins moelleuse, résiste à la pression et un jus rouge apparaît à la surface.
- La viande cuite est bien ferme au toucher et un jus rose apparaît à la surface.

## Notes et astuces

### VIANDES RÔTIES

- Vous pouvez en déterminer la cuisson avec un thermomètre à lecture instantanée, mais les chefs cuisiniers se contentent souvent d'enfoncer une fourchette dans la viande et de la porter à leurs lèvres. Entraînez-vous à cet exercice en vérifiant d'abord la température avec un thermomètre, puis en posant immédiatement sa pointe sur votre lèvre inférieure; vous saurez rapidement sentir la différence entre 50 et 60 °C (122 et 140 °F) Vous pouvez procéder de la même manière pour les morceaux de viande tendres blanchis tels que le filet mignon du bœuf à la ficelle. Rappelez-vous que la température de la viande augmente de 5 °C (41 °F) après la fin de la cuisson.

### STEAK

- Ici, l'utilisation du thermomètre n'est pas des plus pratiques. Vous pouvez couper la viande pour observer sa couleur, mais le meilleur moyen est d'appuyer dessus avec le doigt pour en évaluer la texture (quand la cuisson est plus avancée, vous pouvez également vous fier à la quantité de jus et à sa couleur). La viande crue et la viande bleue sont moelleuses et ne libèrent aucun jus. Dès qu'elle commence à résister légèrement à la pression et à libérer des gouttes de jus rouge, même minuscules, la viande est saignante ou à point. La viande cuite, très ferme, résiste complètement à la pression et libère une plus grande quantité de jus rose. Si la cuisson se poursuit, la viande durcit encore et donne une grande quantité de jus marron.

## VIANDES BRAISÉES ET BLANCHIES

- N'utilisez jamais un thermomètre pour les viandes braisées longuement, car la température n'est pas très significative. En effet, la viande atteint sa température maximale (environ 80 °C / 176 °F) bien avant d'être tendre

sous la fourchette, comme on le souhaite. Le meilleur moyen est donc de planter un couteau ou une fourchette dans votre viande, qu'elle soit braisée, blanchie ou cuite en ragoût. Si l'ustensile pénètre la chair et en ressort sans résistance, c'est que votre viande est cuite. Par contre, pour les viandes braisées ou blanchies moins longtemps, telles que le ris de veau et le bœuf à la ficelle, évaluez la température et la texture de la même manière que pour les viandes rôties et les steaks.

## VOLAILLE ET LAPIN

- Pour la volaille découpée et le lapin, appuyez sur la chair avec le doigt afin d'en évaluer la texture. Faites cuire le poulet jusqu'à ce que la chair résiste à la pression et ne soit plus moelleuse du tout. En revanche, cuisez les magrets de canard saignants ou à point, en arrêtant la cuisson dès qu'ils deviennent légèrement fermes au toucher.

## POISSON

- On compte en règle générale, pour 2 cm (¾ po) d'épaisseur de chair, de 7 à 10 min de cuisson, mais on peut déterminer si une tranche ou un filet de poisson est cuit de par sa texture. Appuyez sur le dessus du poisson avec le doigt. Au tout début de la cuisson, la chair est moelleuse. Dès qu'elle devient ferme, le poisson est cuit (sauf pour le thon, qui se mange peu cuit et reste moelleux).
- Pour un poisson entier, vous pouvez également pratiquer une incision avec un couteau le long de l'épine dorsale afin de voir s'il est cuit. Il ne doit plus être translucide et sa chair doit se détacher des arêtes. Vous pouvez aussi introduire un thermomètre dans le dos d'un poisson entier, dans un filet ou une darne. La température doit être de 55 °C / 131 °F (thon mis à part).

## FLANS, CRÈMES ET SOUFFLÉS

- Il est parfois difficile de déterminer la cuisson de ces préparations.

Les cuisiniers professionnels agitent doucement le moule ou la casserole: un flan ou une crème qui n'est pas encore cuit glisse dans le récipient, ou des vaguelettes apparaissent à la surface. Celles-ci disparaissent dès qu'il est cuit. Pour les soufflés, ce n'est pas si simple, car même la pâte non cuite a une consistance relativement ferme. Avec l'expérience, on peut déterminer le moment où l'intérieur du soufflé est plus ferme. S'il est trop liquide (bien qu'il doive l'être un peu au milieu), remettez-le au four. Les soufflés, à moins d'avoir cuit trop longtemps, sont tout à fait stables.

# Légumes
# et
# fruits

# Cuire des légumes au four

La cuisson des légumes au four permet d'en extraire l'eau et d'en rehausser le goût. Comparez une carotte cuite au four et une carotte bouillie, vous constaterez combien ce type de cuisson accentue la douceur naturelle de ce légume.

Cette cuisson est particulièrement adaptée aux tubercules tels que les carottes, les navets, les pommes de terre et les oignons, ainsi qu'aux légumes riches en eau comme les tomates et les champignons. Ceux-ci, plus spongieux, peuvent être enrobés dans de la chapelure afin de leur donner plus de consistance, comme dans un gratin.

Il est parfois préférable de cuire les légumes au four sans les éplucher: c'est le cas des pommes de terre roseval, dont la peau est très appréciée, des betteraves qui perdent leur jus et se dessèchent une fois épluchées, ainsi que des légumes jeunes dont la peau est entièrement comestible. Cependant, les légumes cuits au four doivent être préalablement épluchés. Une fois épluchés, coupez les légumes soit grossièrement, soit en quartiers, ou tournez-les. Ensuite, recouvrez-les d'une légère couche d'huile d'olive ou de beurre fondu pour éviter qu'ils ne se dessèchent dans le four.

Les légumes peuvent être cuits seuls ou en assortiment. Le plus souvent, il suffit de les enfourner, puis de les retourner de temps à autre afin qu'ils dorent de manière uniforme. Pour rehausser leur goût, il est parfois bienvenu d'ajouter un peu de bouillon de viande ou de volaille dans le plat à rôtir une dizaine de minutes avant la fin de la cuisson. Ce bouillon réduit rapidement grâce à la chaleur du four et permet de glacer les légumes.

Les légumes présentés ici sont préparés seuls, mais ils pourraient très bien accompagner des viandes ou des volailles rôties, comme un gigot d'agneau, une pièce de bœuf ou un poulet. Cela permet alors au jus de la viande de se mélanger aux légumes et de leur apporter sa saveur.

## Cuire un mélange de tubercules au four

1. Des légumes de même taille demandent un temps de cuisson équivalent: ici, les carottes sont épluchées, découpées grossièrement et évidées. Les oignons sont épluchés et laissés entiers (les plus gros sont coupés en quatre), les navets sont épluchés puis coupés en quatre et les panais épluchés sont découpés comme les carottes. Mélangez les légumes dans le plat, en ajoutant un filet d'huile d'olive extravierge ou un peu de beurre fondu.

2. Faites cuire à 200 °C (400 °F) environ 20 min, jusqu'à ce qu'ils dorent.

Remuez-les doucement pour obtenir une cuisson régulière et prolongez la cuisson pendant 20 min, jusqu'à ce qu'ils soient dorés uniformément et qu'il soit possible d'y enfoncer un couteau. Vous pouvez ajouter du bouillon et laisser cuire jusqu'à évaporation de ce dernier pour obtenir des légumes dorés et brillants.

# Betteraves au four

1. Coupez les feuilles en laissant environ 2,5 cm (1 po) de queue sur la betterave et en évitant d'entailler la chair pour ne pas perdre le jus. Conservez les feuilles et faites-les cuire.

2. Enveloppez chaque betterave dans une feuille d'aluminium pour éviter qu'elle ne se dessèche. Les petites betteraves peuvent être regroupées dans une même feuille.

3. Utilisez une plaque, car les betteraves perdent leur jus lors de la cuisson et ne peuvent être cuites directement sur la grille. Faites cuire les grosses betteraves à 200 °C (400 °F) pendant environ 1 h 15 min, jusqu'à ce que l'on puisse y enfoncer une brochette métallique directement à travers la feuille d'aluminium. Déballez les betteraves.

## Éplucher des betteraves cuites

Il est plus facile d'éplucher les betteraves lorsqu'elles sont encore chaudes. Tenez la betterave dans un torchon de cuisine, coupez les queues à la base, puis épluchez-la.

## Notes et astuces

• Faites cuire les tubercules et la plupart des légumes à 200 °C (400 °F). Faites cuire les légumes à teneur élevée en eau tels que champignons et tomates à 180 °C (350 °F) (une température plus élevée pourrait brûler le jus dégagé). Si vous constatez qu'un légume est doré avant d'être cuit à l'intérieur, baissez la température du four.

• Envelopper les légumes dans l'aluminium a pour effet d'en conserver l'humidité. C'est pourquoi il est conseillé de *toujours* envelopper les betteraves, pour éviter qu'elles ne se dessèchent et perdent leur jus, et de ne *jamais* envelopper les patates douces, les ignames ou les pommes de terre roseval. Le but est d'obtenir une peau croustillante et une chair légère.

• Choisissez un plat assez grand pour disposer les légumes sur une seule couche. Dans un plat trop grand, le jus dégagé pourrait brûler. Dans un plat trop petit, les légumes risqueraient de cuire dans la vapeur de leur propre jus.

• Pour rôtir une viande accompagnée de légumes, choisissez un plat assez grand pour contenir le tout et veillez à bien calculer le temps de cuisson afin que légumes et rôti soient prêts au même moment (il sera peut-être nécessaire de démarrer la cuisson de l'un avant l'autre). Comme les légumes isolent le rôti de la chaleur, il se peut qu'ils en augmentent légèrement le temps de cuisson et qu'ils ralentissent le dorage. Retournez la viande à mi-cuisson pour lui permettre de rôtir et de dorer uniformément. Son jus recouvrira les légumes et les imprégnera de sa saveur.

### Voir également

### Termes du glossaire

Cuire au four

Glacer

Rôtir

## Tomates au four, à l'ail et au basilic frais

Bien que de nombreuses recettes de tomates au four recommandent une température relativement élevée et un temps de cuisson court, une température modérée et un délai de cuisson prolongé permettent d'en rehausser le goût. Servez-les en accompagnement de viandes ou volailles grillées ou rôties.

1. Disposez les moitiés de tomates, ni pelées ni épépinées, intérieur vers le haut, dans un plat huilé et suffisamment grand pour y disposer les tomates sur une seule couche. Garnissez les tomates d'ail finement haché, de basilic, de persil et de miettes de pain frais.

2. Versez un filet d'huile d'olive extravierge dans les tomates. Faites cuire à 180 °C (350 °F) pendant 1 h ou plus, jusqu'à ce que les tomates soient toutes ridées et que tout le liquide du plat se soit évaporé.

# Préparer un gratin de légumes

Un gratin est idéal pour combiner des ingrédients en les faisant cuire sous une croûte à la fois croustillante et dorée. Les tubercules peuvent être cuits dans un mélange composé de fromage râpé, de crème et de lait qui, en se réduisant sur les légumes, finit par constituer une sauce riche et épaisse. Les pommes de terre conviennent merveilleusement bien à ce type de gratin, car elles mettent en valeur la crème et le fromage et donnent plus de consistance à la sauce grâce à leur teneur en amidon. Les navets et le céleri-rave accompagnent très bien les pommes de terre dont l'amidon permet non seulement de lier le gratin, mais aussi d'atténuer le goût plus prononcé des autres légumes. Les panais peuvent être utilisés seuls, car ils contiennent beaucoup d'amidon et sont d'un goût plus léger que les betteraves et les pieds de céleri.

Du fait de leur teneur élevée en eau, les courgettes, courges, aubergines et champignons doivent être préalablement cuits pour en éliminer l'eau et concentrer la saveur. Pour réaliser un gratin de courgettes, il faut d'abord les sauter, puis les recouvrir d'une épaisse couche de coulis de tomates et de fromage.

## Gratin de pommes de terre

1. Versez une fine couche de mélange de crème et de lait dans un plat à gratin. Assaisonnez de sel, poivre et noix de muscade, puis disposez sur le tout une couche de rondelles de pommes de terre. Faites cuire sur le feu (prévoyez un diffuseur pour les plats en porcelaine ou en verre) jusqu'à ce que le liquide frémisse.

2. Superposez tour à tour des couches de fromage râpé et de pommes de terre en versant sur chacune le mélange et en terminant par une couche de fromage. Assaisonnez.

3. Cuisez à 190 °C (375 °F) jusqu'à ce que tout le liquide soit absorbé.

## Notes et astuces

- Lorsque vous préparez un gratin de tubercules, n'ajoutez que la quantité de liquide nécessaire pour recouvrir les couches inférieures, la couche supérieure ne devant être que légèrement immergée. La proportion de crème et de lait est une question de goût. Toutefois, une proportion trop faible de crème risque de faire cailler le lait et de provoquer l'apparition de grumeaux. Une répartition égale de crème et de lait donnera un gratin crémeux mais pas trop riche. Pour un gratin très maigre, utilisez du bouillon à la place de la crème ou du lait.

- Plus le gratin est mince et large, plus la proportion de croûte caramélisée et croustillante sera élevée (ce qui est, rappelons-le, l'objectif visé).

- Plus le légume contient d'eau, plus le gratin doit être mince. Pour un ingrédient comme la courgette, cela permet d'évaporer l'eau et de concentrer la saveur. Les gratins de tubercules peuvent être plus épais. Un gratin doit faire entre 2,5 et 5 cm (1 et 2 po) d'épaisseur avant cuisson.

- Faites cuire les gratins à une température de 190 °C (375 °F)

- Le gratin est prêt une fois qu'il n'est plus trop dense et que sa surface est dorée et caramélisée. Surveillez la température pour obtenir une cuisson régulière: si la croûte brunit trop vite, diminuez la température. Si le liquide ne mijote pas et que les légumes baignent dans leurs jus, augmentez la température.

## Gratin de courgettes

1. Tapissez le fond d'un plat à gratin d'une couche de coulis de tomates cuit.
2. Disposez sur le dessus une couche de rondelles de courgettes sautées imbriquées les unes dans les autres. Saupoudrez de fromage râpé.
3. Ajoutez des couches de courgettes en les recouvrant de sauce tomate et en les saupoudrant de fromage.
4. Faites cuire au four à 190 °C (375 °F) jusqu'à ce que la croûte soit dorée.

Voir également
Préparer un coulis de tomates, page 50
Sauter des légumes, page 89

Termes du glossaire
Cuire au four
Gratiner
Réduire
Sauter

# Braiser des légumes verts

Bien que nous soyons tous amateurs de légumes verts cuits rapidement à feu vif, certains d'entre eux tels le chou, les haricots verts et le brocoli ou autres, qui font partie des plantes vivaces comme le chou frisé et la blette, ont plus de saveur lorsqu'ils sont cuits lentement et sous couvercle. Ils perdent certes une partie de leur couleur verte éclatante, mais cette perte est amplement compensée par un goût prononcé et fort agréable qui peut être encore relevé par des ingrédients comme l'ail, le piment et le bacon.

## Notes et astuces

- Commencez toujours avec une quantité d'eau ou de bouillon suffisante pour immerger les légumes jusqu'au quart, quantité optimale pour qu'ils cuisent dans leur jus et en retiennent la saveur.

- Surveillez la température pour maintenir le liquide en très légère ébullition. Il s'agit de contrôler l'évaporation afin que le liquide ne se soit totalement évaporé qu'une fois les légumes complètement cuits. Si l'évaporation est trop rapide, baissez le feu ou ajoutez la quantité de liquide nécessaire. Si l'évaporation n'est pas assez rapide, augmentez le feu ou retirez le couvercle, ou faites les deux à la fois.

- Les légumes sont prêts une fois que le liquide s'est entièrement évaporé et qu'ils sont tendres.

Voir également

Tailler des poivrons en
   julienne, page 13
Préparer un fond de poulet,
   page 30
Glacer des tubercules,
   page 76
Lever des filets d'anchois,
   page 236

Termes du glossaire
Braiser
Glacer

## Brocolis braisés

1. Séparez les tiges des fleurs en les coupant, puis épluchez les tiges à l'aide d'un économe.
2. Coupez les tiges en quatre dans le sens de la longueur puis de la largeur pour obtenir de petits quartiers.
3. Faites cuire à feu doux des lamelles d'ail dans de l'huile d'olive extravierge. Ajoutez, en remuant, les morceaux de tiges de brocoli ainsi que les fleurs, puis versez de l'eau ou un bouillon jusqu'au quart des brocolis.
4. Recouvrez et faites cuire à feu doux à moyen pendant environ 30 min. Remuez toutes les 5 min en veillant à ce que le fond de la sauteuse ne soit pas sec. Ajoutez un peu de liquide si nécessaire. S'il reste du liquide après 30 min, retirez le couvercle et prolongez la cuisson environ 10 min pour éliminer toute humidité.
5. Les brocolis braisés servis sur toasts et garnis de filets d'anchois et de poivrons grillés font de savoureux hors-d'œuvre.

# Glacer des tubercules

Le glaçage est une technique souvent utilisée pour préparer des tubercules. Elle consiste à cuire les légumes dans une petite quantité de liquide, normalement avec un tout petit peu de beurre et de sucre, dans une sauteuse partiellement couverte, ou avec une feuille de papier sulfurisé ou d'aluminium placée directement sur les légumes. Au cours de la cuisson, les légumes perdent peu à peu leur jus, qui se mélange avec le liquide de glaçage (en général, de l'eau ou du bouillon). Ce dernier réduit et épaissit, si bien qu'une fois prêts, les légumes sont recouverts d'un vernis brillant et savoureux.

Tous les tubercules (ici, des petits oignons) peuvent être préparés avec un glaçage blanc ou brun. Traditionnellement, seuls les oignons se préparent avec un glaçage brun, mais en réalité, ce procédé convient à tous les tubercules. La durée de cuisson des oignons à glaçage blanc correspond au temps nécessaire à l'évaporation du liquide, lequel ne laisse qu'un mince vernis sur les légumes. Les oignons à glaçage brun cuisent un petit peu plus longtemps, jusqu'à ce que le glaçage dore et se caramélise légèrement. On ajoute alors un peu d'eau ou de bouillon pour dissoudre les jus caramélisés et leur permettre de recouvrir les oignons. L'utilisation de crème lors de cette opération permet d'obtenir des oignons à la crème.

## Notes et astuces

- Un glaçage réussi dépend d'une bonne coordination entre température et temps de cuisson. Si la température est trop élevée ou qu'il n'y a pas assez de liquide en début de cuisson, ce dernier s'évapore avant que les légumes ne soient cuits. Dans ce cas, ajoutez simplement du liquide et diminuez la température. En revanche, s'il y a trop de liquide ou que la température est trop basse, les légumes sont cuits avant que le glaçage n'ait lieu. Si vos légumes sont cuits alors qu'il reste beaucoup de liquide, montez le feu et retirez le couvercle ou la feuille pour le laisser s'évaporer.

Voir également
Éplucher des petits oignons, page 5
Glacer des tubercules cuits au four, page 70

Termes du glossaire
Braiser
Glacer
Rond de papier sulfurisé ou d'aluminium

## Petits oignons préparés avec un glaçage brun

1. Placez les oignons épluchés dans une sauteuse assez grande pour les disposer en une seule couche. Ajoutez une noix de beurre, versez de l'eau ou du bouillon jusqu'à mi-hauteur, et recouvrez d'aluminium ou de papier sulfurisé.

2. Mijotez doucement jusqu'à ce que les oignons puissent être facilement transpercés et que le liquide se soit évaporé en laissant un glaçage brun. Ajoutez un peu d'eau pour dissoudre le glaçage.

3. Mijotez jusqu'à ce que le liquide, transformé en glaçage, recouvre les oignons.

# Frire des légumes

La cuisson en friture permet d'obtenir des légumes très chauds à la fois croquants à l'extérieur et tendres à l'intérieur. Les légumes très juteux comme les courgettes, les aubergines et les champignons devront être préalablement enrobés de chapelure ou d'une pâte à frire légère pour éviter qu'ils n'absorbent trop d'huile. Les pommes de terre peuvent être frites sans préparation, car elles contiennent moins d'eau et dorent naturellement.

Au fil des pages suivantes, vous trouverez des exemples illustrant deux techniques d'enrobage: l'une qui utilise de la chapelure, l'autre, un mélange plus léger de farine et d'eau. La chapelure donne une croûte très consistante qui absorbe les jus. Elle convient très bien aux légumes chargés en eau comme les tomates. Les pâtes à frire liquides, comme le mélange de farine et d'eau, enrobent les légumes d'une croûte délicate et croquante. La pâte à *tempura* (page 122) permet d'obtenir une croûte délicate encore plus croquante. Elle convient particulièrement bien aux légumes très absorbants comme les champignons et les tomates. C'est une pâte épaisse qui empêche les légumes d'absorber trop d'huile.

3. Veillez à séparer les rondelles pendant la friture (comme ici, à l'aide de pinces) pour éviter qu'elles ne collent entre elles.
4. Retirez les rondelles dès qu'elles dorent et sont croustillantes, puis égouttez-les sur une plaque recouverte de papier absorbant.

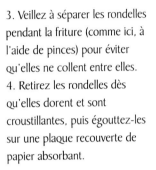 

## Rondelles de courgettes frites

Cette méthode convient aux légumes tranchés finement comme l'aubergine, le fenouil, les champignons et le gombo.
1. Coupez les courgettes en fines rondelles et posez-les, par petites quantités, dans une pâte à frire constituée d'eau (gazeuse ou non) et de farine (page 78).
2. Disposez les rondelles dans une écumoire ou un panier à friture (vous pouvez également utiliser une cuillère à égoutter ou jeter directement les rondelles dans l'huile) et plongez le tout dans de l'huile à 180 °C (350 °F).

## Pâtes à frire légères

En mélangeant tout simplement de la farine et de l'eau, vous pouvez réaliser une pâte à frire qui enrobera vos légumes d'une croûte légère et croquante. L'emploi d'eau gazeuse permet d'obtenir une croûte encore plus délicate et fragile. Quel que soit le type de pâte, ne la travaillez pas trop : remuez juste assez pour incorporer le liquide à la farine et obtenir une pâte homogène. Un malaxage trop intense favorise le développement du gluten, qui rétrécit la pâte durant la friture et découvre en partie les aliments. Utilisez juste assez de liquide pour obtenir une pâte homogène (trop de liquide au départ rend impossible l'élimination des grumeaux). Laissez reposer la préparation à température ambiante pendant 1 à 2 h au maximum pour atténuer l'action du gluten. Peu avant la friture, ajoutez de l'eau en remuant doucement pour obtenir une pâte aussi consistante qu'une crème épaisse. La pâte obtenue avec de l'eau gazeuse doit être utilisée immédiatement pour ne pas perdre son gaz carbonique.

## Notes et astuces

- Faites frire la plupart des légumes à 180 °C (350 °F).
- Utilisez de l'huile d'olive pure ou de l'huile végétale. N'utilisez pas d'huile d'olive vierge, trop chère.
- Afin d'éviter les éclaboussures d'huile, utilisez une écumoire à friture, un panier à friture ou une cuillère à égoutter pour plonger les légumes dans l'huile.
- Les aliments frits sans préparation ou enrobés d'une pâte légère doivent être cuits jusqu'à devenir très légèrement dorés. Ceux qui sont plongés au préalable dans de la chapelure peuvent être frits jusqu'à devenir bruns et dorés.

## Pâte à frire à l'eau gazeuse

Ce type de pâte peut s'obtenir avec de l'eau plate, mais vous n'obtiendrez pas une croûte aussi légère.

1. À l'aide d'un fouet, mélangez l'eau gazeuse et la farine dans un bol. N'utilisez que le minimum de liquide nécessaire pour obtenir une pâte homogène. Laissez reposer la préparation pendant 1 à 2 h.

2. Juste avant de frire, ajoutez de l'eau gazeuse en remuant doucement de manière à obtenir une pâte aussi consistante qu'une crème épaisse.

## Tomates frites

Choisissez des tomates relativement fermes. Ne les pelez pas, découpez-les en rondelles d'à peu près 6 mm (¼ po) d'épaisseur. Débarrassez chaque rondelle de ses pépins.

1. Recouvrez de farine chacune des faces des tomates en tapotant pour éliminer l'excédent.

2. Trempez entièrement les tomates dans une préparation d'œufs battus salés et poivrés.

3. Recouvrez chaque face de chapelure fraîche.

4. Disposez les tomates

sur une écumoire à friture (comme ici) ou dans un panier à friture, et plongez doucement le tout dans de l'huile d'olive pure ou végétale à 180 °C (350 °F).

5. Faites frire les tomates pendant 3 min, jusqu'à ce qu'elles deviennent dorées.

6. Enlevez les tomates à l'aide de l'écumoire ou du panier à friture et égouttez-les sur du papier absorbant. Salez et servez immédiatement.

### Voir également

Préparer des chips et des frites, page 80

Réaliser une pâte à *tempura*, page 122

Paner des blancs de poulet, page 162

Préparer de la chapelure fraîche, page 164

### Termes du glossaire

Écumoire

Gluten

Paner

# Préparer des chips et des frites

Les pommes de terre conviennent parfaitement à la friture. Coupées en tranches épaisses, elles deviennent à la fois croustillantes à l'extérieur et tendres, presque floconneuses, à l'intérieur. Coupées finement, elles deviennent fragiles et croquantes. Les trois formes les plus courantes de pommes de terre frites sont les pommes allumettes, les frites et les chips. La technique est essentiellement la même chaque fois, si ce n'est que les pommes allumettes et les chips sont simplement plongées dans l'huile bouillante alors que les frites, plus épaisses, doivent être cuites deux fois: une première fois, dans une huile moyennement chaude afin de les cuire en profondeur sans les dorer; une seconde fois, dans une huile plus chaude, pour leur donner une croûte dorée et croustillante. La double cuisson est nécessaire pour éviter que les frites ne soient dorées avant d'être cuites à l'intérieur.

## Pommes chips

Les chips se cuisent en une seule étape, comme les pommes allumettes (page 81). Les étapes de préparation des chips gaufrées sont illustrées ci-contre. Cette méthode convient aussi aux chips lisses.

1. Pour obtenir des chips ordinaires, il suffit de faire glisser la pomme de terre sur la lame normale d'une mandoline ou d'un coupe-légumes. Pour les chips gaufrées, il faut utiliser la lame ondulée et, après chaque tranche, faire pivoter la pomme de terre de 90 degrés. Ajustez l'épaisseur de manière à ce que les petits trous apparaissant sur les lamelles aient la taille d'une épingle.

2. Disposez les pommes de terre sur une écumoire ou dans un panier à friture.

3. Plongez les pommes de terre dans de l'huile chauffée à 180 °C (350 °F). Faites frire pendant environ 4 min, jusqu'à ce qu'elles soient dorées. Retirez-les, puis égouttez-les sur du papier absorbant et salez.

## Pommes allumettes : cuisson en une étape

Les pommes allumettes ne sont frites qu'une fois.

1. Découpez les pommes de terre en julienne d'une largeur d'environ 3 mm (⅛ po), à l'aide soit d'une mandoline, soit d'un couteau (voir encadré, page 82).

2. Plongez les pommes de terre dans l'huile à 180 °C (350 °F). Remuez-les pendant la cuisson pour éviter qu'elles ne collent aux parois de la friteuse ou les unes aux autres.

3. Une fois dorées (de 3 à 4 min), retirez-les de l'huile, égouttez-les sur une plaque recouverte de papier absorbant et salez (voir encadré, page 82).

## Notes et astuces

- La lame à julienne de votre mandoline constitue l'outil idéal pour faire des pommes allumettes. Vous pouvez également découper vos pommes de terre à l'aide d'un coupe-légumes normal, puis détailler les tranches en fins bâtonnets.

- Grâce à son thermostat intégré qui permet de régler aisément la température de cuisson, la poêle à frire électrique est très pratique pour préparer de petites quantités de chips, frites et pommes allumettes.

- Le gaufrage des chips (page 80) ne s'obtient qu'à l'aide d'une mandoline, tandis qu'un coupe-légumes normal suffit pour faire des chips ordinaires.

- Si, une fois retirées de la friteuse, vos chips ou vos pommes allumettes sont dorées mais trop molles, baissez la température pour prolonger le temps de cuisson. Ainsi, l'eau des pommes de terre suivantes disposera de plus de temps pour s'évaporer, ce qui rendra les frites plus croustillantes.

- Pour la friture en une seule étape, l'huile doit être chauffée à 180 °C (350 °F). Pour la friture en deux étapes, faites frire d'abord à 160°C (325 °F), puis à 180 °C (350 °F).

- Les pommes de terre roseval sont idéales pour faire des frites et des pommes allumettes, mais d'autres sortes de tubercules conviennent également.

Voir également
Tailler des légumes en
  julienne, page 13

Termes du glossaire
Coupe-légumes
Écumoire
Frire

## Frites : cuisson en deux étapes

Les frites préparées ici sont d'une épaisseur d'environ 6 mm (¼ po) et sont cuites en deux étapes.

1. Coupez les deux extrémités des pommes de terre afin d'obtenir des frites de longueur égale et, si vous le désirez, taillez les côtés pour éviter les petites frites irrégulières.

2. Coupez les pommes de terre en tranches d'à peu près 6 mm (¼ po) d'épaisseur. Ici, une mandoline est utilisée. Faites attention à vos doigts lorsque vous vous rapprochez de la lame.

3. À l'aide d'un couteau de chef, coupez les tranches en frites de 6 mm (¼ po) de large (pour obtenir des frites au profil carré).

4. À l'aide d'une écumoire ou d'un panier à friture, plongez vos frites dans de l'huile à 160 °C (325 °F).

5. Faites frire vos pommes de terre, en remuant à une ou deux reprises au début, pendant à peu près 5 min. Si elles se mettent à dorer plus tôt, diminuez la température de l'huile.

6. Retirez les frites de l'huile avant qu'elles ne soient dorées, puis pincez-en une. Elle doit être tendre à l'intérieur et facile à écraser. Si ce n'est pas le cas, replongez-les brièvement dans l'huile.

7. Faites chauffer l'huile à 180 °C (350 °F) (pour de grandes quantités de frites, l'emploi de deux marmites d'huile, une pour chaque température, facilite la tâche) et plongez-y les frites pendant 3 à 4 min ou jusqu'à ce qu'elles soient dorées.

8. Retirez les frites de l'huile, étalez-les sur une plaque recouverte de papier absorbant et salez.

# Griller des légumes

La grillade donne aux légumes une légère saveur fumée. Elle demande peu de préparation et, mieux encore, peut se faire en plein air. Les champignons et autres petits légumes peuvent être grillés entiers. Les légumes de plus grande taille doivent être découpés en tranches ou en triangles. Pour accentuer leur saveur, les dorer et empêcher qu'ils ne se dessèchent et ne collent au gril, il vaut mieux les badigeonner à l'huile d'olive avant de les griller. Les légumes grillés se servent habituellement en accompagnement d'autres aliments grillés. Toutefois, aspergés d'huile d'olive simple ou parfumée, ils peuvent également être servis en entrée. Pour les grillades en cuisine, utilisez sur votre cuisinière une poêle à griller afin de donner aux légumes une pointe de saveur grillée.

## Courgettes et courges grillées

Coupez-les en tranches dans le sens de la longueur (un coupe-légumes ordinaire convient parfaitement) afin d'obtenir des tranches faciles à manipuler et assez grandes pour ne pas passer à travers la grille. Badigeonnez à l'huile d'olive et saupoudrez d'herbes telles que thym ou marjolaine. Grillez les légumes soit en plein air sur un barbecue, soit à feu vif dans une poêle à griller. Faites dorer en cuisant 5 min par côté.

## Assortiment de légumes grillés

1. Coupez les légumes de grande taille en tranches et en morceaux. Les grands chapeaux de champignons peuvent être laissés entier.
2. Badigeonnez les légumes avec de l'huile d'olive avant et pendant la cuisson pour qu'ils n'adhèrent pas au gril et ne sèchent pas. Faites-les griller jusqu'à ce qu'ils deviennent tendres.
3. Vous pouvez, si vous le désirez, badigeonner les légumes avec de l'huile d'olive parfumée ou des herbes, juste avant de les servir.

## Ciboules grillées

Les grillades de ciboules, de jeunes poireaux et de jeunes oignons sont aussi délicieuses les unes que les autres.

1. Faites griller les ciboules pendant 10 à 15 min afin de les rendre légèrement carbonisées à l'extérieur et tendres à l'intérieur.
2. Ici, les ciboules grillées ont été aspergées avec de l'huile de basilic, mais l'huile d'olive extravierge peut également convenir.

## Notes et astuces

- Découpez les légumes les plus durs, tels que fenouil ou pommes de terre, en fines tranches. Cela permet à la chaleur de les pénétrer avant que leur peau ne soit carbonisée. Vous pouvez aussi partiellement précuire ce type de légumes à l'avance, puis les griller juste assez longtemps pour les réchauffer. Cette astuce est particulièrement utile lorsque la place est insuffisante sur le gril ou si vous grillez en même temps d'autres aliments, poisson ou viande par exemple.

- Les têtes de laitue coriaces comme la trévise, les radis rouges et les endives doivent être coupées en deux ou en quartiers en passant à travers la base.

- Les champignons de grande taille ou à grand chapeau peuvent être grillés entiers. En revanche, les autres champignons et les légumes de petite taille ou en morceaux doivent être embrochés sur deux brochettes parallèles pour pouvoir être manipulés aisément et empêcher qu'ils ne tombent à travers la grille.

- Badigeonnez les légumes avec de l'huile d'olive et assaisonnez-les avec du sel et du poivre avant de les griller. Si leur peau devient sèche pendant la cuisson (c'est en général le cas des aubergines), badigeonnez-les légèrement à nouveau.

- Il existe quatre méthodes pour aromatiser vos légumes grillés: les saupoudrer, avant de les griller, d'herbes fraîchement hachées ou séchées comme le thym, la marjolaine, la sarriette et l'origan; hacher les herbes plus délicates comme le basilic, l'estragon, la ciboulette, le persil et le cerfeuil et les mélanger à de l'huile d'olive afin de pouvoir les étaler sur les légumes grillés avant de servir; utiliser un petit balai fait de branches d'herbes séchées comme le thym, le romarin, la sarriette ou la sauge pour badigeonner vos légumes à l'huile d'olive pendant la cuisson; placer sur les braises une petite poignée humidifiée d'herbes séchées, comme le thym ou le romarin, afin que la fumée dégagée parfume vos légumes.

- Les légumes sont prêts une fois qu'ils sont légèrement dorés ou marqués par le gril et tendres à l'intérieur. Déplacez-les s'ils grillent trop vite.

## Brochettes de légumes grillés

Vous pouvez soit servir à chacun de vos convives une brochette de légumes grillés, soit utiliser un plateau de service sur lequel vous aurez disposé les légumes débrochés, accompagnés ou non d'autres aliments grillés.

1. Embrochez les légumes sur deux brochettes parallèles afin de pouvoir les manipuler aisément. Si vous utilisez des brochettes en bois, enveloppez les pointes dans du papier d'aluminium et veillez à ne pas laisser d'espace entre les légumes pour ne pas exposer les brochettes à la flamme.

2. Placez les brochettes à environ 20 cm (8 po) des braises. Pendant la cuisson, badigeonnez légèrement les légumes avec de l'huile d'olive. Ici, un petit balai de branches de thym séché est utilisé pour donner plus de saveur aux légumes.

Voir également
Préparer des huiles aromatisées au basilic et aux cèpes séchés, pages 39 et 40

Termes du glossaire
Coupe-légumes
Griller

# Étuver et bouillir des légumes

La cuisson à l'étuvée convient tout à fait aux légumes, car elle permet d'en conserver tous les éléments nutritifs, ce qui n'est pas le cas des légumes bouillis ou pochés. Cette méthode convient également aux légumes fragiles, comme les pommes de terre, qui se détériorent dans les remous de l'eau bouillante.

## Ustensiles de cuisson à l'étuvée

La cuisson à l'étuvée est une technique simple. Un liquide, habituellement de l'eau, mais parfois du vin ou un court-bouillon, est amené rapidement à ébullition dans une marmite. Les aliments destinés à être étuvés sont suspendus au-dessus du liquide et le couvercle est refermé.

• L'ustensile le moins cher est le panier à étuver repliable, constitué d'une corolle de pétales en métal perforé. Il suffit de déplier le panier dans une marmite contenant un petit peu de liquide, en veillant à ce que les pétales touchent les parois. Ce type d'ustensile convient aux légumes à feuilles ainsi qu'aux petites quantités de légumes verts ou de tubercules.

• Pour de plus grandes quantités de légumes, il existe des ustensiles en

forme de seau perforé muni de pieds. Ces derniers permettent de maintenir le seau à environ 2,5 cm (1 po) au-dessus du fond d'une marmite. Il suffit de faire bouillir un fond d'eau (environ 1,25 cm / ½ po) dans la marmite, de mettre les aliments à étuver dans le seau, de placer ce dernier dans la marmite et de refermer le couvercle (page 87).

• Les ustensiles chinois en bambou sont économiques et simples d'emploi. Ils ont la forme d'un tambour, un fond constitué d'une grille de fines lattes de bambous insérées dans un anneau de bois, et se ferment à l'aide d'un couvercle bien ajusté. Ce système permet d'en superposer plusieurs afin

de cuire de grandes quantités d'aliments ou de gérer des temps de cuisson différents. Commencez par les aliments à cuisson lente et superposez ceux à cuisson plus rapide. À l'origine, ces étuveuses ont été conçues pour être utilisées dans des woks, mais une grande marmite fait aussi bien l'affaire. Son diamètre doit être égal à celui de l'étuveuse pour forcer la vapeur à monter.

### Étuver des légumes verts

1. Dans une marmite suffisamment grande pour contenir l'étuveuse, amenez rapidement à ébullition environ 2,5 cm (1 po) d'eau. Placez les légumes (ici, des épinards) dans l'étuveuse et insérez-la dans la marmite. Recouvrez et laissez étuver 1 min.

2. Arrêtez le feu, enlevez le couvercle, laissez la vapeur se dissiper 15 sec et sortez l'étuveuse. À moins d'utiliser immédiatement les épinards, passez-les sous l'eau froide ou plongez-les dans un bol d'eau glacée.

3. Pressez les épinards afin d'en extraire l'excédent d'eau.

## Bouillir des légumes verts

Bien que les légumes verts soient excellents à l'étuvée, certains cuisiniers préfèrent les faire bouillir, car cela est plus rapide et préserve leur couleur. Lorsque vous faites bouillir des légumes verts, mettez beaucoup d'eau salée et ne couvrez pas la marmite. Si vous ne comptez pas les utiliser tout de suite, passez-les immédiatement sous l'eau froide dans une passoire ou plongez-les dans l'eau glacée.

1. Plongez les légumes lavés (ici, des épinards) dans une marmite d'eau salée bouillante.
2. Remuez-les à l'aide d'une grande cuillère.
3. Dès qu'ils fondent, après 30 sec, versez-les dans une passoire et rincez-les sous l'eau froide ou plongez-les dans un récipient d'eau glacée.
4. Essorez-les doucement pour extraire l'excédent d'eau.
Ils peuvent être soit réchauffés sautés dans de l'huile d'olive ou du beurre, soit préparés à la crème.

### Voir également
Équeuter des légumes, page 8
Braiser des légumes verts, page 75

### Termes du glossaire
Bouillir
Cuire à la vapeur, étuver
Pocher

## Épinards à la crème (et autres légumes à feuilles)

Une fois cuits, les légumes peuvent être servis nature ou en sauce avec une crème réduite. Les épinards cuits légèrement avec un peu de crème sont excellents. Les légumes verts préparés à la crème doivent être complètement secs pour éviter que la crème ne se dilue au contact de l'eau qu'ils contiennent et ne coule dans l'assiette. La crème doit être réduite au maximum, jusqu'à devenir très épaisse et presque huileuse. L'humidité des légumes permettra de la reconstituer.

1. Faites chauffer environ 2 c. à soupe de crème épaisse

dans une casserole jusqu'à ce qu'elle devienne très dense. Salez et poivrez.
2. Ajoutez, après les avoir bien pressés, une poignée d'épinards (ou autres légumes verts) bouillis ou étuvés et passés à l'eau froide. Faites chauffer en remuant.

# Sauter des légumes

Cette méthode de cuisson à feu vif consiste à évaporer l'eau des légumes et à les caraméliser légèrement. Le goût et le parfum se concentrent dans la peau du légume, tandis que l'intérieur reste tendre et fondant. La graisse utilisée, beurre, huile ou graisse animale, leur ajoute une note de goût supplémentaire.

Les légumes de petite taille ou en petits morceaux se préparent en les agitant dans une poêle à bords inclinés. Remuer les légumes, même délicatement, à l'aide d'un ustensile risquerait de les abîmer. Avec un peu d'expérience (entraînez-vous avec des haricots secs), cette technique devient vite chose aisée. Les morceaux de légumes trop grands pour être sautés en les agitant (pommes de terre, courgettes ou aubergines) se disposent en une seule couche dans la poêle et se retournent à l'aide d'une pince ou d'une spatule, une fois leurs faces dorées. Les légumes gorgés d'eau tels que les tomates en tranches peuvent être enrobés de farine ou de chapelure avant d'être sautés. Cette enveloppe absorbe l'humidité dégagée par les légumes lors de la cuisson et favorise le dorage. Elle en renforce également le goût et leur évite d'absorber trop de matières grasses.

1. Placez les pommes de terre épluchées dans une marmite et recouvrez-les d'eau froide. Faites chauffer sur feu doux à moyen, en ajustant de manière à ce que l'eau mette 15 min avant de frémir. Retirez les pommes de terre avec une cuillère à égoutter ou versez-les dans une passoire.

2. Dans une poêle résistant au four, sautez les pommes de terre dans l'huile d'olive, sur feu modérément vif, jusqu'à ce qu'elles dorent légèrement. Ajoutez du beurre dans la poêle et faites rôtir 15 min à 190 °C (375 °F), jusqu'à ce qu'elles soient tendres et dorées.

## Pommes de terre sautées

1. Coupez des pommes de terre épluchées en rondelles de 6 mm (¼ po) d'épaisseur. Rincez-les abondamment pour enlever une partie de l'amidon. Égouttez, puis séchez sur un torchon de cuisine (le papier absorbant se déchirerait).

2. Faites revenir à feu moyen dans du beurre clarifié ou de l'huile d'olive les pommes de terre disposées en une seule couche. Retournez doucement les rondelles avec une spatule à mesure qu'elles brunissent.

3. Disposez les pommes de terre sur un plat de service et salez.

## Pommes château

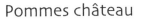

Bien que les pommes château se préparent traditionnellement avec de grandes pommes de terre tournées en forme de petits œufs, il est plus facile et plus économique d'utiliser de petites pommes de terre fermes, entières et épluchées.

## Brocolis sautés à l'ail

Il est inutile d'essayer de sauter la plupart des légumes verts, car ils dégagent tellement d'humidité au contact de l'huile ou du beurre chaud qu'ils finissent par cuire dans leur propre vapeur. Il est toutefois possible de faire sauter les brocolis, qui dégagent moins d'humidité que d'autres légumes verts. Préparés de cette façon, ils sont à la fois étuvés et enrichis par le goût de l'huile chaude. L'ajout d'ingrédients comme l'ail (haché ou en lamelles), le gingembre, toutes sortes de piments ou des dés de pancetta ou de bacon permet de parfumer l'huile d'olive avant d'y ajouter les légumes.
1. Séparez les feuilles et fleurs des grosses tiges centrales. Laissez les tiges plus tendres.
2. Faites revenir des lamelles d'ail dans de l'huile d'olive, à feu moyen, jusqu'à ce qu'elles soient légèrement dorées.
3. Ajoutez les brocolis et remuez à l'aide d'une cuillère

## Aubergines sautées

Sur les photos, l'aubergine a été coupée en tranches dans le sens de la longueur, mais elle peut également être coupée en rondelles.
1. Coupez la queue de l'aubergine et, si vous le souhaitez, épluchez-la. Utilisez soit un coupe-légumes ordinaire, comme ici, soit un petit couteau.
2. Enrobez les tranches d'aubergines de farine, en époussetant l'excédent, plongez-les dans de l'œuf battu assaisonné de sel, de poivre et de thym frais.
3. Faites sauter les aubergines dans de l'huile d'olive ou du beurre, sur feu modéré à vif, jusqu'à ce qu'elles soient dorées. Retournez-les soigneusement avec des pinces, puis faites dorer l'autre face. Égouttez sur du papier absorbant.

en bois jusqu'à ce qu'ils deviennent tendres.
4. Prolongez la cuisson à feu doux pendant 5 à 10 min pour donner aux brocolis la texture de votre choix. Pour des brocolis bien cuits, ajoutez un peu d'eau ou de bouillon, recouvrez et faites cuire de 5 à 10 min de plus.

## Courgettes sautées à l'ail et au persil

En fin de cuisson, relevez le goût des légumes sautés avec une persillade (mélange de persil et d'ail).

1. Faites sauter les courgettes dans de l'huile d'olive, à feu vif, jusqu'à ce qu'elles soient dorées et dégagent tout leur parfum. Ajoutez quelques cuillerées de persillade en remuant doucement.

2. Faites sauter à nouveau pendant 1 ou 2 jusqu'à ce que l'odeur de l'ail embaume toute la pièce. Servez immédiatement.

### Notes et astuces

• Faites sauter les légumes dans du beurre entier ou clarifié, de l'huile d'olive ou végétale, ou de la graisse animale fondue. Ce choix dépend du plat à préparer: l'huile d'olive convient aux courgettes sautées, par exemple, car il s'agit d'un plat méditerranéen. Employez de l'huile ou du beurre clarifié pour les plats sautés à feu vif, car le beurre entier brûle à ces températures. Pour les légumes ni farinés ni panés, il faut chauffer l'huile ou le beurre clarifié jusqu'à ce que la graisse frémisse sans dégager de fumée. Faites sauter les légumes panés dans du beurre clarifié, car bien que le beurre convienne, certains de ses composants brunissent lors de la cuisson et risquent de maculer la croûte de taches noires.

• Si vous souhaitez profiter de la saveur du beurre sans le clarifier, faites sauter les légumes dans un peu d'huile et ajoutez du beurre entier à la fin.

• Les légumes riches en eau tels que courgettes, aubergines et champignons peuvent être sautés à feu vif sans brûler. Les légumes plus denses tels que pommes de terre et autres tubercules doivent être cuits à feu modérément vif, dans certains cas à feu modéré.

• Pour les légumes enrobés de farine ou de chapelure, utilisez un feu modérément vif plutôt que vif, car la farine brunit toujours avant les légumes. Ces températures plus modérées vous permettent d'employer du beurre.

• Les pommes de terre peuvent être sautées entières, en rondelles ou en petits dés. Les rondelles sont difficiles à faire sauter, car l'amidon les colle les unes aux autres. L'emploi de la spatule pour les retourner une à une est tout indiqué. Les dés cuisent plus vite, sont plus faciles à faire sauter, mais ne présentent pas aussi bien. Les pommes de terre entières ou en morceaux importants doivent être blanchies avant d'être sautées. À l'exception des pommes de terre, la cuisson rôtie et le glaçage conviennent mieux aux autres tubercules que la cuisson sautée.

• Les champignons doivent être sautés à feu très vif pour que l'eau qu'ils libèrent en cuisant s'évapore immédiatement au contact de la poêle. Pour éviter que cette dernière ne se refroidisse ou ne contienne trop de liquide, faites cuire vos champignons en petites quantités. Les champignons sauvages sont en général plus savoureux et moins aqueux que les champignons de culture.

• Utilisez assez de matière grasse pour recouvrir tout le fond de votre poêle. Pour les légumes enrobés de farine ou de chapelure, une quantité plus importante est nécessaire, car ces ingrédients en absorbent une bonne partie.

Voir également
Éplucher des aubergines, page 3
Couper des légumes en dés, pages 13 et 17
Tourner des légumes, pages 13 et 21

Clarifier du beurre, page 46
Paner avec des œufs et de la chapelure, page 162

Termes du glossaire
Coupe-légumes

Paner
Persillade
Rissoler
Sauter

## Préparer et cuisiner des artichauts entiers

1. Éliminez les queues en coupant juste au-dessus des petites feuilles qui s'y rattachent.

2. Les artichauts entiers se cuisent dans une eau frémissante contenant un filet d'huile d'olive, qui empêche leur noircissement. Couvrez-les à l'aide d'un torchon humide ou d'une assiette afin de les maintenir sous l'eau durant la cuisson. Faites bouillir pendant 25 à 30 min, jusqu'à ce que l'on puisse y enfoncer facilement un couteau.

## Cuire des artichauts

Dans une marmite, portez à ébullition assez d'eau pour couvrir les artichauts de plusieurs centimètres. Ajoutez les artichauts et 1 c. à soupe d'huile d'olive. Faites bouillir jusqu'à ce que vous puissiez transpercer aisément les artichauts avec un couteau. N'utilisez pas de récipient en aluminium et maintenez les artichauts totalement immergés durant la cuisson, en les recouvrant d'une assiette ou d'un torchon de cuisine. En effet, en cuisant, les artichauts noircissent au contact de l'air ou de l'aluminium. Une précaution supplémentaire consiste à les frotter avec du citron avant de les cuire. L'huile ajoutée à l'eau de cuisson sert également à les protéger. Une fois cuits, servez les artichauts entiers avec une mayonnaise ou une vinaigrette maison (l'aïoli maison convient également très bien).

Il arrive quelquefois que l'on pare les artichauts (on dit «tourner» l'artichaut) pour ne servir que les fonds préparés qui sont soit servis entiers, comme réceptacles de légumes tels que des petits pois, soit coupés en quartiers et servis seuls. Les jeunes artichauts ont un goût moins prononcé que les plus gros et sont plus faciles à préparer.

## Préparer et cuisiner de jeunes artichauts

Si vous les servez en garniture d'un ragoût, coupez la queue à ras. Si vous les servez en accompagnement, épluchez la queue en ôtant seulement ses fibres coriaces.

1. Coupez la pointe de la queue et la moitié supérieure des feuilles.

2. Pour enlever les feuilles extérieures, faites pivoter l'artichaut sur son axe en maintenant la base contre la lame d'un couteau affûté.

3. Enlevez les petites feuilles du bas. Plongez les artichauts dans une casserole contenant de l'huile et du jus de citron. Faites bouillir environ 30 min.

## Tourner des artichauts

Les queues des grands artichauts peuvent être taillées et bouillies afin d'être servies dans de petites assiettes en accompagnement, découpées en rondelles dans un gratin de courgettes, ou utilisées dans des farces.

1. Si vous utilisez les queues, épluchez l'enveloppe extérieure et les fibres les plus dures à l'aide d'un couteau. Frottez les queues avec du jus de citron.

2. Épluchez l'artichaut en le faisant pivoter contre la lame d'un couteau très affûté, maintenu perpendiculairement au fond de l'artichaut, jusqu'à l'apparition d'une chair vert pâle.

3. Inclinez le couteau de manière à ce qu'il fasse un angle par rapport au fond et faites pivoter l'artichaut pour enlever les feuilles de la base.

4. Tenez l'artichaut à l'envers et enlevez le reste des feuilles qui se trouvent sur le fond.

5. Coupez l'artichaut en deux pour séparer les feuilles et le fond. Veillez à ne pas entailler ce dernier; il vaut mieux laisser trop de feuilles sur le fond plutôt que de l'endommager, car elles pourront être enlevées plus tard.

6. Faites à nouveau pivoter l'artichaut contre la lame du couteau afin d'éliminer toute tache noire qui se trouverait encore sur la partie supérieure. Frottez avec du jus de citron pour éviter le noircissement, puis faites cuire les cœurs comme s'il s'agissait d'artichauts entiers (il n'est pas nécessaire de les recouvrir avec une assiette ou un torchon, car ils ne flottent pas autant que les artichauts entiers).

## Enlever le foin des fonds d'artichauts cuits

Bien qu'il soit possible d'enlever le foin des fonds d'artichaut crus, il est plus facile de les cuire d'abord pendant 20 min, puis de gratter le foin avec une cuillère.

1. Grattez l'intérieur du fond d'artichaut avec une cuillère. Il est inutile de creuser ou d'entailler le fond, il suffit de gratter, puis de tirer sur le foin.

2. Les fonds, débarrassés de leur foin, peuvent être servis entiers (comme réceptacles pour des petits pois et des fèves, dans certaines présentations très solennelles), ou découpés en quartiers et servis comme légumes.

93

### Voir également

Réaliser une vinaigrette, page 37
Réaliser une mayonnaise, page 41
Préparer un aïoli, page 43
Préparer un gratin de courgettes, page 74
Griller des légumes, page 83

*Légumes et fruits*

# Préparer des purées de pommes de terre ou de légumes et des compotes de fruits

Les purées les plus onctueuses s'obtiennent en faisant passer les légumes cuits à travers un tamis, ce qui donne une purée très fine et d'une consistance onctueuse. Toutefois, la plupart des cuisiniers non professionnels, qui ne possèdent pas de tamis, peuvent utiliser un presse-purée ou un pilon à légumes. Le presse-purée permet d'obtenir une purée légèrement moins onctueuse que le tamis. Le pilon à légumes donne une purée plus granuleuse mais s'avère très simple à utiliser. N'employez jamais de robot ni de mixeur pour faire une purée de pommes de terre à chair blanche, car l'action de ces appareils sur l'amidon qu'elles contiennent produit une purée gluante.

La plupart des autres fruits et légumes, à l'exception de ceux dont la chair est trop dure, peuvent être préparés dans un robot ou à l'aide d'un mixeur. Une passoire normale ou un moulin à légumes suffit pour faire une purée de n'importe quel légume, quelle que soit sa texture.

## Notes et astuces

- À moins d'être employée dans une soupe ou une sauce, une purée de légumes doit être assez épaisse pour garder sa forme dans l'assiette. Une fois ce critère respecté, la consistance est affaire de goût.
- Pour réaliser une purée de pommes de terre, faites passer les légumes cuits dans un presse-purée, dans un tamis ou utilisez un pilon à légumes. Affinez la purée en y ajoutant un peu de liquide de cuisson des pommes de terre et enrichissez le mélange avec de la crème, du lait ou du beurre selon votre goût. Salez et poivrez.
- Pour obtenir des purées d'autres légumes, comme les tubercules: écrasez les légumes cuits, ajoutez du beurre ou du bouillon, puis salez et poivrez.
- Pour une compote de pommes ou d'autres fruits: écrasez les fruits, puis ajoutez du sucre et du jus de citron selon votre goût.
- Toutes les purées et les compotes peuvent être réchauffées à feu doux, dans une casserole. Remuez pour éviter que la purée ou la compote ne brûlent.

## Utiliser un presse-purée pour faire de la purée

1. Placez les pommes de terre, cuites et épluchées, dans le presse-purée et posez l'appareil au-dessus d'un récipient.

2. Faites passer la pulpe des pommes de terre à travers les petits trous de la grille en refermant l'appareil.

## Écraser des pommes de terre à l'aide d'un pilon à légumes

1. Écrasez les pommes de terre épluchées, mélangées soit à de la crème et à du beurre (comme ici), soit à un liquide plus léger comme du lait, du bouillon ou du liquide de cuisson.

2. La purée peut être parfumée en ajoutant du céleri-rave, de l'ail ou du fenouil dans les pommes de terre avant de les écraser. Ici, du pistou est mélangé à la purée juste avant de servir.

## Utiliser un moulin à légumes pour faire de la compote de pommes

1. Versez 1 c. à soupe de jus de citron fraîchement pressé sur les pommes coupées en lamelles afin d'éviter qu'elles ne noircissent. Placez les pommes dans une casserole à fond épais en y ajoutant 125 ml (½ tasse) d'eau. La vapeur dégagée par l'eau permettra à la fois de cuire les pommes et de les empêcher de brûler.

2. Couvrez la casserole et faites cuire sur feu doux à moyen jusqu'à ce que les pommes ramollissent, de 15 à 30 min selon le type de pomme. Vérifiez régulièrement le niveau du liquide dans la casserole. Ajoutez de l'eau si nécessaire.

3. Enlevez le couvercle et laissez cuire, tout en remuant, jusqu'à évaporation du liquide.

4. Placez le moulin à légumes au-dessus d'un récipient. Versez-y les pommes cuites et actionnez la manivelle.

## Utiliser un tamis à grosses mailles pour faire de la purée de potiron

1. Coupez le potiron en deux dans le sens de la largeur.

2. Enlevez les graines avec une cuillère et jetez-les. Posez les moitiés de potiron sur une plaque, intérieur vers le haut, et faites cuire au four à 190 °C (375 °F), jusqu'à ce qu'elles deviennent tendres.

3. Placez le tamis sur une surface plane ou une plaque. Videz le potiron et déposez la pulpe sur le tamis. Faites passer la pulpe à travers le tamis en vous aidant d'une spatule souple ou du dos d'une cuillère.

4. Raclez toute la pulpe collée au tamis et ajoutez-la au reste de la purée.

### Utiliser une passoire et un tamis à mailles serrées pour faire de la purée de châtaignes

L'utilisation d'un robot pour préparer une purée de châtaignes ne permet pas de filtrer les petits résidus de peau intérieure. Il est donc préférable d'utiliser une passoire ou un tamis afin de pouvoir éliminer ces impuretés. Ici, les châtaignes sont d'abord écrasées dans une passoire à grosses mailles, puis passées dans un tamis plus fin. Cette purée peut accompagner du gibier ou une viande au vin rouge.

1. Braisez les châtaignes épluchées dans une casserole couverte contenant un peu de bouillon, de porto ou d'eau. Retirez les châtaignes cuites à l'aide d'une cuillère à égoutter et placez-les dans une passoire posée sur un récipient. Réservez le liquide de cuisson.

2. Écrasez les châtaignes dans la passoire avec le dos d'une louche.

3. Récupérez le reste de purée collée à la passoire et ajoutez-le à la purée.

4. Pour une purée très fine, passez la purée une seconde fois à travers un tamis à mailles serrées. Pour cela, utilisez une spatule en bois ou le dos d'une cuillère.

5. Raclez le dessous du tamis pour récupérer la purée qui s'y trouve collée.

6. Utilisez le liquide de cuisson additionné de bouillon et, si vous le souhaitez, de beurre ou de crème pour affiner la purée et obtenir la même consistance qu'une purée de pommes de terre crémeuse.

7. Remuez jusqu'à ce que la purée devienne onctueuse. Salez et poivrez à votre goût.

### Voir également

Éplucher des châtaignes, page 4
Préparer un fond de poulet, page 30
Cuire des pommes de terre, page 89
Utiliser de la purée de légumes pour préparer des flans, page 97
Préparer du pistou, page 99
Préparer une crème de légumes, page 100

### Termes du glossaire

Braiser
Épaississant
Purée (ustensiles nécessaires)

# Préparer un flan aux légumes

Le flan aux légumes est une délicieuse crème cuite au four, obtenue en utilisant des œufs comme liant. La quiche, par exemple, n'est rien d'autre qu'un flan recouvert d'une croûte. Préparer des flans est une excellente manière de réutiliser de façon originale les restes de légumes cuits ou de soupes. Selon la richesse que vous souhaitez donner à votre préparation, vous utiliserez soit des œufs entiers, soit uniquement des jaunes ou des blancs (ou une combinaison des trois). Habituellement, la préparation contient également de la crème ou du lait pour donner une texture onctueuse. Pour leur assurer une cuisson régulière, un aspect crémeux et empêcher qu'ils ne brûlent ou ne caillent, les flans sont cuits au bain-marie.

## Notes et astuces

- Pour faire une préparation de flan à partir de restes de légumes cuits, broyez-les en purée, puis ajoutez suffisamment de crème ou de lait (ou un mélange) pour obtenir la consistance d'une soupe épaisse.
- Liez 175 ml (¾ tasse) de la préparation avec soit 1 œuf entier, soit 2 blancs ou 2 jaunes. Plus il y a de jaunes d'œufs, plus riche sera la préparation.
- Si votre préparation est encore chaude, il faut l'incorporer aux œufs et non l'inverse. Les œufs incorporés à un liquide chaud se solidifient.
- Faites cuire les flans dans un bain-marie à 180 °C (350 °F), jusqu'à ce que la surface de la préparation ne fasse plus de rides quand on secoue légèrement le pot.
- Pour une quiche, versez la préparation dans une pâte à tarte précuite et faites cuire 40 min à 150 °C (300 °F).

## Flan aux carottes

1. Incorporez à des œufs battus une purée de carottes chaude diluée avec du lait, de la crème ou un mélange des deux (comme pour le potage de carottes de la page 100, mais sans pommes de terre).

2. Tapissez un plat à four d'une triple couche de papier sulfurisé pour éviter que les ramequins ne soient directement exposés à la source de chaleur. Remplissez les pots préalablement beurrés avec la préparation. Versez de l'eau chaude dans le plat, jusqu'à mi-hauteur des ramequins. Faites frémir l'eau à feu vif. Mettez le tout au four et cuisez à 180 °C (350 °F) pendant environ 45 min, jusqu'à ce que le mélange ait pris.

3. Pour démouler les flans, placez une petite assiette renversée sur le ramequin, retournez le tout et donnez une secousse rapide.

4. Enlevez les moules.

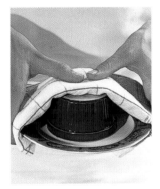

Voir également
Vérifier la cuisson, page 67
Préparer des purées de légumes, page 94
Préparer un potage aux carottes, page 100

Termes du glossaire
Bain-marie
Purée

# Préparer une soupe de légumes

La plupart des meilleures soupes du monde se préparent en faisant mijoter des morceaux de légumes dans de l'eau ou dans un bouillon. Même si les légumes employés varient en fonction de la saison ou de l'offre sur les marchés, le principe de base reste identique. Il arrive parfois que des ingrédients farineux, comme du riz ou des pâtes, soient ajoutés pour donner plus de consistance.

Il existe deux astuces très simples pour faire d'une soupe ordinaire un mets exceptionnel. La première consiste à faire cuire, dans la casserole destinée à accueillir les légumes, des dés de porc fumé (pancetta ou prosciutto). Si vous utilisez du prosciutto, il faudra ajouter un filet d'huile d'olive, car il donne très peu de graisse en cuisant. L'autre astuce consiste à mélanger, juste avant de servir, une préparation savoureuse dans la casserole ou dans les assiettes de soupe. La préparation peut être très élaborée ou aussi simple qu'un mélange d'ail écrasé et de persil haché. Deux des exemples les plus connus de cette méthode sont: le *minestrone con pesto* (Ligurie) et la soupe au pistou (Provence). Il s'agit de soupes de légumes agrémentées d'une pâte d'ail écrasé et de basilic à laquelle on ajoute du parmesan et des pignons en Italie, des tomates en Provence.

De nombreuses astuces utilisées pour relever le goût et aviver la couleur des crèmes de légumes s'appliquent également aux soupes de légumes. Faites revenir des légumes aromatiques dans un peu de matière grasse avant d'ajouter du liquide (si vous employez du prosciutto, faites-le cuire avec les légumes aromatiques). Ajoutez les légumes verts et les légumes à cuisson rapide en fin de cuisson. Faites cuire les légumes difficiles à éplucher, comme le potiron, avant de les ajouter à la soupe.

## Soupe de légumes

1. Coupez des extrémités de prosciutto (comme ici) ou de pancetta en dés d'environ 6 mm (¼ po).

2. Dans une casserole à fond épais, faites revenir le prosciutto dans un peu d'huile d'olive, sur feu doux à moyen, jusqu'à ce qu'il dégage son parfum (environ 10 min). S'il s'agit de pancetta, il est inutile d'ajouter de l'huile, car il rend sa propre graisse en cuisant.

3. Ajoutez des morceaux de légumes tels que poireaux, oignons, ail, carottes, navets, panais et éventuellement pommes de terre, puis cuisez environ 10 min à feu moyen, jusqu'à ce que les légumes deviennent tendres et exhalent leurs parfums.

4. Ajoutez les légumes riches en eau ou à cuisson rapide comme les tomates et les haricots secs préalablement cuits, illustrés ici. Ajoutez de l'eau ou du bouillon et mijotez jusqu'à ce que les légumes soient complètement tendres. Ajoutez les légumes verts et mijotez encore 10 min.

5. Servez dans des assiettes creuses préchauffées. Ici, un toast frotté d'ail est placé au fond de chaque assiette pour donner plus de goût et de consistance.

6. Présentez le pistou à table pour que chacun puisse se servir.

## Préparer du pistou

Dans notre préparation toute simple, l'ail et le basilic sont broyés dans un mortier afin d'obtenir un mélange auquel on ajoute du parmesan râpé et de l'huile d'olive. On peut également utiliser un robot ménager pour broyer les ingrédients, comme indiqué page 39. La recette traditionnelle de Ligurie rajoute des pignons alors qu'en Provence, ceux-ci sont remplacés par des tomates.

1. Dans un mortier, mélangez de fines lamelles d'ail et du gros sel (le sel contribue à broyer l'ail). Broyez ce mélange jusqu'à obtenir une pâte lisse.

2. Ajoutez petit à petit des feuilles de basilic tout en broyant. Une fois la pâte bien lisse, ajoutez de l'huile d'olive et du parmesan râpé.

Voir également
Préparer un fond de poulet, page 30
Préparer une crème de légumes, page 100

# Préparer une crème de légumes

Les crèmes de légumes préparées selon la tradition sont souvent épaissies avec un roux, puis enrichies de crème ou de beurre. Vous pouvez néanmoins obtenir une crème simple et légère en réduisant en purée des légumes additionnés de bouillon, d'eau ou de lait (le lait est délicat, car il peut cailler lorsqu'on le fait bouillir, mais il peut être stabilisé avec de la purée de légumes). Vous pouvez ensuite enrichir votre potage avec du beurre ou de la crème.

Dans presque toutes les recettes, il faut d'abord faire suer des légumes aromatiques (par exemple poireaux ou oignons) dans du beurre, afin qu'ils dégagent leur saveur avant que le liquide ne soit ajouté. Les légumes verts tels qu'épinards, brocolis ou petits pois doivent être ajoutés vers la fin pour préserver leur couleur. D'autres légumes, les asperges par exemple, peuvent être cuits en deux étapes: les tiges mijotent 10 min dans la soupe avant qu'elle ne soit passée, tandis que les pointes sont blanchies rapidement, puis ajoutées juste avant de servir. Pour un potage lisse, vous pouvez utiliser un moulin, un mixeur ou une passoire. Le robot ménager est déconseillé car non étanche.

## Potage de poireaux et pommes de terre

1. Faites suer des poireaux en morceaux dans du beurre, à feu moyen, pendant 20 min, jusqu'à ce qu'ils soient transparents et tendres.
2. Ajoutez des rondelles de pommes de terre épluchées. Versez du liquide (bouillon, lait ou eau) et mijotez jusqu'à ce que les pommes de terre soient complètement tendres.
3. Passez la soupe dans une passoire ou dans un moulin à légumes. Pour un potage plus fin, utilisez une passoire à mailles serrées. Incorporez de la crème ou du beurre.

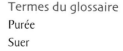

## Potage de carottes

La plupart des légumes peuvent être ajoutés à un potage aux poireaux et pommes de terre pour apporter goût et couleur.
1. Ajoutez des carottes ou autre légume à cuisson lente en même temps que le liquide et les pommes de terre.
2. Finissez en incorporant du beurre plutôt que de la crème.

Voir également
Préparer un fond de poulet, page 30
Préparer une soupe *miso*, page 143

Termes du glossaire
Purée
Suer

# Cuire des fruits au four

La cuisson au four a pour effet de renforcer le goût des fruits. Elle convient très bien à la plupart d'entre eux, à l'exception des baies et des kiwis, trop délicats pour supporter cette chaleur.

Les fruits particulièrement juteux perdent beaucoup de liquide lors de la cuisson au four. Leurs jus s'écoulent et se caramélisent dans le fond du plat, en même temps que le beurre et le sucre ajoutés au préalable. Une fois récupéré, ce mélange peut servir à réaliser une sauce. Pour cela, il faut déglacer le plat avec de la crème, puis mijoter le tout jusqu'à obtenir un mélange homogène. Contrairement aux méthodes utilisées pour le jus de viande ou le jus lié, dans lesquelles la graisse est retirée avant le déglaçage, ici, le beurre est conservé dans la sauce. Pour obtenir une sauce homogène et éliminer toute trace noire, filtrez-la dans une passoire.

Les bananes et les ananas, qui perdent peu de liquide, se préparent comme un gratin. Saupoudrez les bananes (ou les ananas coupés en morceaux ou en tranches) de sucre et de beurre et faites-les cuire jusqu'à ce qu'elles deviennent bien dorées. Ensuite, il suffit de verser sur le tout, juste avant de servir, du rhum flambé qui, en se combinant au beurre et au sucre caramélisé, donne une sauce.

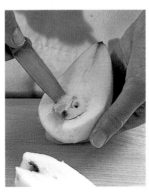

## Poires à la crème cuites au four

### Peler des poires

1. Avec la pointe d'un économe, enlevez l'extrémité noire du trognon qui apparaît en haut de la poire.
2. Pelez la poire en la faisant tourner, autour de son axe, contre la lame de l'économe.

### Épépiner et retirer le cœur de demi-poires

3. Coupez les poires en deux dans le sens de la longueur et enlevez la queue à l'aide d'un couteau.
4. Retirez le cœur de chaque moitié à l'aide du couteau ou d'une cuillère parisienne (appelée également bouleur).

7. Placez les poires soit dans un plat de service, soit directement dans des assiettes. Faites chauffer le plat contenant les jus sur feu moyen à vif et ajoutez de la crème épaisse.

8. Faites mijoter en remuant de temps à autre à l'aide d'une cuillère en bois, jusqu'à obtenir un mélange homogène. Filtrez la sauce, si vous le souhaitez, et versez-la sur les poires chaudes, comme illustré page 101.

## Cuire les poires au four

5. Disposez les demi-poires dans une casserole épaisse suffisamment grande pour y disposer les fruits sur une seule couche. Ajoutez quelques morceaux de beurre et recouvrez généreusement de sucre.

6. Faites cuire au four à 190 °C (375 °F), pendant 30 à 45 min, jusqu'à ce que les poires soient fondantes. Les jus caramélisés forment alors un glaçage brun dans le fond du plat et le beurre est remonté à la surface.

### Notes et astuces

- Fruits très juteux tels que les poires: pour 6 poires, utilisez 240 g (1 tasse) de sucre, 220 g (1 tasse) de beurre non salé et 75 ml (¾ tasse) de crème épaisse. Cuisez jusqu'à ce qu'elles soient fondantes et que leurs jus soient caramélisés.
- Bananes et fruits similaires: pour 4 bananes, utilisez 8 c. à soupe de beurre non salé, 120 g (½ tasse) de sucre et 125 ml (½ tasse) de rhum brun.

## Bananes flambées au rhum

1. Saupoudrez de sucre les bananes pelées et coupées en deux et ajoutez quelques noisettes de beurre. Faites cuire à 180 °C (350 °F), pendant environ 30 min, jusqu'à ce que les bananes soient bien dorées et que le sucre soit légèrement caramélisé.

2. Faites flamber du rhum brun, puis dès que les flammes sont éteintes, nappez-en les bananes et servez. Vous pouvez faire flamber le rhum devant les convives.

Voir également
Faire un jus de viandes rôties,
 page 187

Termes du glossaire
Déglacer
Émulsion
Flamber
Gratiner
Jus
Rôtir

# Pocher des fruits

Voici une excellente manière de préparer des fruits qui ne sont pas de saison ou pas assez mûrs. En effet, ces fruits sont soit trop durs, soit trop pauvres en sucres pour être dégustés tels quels. Ils peuvent donc être pochés dans de l'eau, du vin, du jus de fruit, de l'alcool tel que le whisky ou le rhum, ou dans un mélange, presque toujours avec du sucre. Le sucre est nécessaire, même pour des fruits mûrs et sucrés, afin d'éviter que le sucre naturel du fruit ne se dissolve dans le liquide. Ce dernier peut également être aromatisé au moyen d'épices telles que la cannelle, les clous de girofle ou la vanille. Il arrive fréquemment que l'on réduise le liquide pour mieux accentuer le goût du fruit qu'il contient et qu'on le serve en accompagnement. Une délicieuse manière de pocher toutes sortes de fruits consiste à les cuire dans de l'eau sucrée, puis à réduire et refroidir le sirop obtenu en le parfumant avec un alcool ou une eau-de-vie pour souligner le goût du fruit. Les poires sont souvent pochées dans du vin rouge sucré qui est ensuite réduit, refroidi et servi en sauce.

## Fraises et abricots pochés

Dans notre exemple, fraises et abricots sont pochés séparément dans un léger sirop de sucre. Chaque sirop est ensuite réduit pour en accentuer la saveur, mis à refroidir et agrémenté avec une eau-de-vie appropriée.

1. Dans chacune des casseroles, versez suffisamment d'eau pour couvrir les fruits. Ajoutez du sucre et laissez frémir jusqu'à ce que les fruits deviennent tendres.

2. Transférez les fruits dans un bol à l'aide d'une cuillère à égoutter. Faites bouillir le liquide jusqu'à obtenir un sirop épais. Laissez refroidir, puis agrémentez avec une eau-de-vie ou un alcool tel que whisky, rhum ou cognac.
3. Laissez macérer les fruits dans leurs sirops respectifs pendant au moins 1 h et jusqu'à plusieurs jours au réfrigérateur. Servez soit dans des verres à pied, soit dans des bols, ou versez sur de la crème glacée.

## Poires pochées au vin rouge

### Évider les poires entières

1. Retirez le cœur de la poire par le bas, à l'aide d'un économe à lame fixe, d'un vide-pomme ou d'un couteau.

### Pocher les poires

2. Dans une casserole, couvrez complètement les poires évidées et pelées avec du vin rouge. Sucrez généreusement.

3. Pochez les poires en faisant à peine frémir le vin, jusqu'à ce que l'on puisse aisément y enfoncer un couteau.

4. Égouttez les poires et faites réduire le liquide jusqu'à ce qu'il devienne aussi consistant qu'un sirop léger. Coupez les poires en deux, découpez chaque moitié en tranches et disposez-les en éventail.

5. Servez chaud ou froid, dans des bols peu profonds, en nappant de sauce.

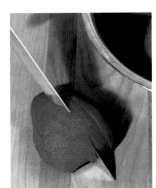

### Notes et astuces

- N'édulcorez pas trop le liquide de pochage afin d'éviter qu'il ne soit trop sucré une fois réduit.

- Lorsque vous utilisez de l'alcool (eaux-de-vie, rhum, whisky, cognac), pochez d'abord les fruits dans un léger sirop de sucre et ne versez l'alcool qu'une fois le sirop réduit et refroidi. Réduisez suffisamment le sirop pour obtenir une consistance assez épaisse. Le résultat sera probablement trop sucré, mais l'alcool permettra ensuite de le rendre moins sirupeux.

- Avec de l'expérience, vous serez amenés à ajuster la quantité de sucre en fonction de la douceur de chaque fruit. Voici quelques proportions de base qui vous aideront lors de vos premières tentatives.

  Poires: Pour 6 poires, utilisez 240 g (1 tasse) de sucre et 1,5 litre (6 tasses) de vin rouge. Aromatisez avec une gousse de vanille coupée en deux et 2 bâtonnets de cannelle (facultatif).

  Autres fruits: 120 g (½ tasse) de sucre pour 500 ml (2 tasses) d'eau.

Voir également
Équeuter des fraises, page 28
Peler des poires, page 101

Termes du glossaire
Eau-de-vie
Pocher

# Poissons et crustacés

# Pocher un gros poisson

La cuisson pochée est tout indiquée pour servir un gros poisson entier, en particulier à servir froid. En effet, elle ne produit aucune graisse susceptible de se figer lors du refroidissement. Une fois cuite, la peau du poisson est facile à enlever et la chair, lisse et intacte, présente une belle couleur unie. Mieux encore, ce mode de cuisson n'altère en rien le goût du poisson.

Le poisson est habituellement poché dans un court-bouillon à base de légumes et de vin blanc, mais il est possible de simplifier le court-bouillon en remplaçant les légumes par un bouquet garni.

Pour les poissons de grande taille, il vous faut soit une poissonnière, soit un grand plat à four assez profond. La poissonnière, de forme étroite et allongée, est munie d'un couvercle, de poignées et d'une grille amovible, ce qui la rend plus facile à utiliser que le plat à four. Les poignées servent à retirer le poisson de l'eau chaude sans l'abîmer, et la forme allongée permet de n'utiliser qu'un minimum de liquide.

Cette cuisson convient à des poissons comme le saumon, l'omble chevalier et le bar rayé.

## Pocher à l'aide d'une poissonnière

Ici, un omble chevalier, cousin du saumon, est poché dans un court-bouillon filtré et refroidi.

1. Posez l'omble dans la poissonnière et versez quelques louches de court-bouillon froid pour le recouvrir complètement. Faites frémir à feu moyen.

2. Maintenez un léger frémissement jusqu'à ce que le poisson soit cuit. Soulevez la grille et posez-la en biais sur la poissonnière. Pour ôter la peau, coupez-la juste en dessous de la tête.

3. Enlevez la peau à la main. Retournez le poisson et procédez de même de l'autre côté. Si le poisson est trop grand ou difficile à manipuler, laissez la peau qui se trouve en dessous, et ne l'enlevez qu'au moment de servir.

## Servir le poisson

1. Insérez deux cuillères (ou un couteau à poisson) au niveau de la ligne noire, sur le flanc du poisson. Séparez avec soin les deux moitiés du filet.

2. Coupez les filets en morceaux à l'aide d'une cuillère. Ici, le filet est découpé en six morceaux, mais ce nombre peut varier en fonction de la taille du poisson.

3. Servez les morceaux dans des assiettes chaudes.

4. Soulevez l'arête dorsale afin de la détacher du filet restant dans l'assiette.

5. Brisez l'arête au ras de la tête et posez-la, avec la tête, à l'écart dans le plat.

6. Enlevez les arêtes attachées au filet restant dans l'assiette.

7. Divisez le filet restant en procédant comme pour l'autre. Laissez la peau dans le plat si elle n'a pas été déjà enlevée. Servez.

Voir également

Composer un bouquet garni,
  page 31
Pocher un petit poisson,
  page 110
Préparer un court-bouillon,
  page 113

Termes du glossaire
À la nage
Court-bouillon
Pocher

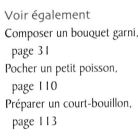

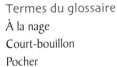

## Notes et astuces

- Il existe différentes tailles de poissonnières. Si celle dont vous disposez est trop petite pour le poisson que vous souhaitez pocher, demandez à votre poissonnier de couper la tête et la queue.

- Il est préférable de faire chauffer la poissonnière sur deux feux à la fois.

- Utilisez soit un court-bouillon, soit de l'eau salée avec une rasade de vin blanc et un bouquet garni.

- Pour une cuisson homogène, plongez les gros poissons dans un court-bouillon froid, puis faites chauffer. Les poissons plus petits se pochent à chaud (page 110).

- La durée de cuisson varie entre 3 et 4 min par cm (½ po) d'épaisseur. Chronométrez à partir du moment où le liquide se met à frémir. Pour vérifier la cuisson : soulevez la grille et posez-la en travers de la poissonnière ; pratiquez au milieu du poisson une petite entaille jusqu'à l'arête, parallèlement à l'épine dorsale ; la chair doit se détacher des arêtes et ne plus être complètement translucide. Un autre moyen consiste à utiliser un thermomètre à lecture instantanée pour prendre la température à l'endroit le plus épais (dans le dos, le long de l'épine dorsale). Le poisson est prêt lorsque le thermomètre indique 57 °C (135 °F).

- Avec ce type de cuisson, la peau prend une texture désagréable et doit être enlevée dès que le poisson est cuit. Sinon, elle devient collante.

# Pocher un petit poisson

La cuisson pochée des petits poissons présente les mêmes avantages que pour les plus gros: le goût délicat du poisson est préservé et la cuisson ne nécessite aucune graisse. Une poêle à sauter ou un plat à four assez grand pour immerger le poisson suffit amplement pour pocher de petits poissons. Ils peuvent être pochés entiers avec les arêtes, désossés et farcis, ou encore découpés en darnes et filets.

Envelopper le poisson tout entier dans une étamine permet non seulement de le retirer plus aisément du liquide de cuisson, mais également de conserver la forme du poisson s'il est désossé, d'empêcher que les bords ne se retroussent et de retenir la farce dans le poisson.

Pocher une truite farcie donne d'excellents résultats. En outre, cette technique peut s'appliquer à n'importe quelle petite espèce de poisson, entier ou désossé, comme le bar ou la dorade. (Il vaut mieux ôter les arêtes d'un poisson en l'ouvrant par le dos plutôt que par l'estomac, sauf s'il a déjà été vidé.)

## Pocher à la poêle

Ici, une truite farcie est pochée dans un mélange d'eau salée et de vin blanc, aromatisé avec un bouquet garni.

1. Frottez avec des herbes l'intérieur de la truite vidée de ses arêtes ou remplissez-la avec une duxelles.
2. Enveloppez-la dans une double épaisseur d'étamine.
3. Nouez les deux pointes à l'aide d'une ficelle.
4. Plongez la truite dans une poêle ovale remplie de liquide frémissant, et laissez cuire.
5. Transférez la truite cuite sur une planche à découper.
6. Coupez les deux pointes de l'étamine et sortez la truite.

## Notes et astuces

- Si vous avez désossé et farci un poisson, enveloppez-le dans une étamine avant de le pocher. Cela permet en outre de manipuler plus facilement les poissons entiers lorsqu'ils sont chauds.

- Utilisez soit un court-bouillon, soit de l'eau salée avec une rasade de vin blanc et un bouquet garni.

- Le récipient employé pour la cuisson doit être assez grand pour contenir le poisson sur une seule couche.

- Bien que la cuisson de gros poissons commence dans un liquide froid, il faut d'abord faire frémir le court-bouillon avant d'y plonger les petits poissons.

- Le poisson doit être juste couvert par le liquide. Si ce n'est pas le cas, arrosez-le toutes les 30 sec au moyen d'une louche.

- Un poisson désossé et farci cuit plus vite que s'il était entier. Aussi, vérifiez la cuisson après une période équivalente à 3 min par cm (½ po) d'épaisseur.

- Enlevez la peau du poisson encore chaud, même lorsque vous souhaitez le servir froid, car elle devient collante en refroidissant.

## Servir la truite

Servez la truite avec une sauce légère ou à la nage dans son propre court-bouillon.

1. Tranchez la tête.

2. Enlevez la peau avec les doigts.

3. Tranchez la queue. Enlevez les petites arêtes situées le long du dos, en vous servant d'une cuillère ou d'un petit couteau. Coupez la truite en deux, légèrement de biais.

4. Cuisinée de cette manière, la truite est particulièrement délicieuse accompagnée d'une sauce au beurre telle que le beurre blanc au safran employé ici.

## Préparer une duxelles

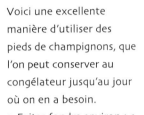

Voici une excellente manière d'utiliser des pieds de champignons, que l'on peut conserver au congélateur jusqu'au jour où on en a besoin.

1. Faites fondre environ 1 c. à soupe de beurre dans une grande poêle et mélangez-y des champignons ou des pieds de champignons hachés. Faites suer à feu moyen. Montez à feu vif et laissez cuire jusqu'à évaporation du liquide.

2. Saupoudrez de persil haché ou autres herbes.

3. Ajoutez de la crème épaisse et réduisez pour plus de consistance (facultatif).

### Voir également

Découper des champignons, page 14

Faire un beurre blanc, page 48

Vérifier la cuisson, page 67

Pocher un gros poisson, page 108

Pocher et servir un petit poisson à la nage, page 112

Préparer un court-bouillon, page 113

Désosser une truite par l'estomac, page 226

Désosser un poisson par le dos, page 228

### Termes du glossaire

Beurre blanc

Pocher

# Pocher des darnes et filets de poisson, des petits poissons entiers et des crustacés

Les darnes et filets de poisson, les petits poissons entiers, ainsi que les crustacés tels que coquilles Saint-Jacques, crevettes, écrevisses et homards, peuvent être pochés et servis à la nage. Cette méthode consiste à servir le poisson ou les crustacés dans le court-bouillon, accompagnés des légumes utilisés pour la cuisson. Le bouillon fait office de sauce légère et délicate, sans aucune graisse, qui permet d'apprécier le goût subtil du poisson. Dans un souci de présentation, les légumes du court-bouillon sont souvent découpés en julienne ou en autres formes élégantes.

## Médaillons de saumon pochés

**Pour ôter les arêtes d'une darne de saumon et la ficeler en médaillon**

1. Ôtez les petites arêtes de la darne à l'aide d'une pince à épiler. Faites glisser un couteau le long des arêtes qui bordent la paroi stomacale, de manière à les détacher.
2. Découpez le long des arêtes en remontant vers le haut de la darne, jusqu'à atteindre la peau, sans la couper.
3. Répétez l'opération de l'autre côté afin de détacher complètement l'os du milieu.
4. Enlevez soigneusement 5 cm (2 po) de peau sur l'un des deux côtés de la darne et repliez la pointe vers l'intérieur.
5. Repliez l'autre pointe autour de la darne de manière à former un rond (médaillon), et ligotez le tout avec de la ficelle.

## Notes et astuces

- La durée de cuisson des darnes, filets et petits poissons varie entre 2 et 3 min par cm (½ po) d'épaisseur. Vérifiez la cuisson (après 2 min par cm / ½ po) en tâtant la texture ou en pratiquant une petite entaille au milieu de la partie la plus épaisse du poisson. La chair doit avoir perdu une grande partie de sa translucidité, mais pas toute.
- Utilisez un court-bouillon ou un mélange d'eau salée et de vin blanc aromatisé avec un bouquet garni.
- Utilisez une poêle assez grande pour ne contenir qu'une seule couche de poisson.
- Ajoutez les petits poissons, les darnes ou les filets dans un liquide déjà frémissant.
- Il est préférable d'ôter les arêtes des darnes de saumon et de les nouer en médaillon. Préparé de la sorte, ce poisson est à la fois élégant et facile à manger.
- La préparation de fruits de mer à la nage représente une alternative diététique à l'utilisation de sauces riches, mais il existe un compromis intéressant qui consiste à incorporer le court-bouillon dans une quantité équivalente de beurre blanc. Le plat bénéficie ainsi du goût et de la texture du beurre blanc tout en restant plus léger. N'importe quel type de beurre blanc peut être employé. Ensuite, il ne reste plus qu'à verser des louches de beurre allégé tout autour du poisson, dans de grandes assiettes creuses.

## Préparer un court-bouillon

Un court-bouillon est un bouillon de légumes agrémenté de vin blanc. Faites chauffer à couvert pendant 20 min, dans une casserole d'eau frémissante, des légumes aromatiques hachés ou en morceaux accompagnés d'un bouquet garni. Ajoutez du sel et 250 ml (1 tasse) de vin blanc pour 2 litres d'eau (8 tasses). Poursuivez la cuisson 20 min. Filtrez et jetez les légumes ainsi que le bouquet garni. Bien qu'il n'existe pas de règles établies sur la proportion de légumes à utiliser, vous pouvez, par exemple, prendre 2 grosses carottes et 2 oignons par 500 ml (2 tasses) d'eau (si vous préférez, remplacez les oignons par des poireaux et éliminez les carottes). Oignons ou poireaux sont les seuls ingrédients indispensables. S'il n'y a pas assez de bouillon, ajoutez simplement de l'eau.

Pour une présentation à la nage, coupez les légumes en tranches régulières ou en julienne (comme ici) et réservez-les une fois votre court-bouillon prêt.

Juste avant de servir, réchauffez les légumes dans le bouillon filtré. Il est déconseillé de cuire les légumes et le poisson ensemble, car les petites impuretés provenant de celui-ci risquent de s'attacher aux légumes et de leur donner un aspect peu appétissant. La proportion de légumes peut être déterminée en fonction du nombre de convives.

## Pocher des médaillons de saumon

6. Placez les médaillons dans un récipient assez large pour n'en contenir qu'une seule couche et recouvrez-les avec un court-bouillon filtré et frémissant. Si vous servez le saumon à la nage comme ici, coupez les légumes en julienne et réservez-les. Sinon, préparez votre court-bouillon avec des morceaux de légumes que vous jetterez ensuite.
7. Une fois les darnes cuites, utilisez une spatule pour les transférer dans de grandes assiettes creuses. Enlevez la peau avec les doigts.
8. Si vous servez le saumon à la nage, entourez chaque darne de petits légumes chauds découpés en julienne et nappez de quelques louches de court-bouillon. Servez immédiatement.

113

Voir également
Tailler des légumes en julienne, page 13
Composer un bouquet garni, page 31
Faire un beurre blanc, page 48
Vérifier la cuisson, page 67
Pocher un gros poisson, page 108
Pocher un petit poisson, page 110

Termes du glossaire
À la nage
Pocher

Poissons et crustacés

• Le contrôle de la cuisson de filets cuits en papillote est une opération délicate, car il est impossible de surveiller l'état du poisson pendant la cuisson. En général, on estime le poisson prêt lorsque la papillote est gonflée. Le temps de cuisson en papillote est le même que pour d'autres techniques, de 3 à 4 min par cm (½ po) d'épaisseur.

# Cuisiner des filets de poisson en papillote

La cuisson en papillote combine les techniques de cuisson au four, braisée et à l'étouffée. Les filets, accompagnés de beurre aux fines herbes (ou d'un légume) et arrosés de vin (ou autre liquide), sont empaquetés dans du papier sulfurisé ou dans une feuille d'aluminium, et mis au four. Grâce à la chaleur du four, le liquide s'évapore et permet de braiser ou d'étuver le poisson, en fonction de la quantité de vapeur émise. Le beurre fondu et les herbes se mêlent au poisson pour lui conférer leurs saveurs. Cette cuisson très élaborée s'avère également pratique, car elle permet de tout préparer à l'avance et de n'utiliser que très peu de vaisselle puisque tout est cuit enveloppé. Selon la tradition, les papillotes sont ouvertes devant les convives, afin qu'ils puissent profiter de tous les parfums exhalés par les préparations encore chaudes.

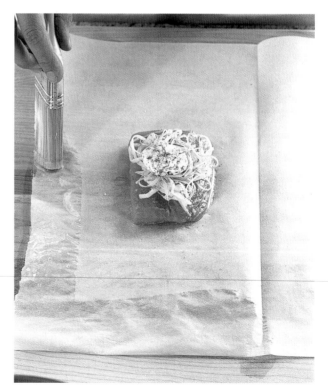

## Saumon
## en papillote

1. Découpez un carré de papier sulfurisé, pliez-le en deux pour marquer le pli, puis dépliez-le. Posez un filet de saumon au milieu de la partie située à votre droite. Couvrez le saumon de poireaux en julienne que vous aurez fait suer au préalable.

2. Placez un peu de beurre à l'estragon sur le tout et arrosez de vin blanc.

3. Si vous utilisez du papier sulfurisé, enduisez le bord de la partie droite du carré avec du blanc d'œuf légèrement battu.

4. Repliez la moitié gauche sur le saumon. Pour fermer hermétiquement la papillote, appuyez sur les bords et enduisez-les à nouveau de blanc d'œuf.

5. Repliez à plusieurs endroits les bords extérieurs de la papillote, en appuyant fermement sur chaque pli. Faites cuire à 190 °C (375 °F) pendant 3 à 4 min par cm (½ po) d'épaisseur, ou jusqu'à ce que la papillote soit complètement enflée.

6. Ouvrez la papillote à l'aide d'une paire de ciseaux.

7. Disposez le saumon et tous les jus de cuisson dans des assiettes creuses préchauffées, et servez. Vous pouvez également placer les papillotes devant les convives afin qu'ils les ouvrent eux-mêmes.

Voir également
Tailler des poireaux en julienne, page 20
Faire du beurre aux herbes, page 47
Lever les filets d'un saumon, page 224

Termes du glossaire
Braiser
Cuire au four
Étuver
Suer

# Braiser un poisson au four

La cuisson au four dans une petite quantité de liquide (braisage) constitue un moyen simple et pratique de cuisiner du poisson entier, en darnes ou en filets. Au cours de la cuisson, le poisson rehausse le goût du liquide dans lequel il baigne. Ce dernier peut ensuite servir à réaliser rapidement de délicieuses sauces.

La technique est simple: enduisez de beurre un plat à four assez grand pour y disposer le poisson en une seule couche. Répandez, dans le fond du plat, des ingrédients aromatiques hachés (échalotes, ail, mirepoix ou champignons crus finement hachés). Posez le poisson sur le tout (en une seule couche s'il s'agit de darnes ou de filets), assaisonnez de sel et de poivre. Ajoutez suffisamment de liquide (vin, bouillon, ou un fumet de poisson au vin rouge concentré) pour recouvrir la moitié du poisson. Couvrez lâchement le plat avec du papier sulfurisé ou une feuille d'aluminium, amenez à frémissement sur le feu, puis transférez le plat au four et faites cuire le temps nécessaire pour que le poisson soit prêt. Retirez le poisson et servez-le avec son jus de cuisson, tel quel ou épaissi (page 117). Il est possible de simplifier la recette en se passant des légumes aromatiques.

5. Incorporez du beurre dans le liquide de cuisson.

6. Salez et poivrez, puis versez quelques cuillerées de sauce sur le poisson. Servez le poisson entier ou en filets, comme illustré page 127.

## Limande braisée au vin blanc et aux échalotes

1. Déposez la limande, dos dépouillé, ventre écaillé, dans un plat à four ovale généreusement tapissé d'échalotes émincées.

2. Immergez-la à moitié en versant du vin et du fumet de poisson dans le plat.

3. Posez le plat sur la cuisinière et amenez le liquide à frémissement, sur feu vif. Recouvrez la limande d'une feuille de papier sulfurisé ou d'aluminium

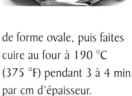

de forme ovale, puis faites cuire au four à 190 °C (375 °F) pendant 3 à 4 min par cm d'épaisseur.

4. Posez le plat sur la cuisinière, à feu moyen. Retirez le papier et transférez le poisson dans un plat à service en vous aidant d'une large spatule.

## Dorade braisée au fumet de poisson au vin rouge

1. Placez la dorade écaillée et nettoyée dans un plat à four, de préférence ovale et de taille adaptée. Nappez de quelques louches de fumet au vin rouge frémissant et enfournez à 180 °C (350 °F).
2. Faites cuire la dorade en l'arrosant très régulièrement et transférez-la, une fois prête, dans un plat de service.
3. Incorporez du beurre (ou autre épaississant) soit dans le plat contenant le liquide de cuisson frémissant, soit dans une casserole, après y avoir mis le liquide à réchauffer. Salez et poivrez à votre goût.
4. Versez quelques cuillerées de sauce sur le poisson entier, ou en filets comme ici, et servez.

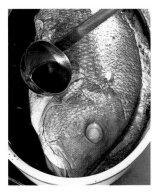

### Notes et astuces

- Ôtez la peau des filets avant de les braiser au four. Sinon, elle devient caoutchouteuse.

- Écaillez et parez les poissons plats tels que la sole et la limande avant de les braiser entiers au four. Enlevez la peau noire du dos. Comme il est difficile de dépouiller une limande crue, enlevez la peau par bandes ou attendez qu'elle soit cuite.

- Contrairement aux poissons rôtis entiers (page 118), qui peuvent garder leurs écailles, il faut nettoyer et écailler ceux qui sont destinés à être braisés au four.

- Le liquide de cuisson doit être frémissant au moment d'enfourner le poisson. Si ce n'est pas le cas, le dessus du poisson cuira plus vite que la partie immergée.

- Ne recouvrez pas les gros poissons tels que dorades que vous braiserez entiers au four. Arrosez-les alors très régulièrement de jus de cuisson.

- La manière la plus simple de servir le jus de cuisson consiste à le verser tel quel, comme un bouillon, dans les assiettes contenant le poisson. Vous pouvez également le réduire légèrement et le monter au beurre. D'autres liants comme la crème épaisse, les purées de légumes et le beurre manié peuvent être incorporés pour donner plus de consistance. Dans de nombreux cas (surtout avec la crème épaisse), il faut réduire la sauce pour achever l'épaississement.

Voir également

Préparer un fumet au vin rouge, page 33

Lever les filets d'une sole ou d'une limande cuite, page 127

Préparer un poisson rond, page 220

Nettoyer un poisson plat, pages 230 à 234

Dépouiller un filet, page 233

Termes du glossaire

Braiser

Épaississant

Garniture

Mirepoix

Monter au beurre

Rond de papier sulfurisé ou d'aluminium

# Rôtir un poisson entier

L'une des méthodes les plus savoureuses pour cuisiner le poisson consiste à le faire rôtir entier au four. De cette manière, tous les parfums et les sucs du poisson sont emprisonnés dans son enveloppe et lui donnent une saveur et une texture incomparables. Cette cuisson convient très bien à la dorade, au bar, au bar rayé, à l'omble chevalier ainsi qu'aux saumons de petite taille.

Après avoir été rôti au four, le poisson peut être servi légèrement arrosé d'huile d'olive extravierge et de quelques gouttes de jus de citron ou de vinaigre de vin. Vous pouvez, si vous le souhaitez, mettre à la disposition des convives l'huile, le vinaigre ou les quartiers de citron.

## Rôtir et découper un poisson entier

1. Frottez le poisson nettoyé (ici un bar écaillé) avec de l'huile d'olive. Salez et poivrez. Mettez le poisson au four à 220 °C (425 °F) et laissez cuire pendant 3 à 4 min par cm (½ po) d'épaisseur.

2. Transpercez la peau du poisson tout le long de l'échine, au moyen soit d'un couteau et d'une fourchette, soit de deux cuillères.

3. Glissez le couteau ou la cuillère le long des petites arêtes qui se dressent sur le dos et repoussez-les dans le plat.

4. Percez la peau au milieu du filet, en enfonçant la cuillère ou le couteau jusqu'à l'arête. Continuez sur toute la longueur du poisson, de la queue à la base de la tête, en séparant le filet en deux.

5. Percez la peau à la base de la tête en séparant celle-ci du filet.

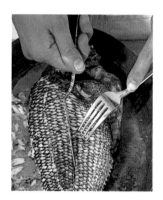

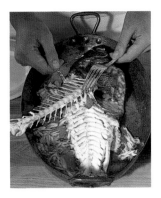

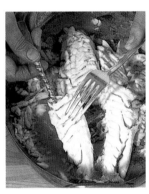

6. Si le poisson est assez grand, coupez le filet en deux morceaux.

7. Levez les deux parties du filet à l'aide du couteau ou de la cuillère.

8. Utilisez le couteau et la fourchette pour débarrasser le dos du poisson des petites arêtes qui s'y trouvent.

9. Coupez le filet en deux moitiés et levez-les à l'aide du couteau et de la fourchette.

10. Glissez le couteau sous l'arête dorsale.

11. Détachez doucement l'arête dorsale et écartez-la.

12. Enlevez la tête.

13. Retirez doucement les arêtes encore attachées au filet restant dans l'assiette.

14. Divisez le filet restant en quatre parties, de la même manière que l'autre.

15. Servez sur un plat chaud ou sur des assiettes individuelles.

- Faites rôtir les poissons de moins de 2,25 kg (5 lb) à 220 °C (425 °F) et ceux de plus de 2,25 kg (5 lb) à 180 °C (350 °F). La température plus basse permet d'éviter que la peau ne brûle et que l'enveloppe extérieure ne se dessèche avant que la chair du poisson ne soit cuite.

- Pour contrôler la cuisson, enfoncez un thermomètre à lecture instantanée dans le dos du poisson, parallèlement à l'arête dorsale. Le poisson est prêt lorsque le thermomètre indique 57 °C (135 °F). Si vous ne disposez pas d'un thermomètre, pratiquez une entaille dans le dos du poisson, le long de l'arête dorsale. Soulevez doucement le couteau pour observer l'intérieur. Si la chair est encore translucide et colle à l'arête, prolongez la cuisson. Si la chair se détache tout en adhérant très légèrement à l'arête, le poisson est prêt. Ne prolongez pas la cuisson au-delà de ce stade, car la chair deviendrait trop sèche.

- Prévoyez 480 g (1 lb) de poisson entier par personne.

- Il faut nettoyer un poisson avant de le rôtir entier, mais il n'est pas nécessaire de l'écailler: les écailles aident à emprisonner le jus et permettent d'enlever plus facilement la peau. Ne prenez pas la peine d'écailler un poisson si vous souhaitez le dépouiller avant de servir. Les écailles et la peau d'un poisson cuit s'enlèvent très facilement. Écaillez le poisson avant de le mettre au four si vous souhaitez le servir avec la peau.

## Dépouiller un poisson entier rôti avec ses écailles

À moins de vouloir en déguster la peau croustillante, vous pouvez rôtir de nombreux poissons entiers avec leurs écailles.

1. Utilisez un petit couteau (ici, un couteau à poisson) pour couper la peau tout le long du dos du poisson.

2. Retirez la peau en un seul morceau. Détachez l'arête dorsale et découpez le poisson comme indiqué à la page 119.

Voir également
Vérifier la cuisson, page 67
Nettoyer et écailler un
  poisson rond, page 220

Terme du glossaire
Rôtir

## Frire des fruits de mer

Les fruits de mer frits présentent l'avantage d'être à la fois très chauds, croustillants et savoureux. Aucune autre méthode de cuisson ne permet d'obtenir un contraste aussi plaisant entre une chair juteuse à l'intérieur et une croûte délicate et croquante. Les filets de poisson maigre à chair blanche ainsi que les crevettes, les calamars et les petits poulpes donnent d'excellentes fritures.

Avant de faire frire les fruits de mer, il faut les préparer en les enrobant d'une matière qui produira une croûte: farine, chapelure, pâte à frire légère constituée de farine et d'eau (plate ou gazeuse), pâte *tempura*. La farine donne une croûte fine, très discrète, qui ne masque pas le goût du poisson. La chapelure et les pâtes à frire ordinaires donnent une croûte plus marquée et croustillante. La croûte obtenue avec la pâte à *tempura* est la plus croquante. Pour privilégier le goût du poisson, utilisez de la farine. En revanche, si vous préférez l'aspect croustillant de la friture, optez pour l'emploi de chapelure, de pâtes à frire ordinaires ou, mieux encore, de pâte à *tempura*.

Il existe une différence importante entre la pâte à *tempura* et les pâtes à frire à base de farine. Alors que ces dernières sont travaillées (et parfois filtrées) en vue d'obtenir un résultat parfaitement homogène, puis laissées à reposer pour atténuer l'action du gluten, les ingrédients de la pâte à *tempura* sont mélangés sommairement et rapidement, à la dernière minute, pour éviter que le gluten n'entre en action.

## Goujonnettes de limande frites

La goujonnette est une fine bande de filet de poisson, découpée afin de ressembler à un petit poisson frit.

Les goujonnettes frites se servent en entrée soit avec une sauce tartare ou gribiche, soit avec du vinaigre de vin.

1. Si les filets sont attachés par le milieu, séparez-les en enlevant au couteau la fine bande de nerfs qui les réunit.

2. Jetez la bande.

3. Découpez, en diagonale, des bandelettes d'environ 1 cm de large sur 8 cm de long (½ x 3 po). Elles seront plus courtes aux extrémités du filet.

4. Roulez les goujonnettes dans la farine juste avant de les faire frire.

5. Remuez-les soit sur un tamis placé au-dessus d'une plaque, soit dans une grande passoire pour éliminer l'excédent de farine.

6. Une fois farinées, plongez-les pendant 5 sec dans de l'huile à 190 °C (375 °F). Ne les laissez pas trop longtemps dans l'huile, car elles cuisent très vite. Égouttez-les sur du papier absorbant et servez immédiatement.

122

## Crevettes *tempura*

Au Japon, les crevettes *tempura* se servent habituellement avec une sauce composée de *dashi*, de *mirin* (vin doux utilisé en cuisine), de sauce de soja et de gingembre. Épluchez-les en laissant les nageoires caudales.

1. À l'aide de baguettes, mélangez très légèrement des jaunes d'œufs et de l'eau glacée. Les jaunes ne doivent pas forcément être tout à fait mélangés. Versez la farine en une fois et remuez quelques secondes avec les baguettes pour obtenir une pâte à peine formée et grumeleuse.

2. Trempez les crevettes dans la pâte juste avant de les frire.

3. En les tenant par la queue avec des pincettes, plongez doucement les crevettes, une à une, dans l'huile à 190 °C (375 °F). Faites frire pendant 1 min.

4. Retirez-les comme illustré. Égouttez-les sur du papier absorbant et servez-les immédiatement.

### Notes et astuces

- Faites frire les fruits de mer à 190 °C (375 °F).

- Les filets de poisson maigre à chair blanche tel que le cabillaud, la moruette, la limande et la sole peuvent être découpés en minces bandelettes appelées goujon-nettes. Si le filet est d'une épaisseur de plus de 6 mm (¼ po), affinez-le en le divisant horizontalement en deux.

- Les goujonnettes peuvent être préparées plusieurs heures à l'avance et mises au réfrigérateur, mais il faut les fariner juste avant de les frire.

- Les ingrédients de la pâte *tempura* doivent être mélangés sommairement pour obtenir une pâte à peine formée, susceptible de contenir quelques grumeaux de farine sèche. N'hésitez pas à utiliser des baguettes afin de ne pas trop travailler la farine.

- Servez les fruits de mer frits très chauds, dès qu'ils sont cuits.

Voir également
Sauce gribiche, page 43
Préparer une pâte à frire légère, page 78
Décortiquer et trousser des crevettes, page 131
*Dashi*, page 143
Paner avec de la chapelure, page 162
Lever les filets d'une limande, page 231

Termes du glossaire
Frire
Goujonnette
Paner

# Griller des fruits de mer

La cuisson grillée est le seul mode de cuisson encore largement utilisé qui fasse appel à un feu réel. Elle apporte aux fruits de mer une légère note fumée et permet, comme la cuisson sautée, de donner aux aliments une croûte à la fois croquante et savoureuse. Elle convient aux poissons entiers, aux darnes ou filets de poisson à chair ferme, aux crevettes ainsi qu'aux coquilles Saint-Jacques. Durant l'hiver, il est possible de réaliser des grillades à l'intérieur à l'aide d'une poêle à fond cannelé. Cet ustensile en fonte, de la forme d'une grande poêle, possède une surface rainurée qui simule les effets de la cuisson sur gril. Il n'est pas recommandé de griller les mollusques (huîtres, moules, etc.) dans leur coquille, car bien que ce type de cuisson permette de les ouvrir, il n'en rehausse en rien le goût.

Tout l'art de griller les fruits de mer consiste à éviter qu'ils ne collent à la grille. Les poissons tels que la dorade ou le bar doivent être manipulés avec précautions. Les darnes de poisson à chair ferme (thon, espadon, requin, etc.) sont idéales, car elles ne collent pas, ne se délitent pas et gagnent en saveur par la grillade.

## Crevettes grillées

Les crevettes ont plus de goût lorsqu'elles sont grillées entières, avec la tête et non décortiquées.

Salez légèrement les crevettes et faites-les griller, non décortiquées, environ 5 min, jusqu'à ce qu'elles deviennent roses. Servez très chaud.

## Poisson à chair ferme grillé à la poêle

La poêle à griller permet une cuisson sans graisse et donne aux poissons et fruits de mer une note fumée. Les poissons à chair ferme conviennent très bien à ce type de cuisson. Ils doivent être nettoyés avant d'être grillés.

Coupez la queue du poisson afin de l'adapter aux dimensions de la poêle, puis frottez-le avec de l'huile d'olive. Faites griller à feu vif pendant 5 min, puis faites pivoter le poisson de 90 degrés pour lui imprimer un motif croisé sur le flanc. Retournez-le et faites-le griller encore 8 min (selon l'épaisseur), jusqu'à ce qu'il soit entièrement cuit.

Pour éviter que le poisson ne colle, veillez à ce que la grille soit propre et très chaude avant de débuter la cuisson. Frottez-la énergiquement avec une serviette en papier imbibée d'huile avant d'y poser les aliments.

## Notes et astuces

- Évitez d'écailler le poisson avant de le griller entier. Ses écailles forment une protection naturelle qui l'empêche de coller et conserve son goût à l'intérieur. Au moment de servir, il suffit de retirer la peau et les écailles d'un seul coup.

- Si le poisson est déjà écaillé, placez-le dans un panier à grillade pour le manipuler plus aisément. Au lieu d'essayer de retourner le poisson sur la grille, vous n'aurez qu'à retourner le panier.

- Une solution pour éviter que les filets ne collent à la grille consiste à laisser la peau sur l'une des faces et à l'enduire de gros sel. Ce dernier permet ainsi d'éviter un contact direct avec la grille.

Avant de servir, vous pourrez éliminer l'excès de sel ou enlever la peau. N'oubliez pas que la peau de certains poissons comme le saumon s'avère délicieusement croustillante.

- Évitez de glisser directement une spatule sous les filets ou les darnes afin de les retirer du gril, vous risqueriez d'abîmer la chair ou la peau. Utilisez plutôt deux baguettes chinoises ou une grande fourchette à deux dents pour soulever doucement le poisson, puis glissez la spatule afin de retourner le poisson ou de le servir dans des assiettes. Utilisez des pincettes pour les fruits de mer tels que les crevettes.

Voir également
Découper un poisson entier, page 118 et 119
Dépouiller avec les écailles, page 120
Nettoyer des crevettes, page 131
Préparer un poisson rond, page 220

Termes du glossaire
Griller (et poêles à griller)
Griller au four (et grillade rapide)

# Sauter des fruits de mer

Le but de cette cuisson est d'obtenir une croûte légèrement dorée et croquante. Les fruits de mer se cuisent, à feu très vif, dans de l'huile ou du beurre (de préférence clarifié pour éviter qu'il ne brûle). Cela permet de dorer l'extérieur des aliments avant que l'intérieur ne soit trop cuit. Il est plus facile de faire sauter les petits crustacés tels que coquilles Saint-Jacques ou crevettes dans une poêle à bords évasés. Ce n'est pas le cas des poissons entiers, des darnes et des filets qui se délitent après pareil traitement. Il vaut mieux les dorer d'abord sur une face, puis les retourner délicatement avec une spatule.

Les darnes, les gros filets et les petits poissons entiers tels que sole ou truite sont les plus faciles à sauter, car leur chair cuit en même temps que la peau. Les petits filets, particulièrement ceux des poissons à chair fragile comme les limandes, demandent une surveillance spéciale, car ils se décomposent dès que le temps de cuisson est dépassé, même d'une seconde.

Hormis le cas des poissons à peau épaisse ou coriace tels que le mérou, la plupart des filets se cuisent avec la peau. Celle-ci, outre son goût délicieux et son aspect appétissant, permet de maintenir les filets en un seul morceau. Comme la peau de poisson a tendance à coller, il vaut mieux utiliser une poêle à revêtement antiadhésif. Cette peau présente également l'inconvénient de se contracter lors de la cuisson (le filet se recroqueville alors). Pour éviter cela, commencez par cuire la face dénudée du filet pendant 1 ou 2 min afin que la chair se contracte. Ensuite, retournez le filet et appuyez dessus avec une spatule, pour maintenir la peau au contact de la poêle afin de la dorer complètement.

La cuisson à la meunière permet de cuisiner la plupart des petits poissons, entiers ou en filets. Elle consiste à sauter le poisson dans du beurre (de préférence clarifié) après l'avoir fariné ou pané. Elle convient particulièrement aux poissons plats comme la sole, car ceux-ci dorent plus vite lorsqu'ils sont farinés et ne risquent pas d'être trop cuits. Une fois prêt, le poisson est disposé sur un plat ou dans des assiettes et arrosé de jus de citron. Le beurre de cuisson est alors remplacé par du beurre frais qui est chauffé dans la poêle jusqu'à devenir légèrement doré (beurre noisette), puis versé en cuillerées sur le poisson chaud.

## Filets de dorade sautés

1. Pour éviter d'enlever une à une les petites arêtes à l'avant du filet et risquer ainsi d'endommager ce dernier, coupez la bande de chair qui contient les arêtes.

2. Coupez les filets en deux moitiés de forme similaire.

3. Salez et poivrez. Faites cuire les filets à la poêle dans du beurre ou de l'huile chaude, pendant 1 ou 2 min, côté chair vers le bas.

4. Retournez les filets et faites-les cuire côté peau, en appuyant dessus avec une spatule pour éviter qu'ils ne se recroquevillent. Retournez-les à nouveau pour terminer, si nécessaire, la cuisson du côté chair. Servez dans des assiettes chaudes.

Ensuite, la poêle peut être déglacée pour réaliser une sauce. L'une des méthodes consiste à préparer une vinaigrette chaude en déglaçant la poêle avec un bon vinaigre de vin blanc, de l'huile d'olive et des herbes. Vous pouvez également chauffer du beurre, comme pour la sole meunière, ou bien utiliser du vin, du fumet de poisson (facultatif) et un petit peu de crème ou une noisette de beurre qui, ajoutés au liquide, le transformeront en sauce.

## Notes et astuces

- Pour préparer un poisson plat avant de le sauter à la poêle, écaillez la peau blanche. Enlevez ou écaillez la peau noire.

- Découpez les grands filets en portions individuelles plus maniables. Les filets reliés par le milieu doivent être séparés en enlevant la bande de tissus nerveux qui les relie. Les darnes peuvent être préparées en médaillons.

- Faites sauter les filets à feu moyen à vif, en fonction de leur épaisseur: plus le filet est fin, plus fort sera le feu. Le poisson recouvert de farine ou de chapelure peut être cuit à feu plus doux, car la couche qui l'enrobe dore plus vite que sa chair.

- La durée de cuisson est de 3 à 4 min par cm (½ po) d'épaisseur.

- La cuisson sautée est plus facile à réaliser dans une poêle à revêtement antiadhésif.

- Pour éviter que les poissons fragiles ne se délitent au moment de les retourner, utilisez une spatule assez large pour les contenir entiers.

## Sole meunière

1. Salez et poivrez la sole, nettoyée et parée, puis farinez-la des deux côtés. Éliminez l'excédent de farine. Faites sauter à feu moyen dans de l'huile ou du beurre clarifié, en commençant par le dessus (côté peau noire).

2. Une fois bien doré, après 5 min environ, retournez le poisson et faites cuire encore 5 min. Servez la sole entière ou disposée en filets dans les assiettes (page 127). Arrosez avec du jus de citron.

3. Jetez le beurre de cuisson, essuyez bien la poêle pour y faire chauffer à nouveau du beurre (ou utilisez une petite casserole).

Versez quelques cuillerées de beurre à peine doré sur le poisson.

Servez immédiatement.

## Lever les filets d'une sole ou d'une limande cuite

1. À l'aide d'un couteau et d'une fourchette (ou de deux cuillères), enlevez les petites arêtes situées tout autour du poisson.

2. Enfoncez le couteau ou une cuillère entre les deux filets, en les détachant légèrement de l'arête dorsale.

3. Glissez le couteau (ici, un couteau à poisson) ou une cuillère sous chacun des filets pour les détacher de l'arête dorsale.

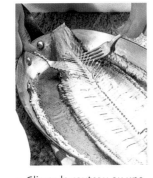

4. Disposez les filets dans un plat, de part et d'autre du centre.

5. Glissez le couteau ou une cuillère sous l'arête pour la séparer des filets restants.

6. Détachez la tête et l'arête dorsale, puis écartez-les doucement sur le côté.

7. Écartez les petites arêtes qui bordent les filets avec le couteau ou la cuillère.

8. Soulevez les filets et placez-les au milieu des deux autres, sur le plat.

9. Reconstituez le poisson en plaçant les filets du haut sur ceux du bas.

Voir également
Préparer un fumet de poisson, page 32
Vinaigrette chaude, page 38
Clarifier du beurre, page 46
Sauter des crabes, page 138
Lever les filets d'une dorade (ou d'un bar rayé), page 222
Ébarber un poisson avant de lever les filets, page 230
Préparer un poisson plat, page 230

Termes du glossaire
Monter au beurre
Paner
Poêler
Sauter

Poissons et crustacés

# Cuisiner du calamar

Le calamar (ainsi que d'autres céphalopodes tels que le poulpe et la seiche) requiert un traitement différent de celui de la plupart des fruits de mer, car il durcit pendant la cuisson. Il peut être cuit soit très rapidement, juste à point, avant de devenir dur, soit très lentement, le temps de durcir puis de redevenir tendre.

Les méthodes de cuisson rapide sont les mêmes que pour les autres fruits de mer: le calamar peut être frit, sauté ou cuit à la poêle. Il se prête également à la cuisson mijotée: pour cela, faites-le sauter ou revenir dans un peu d'huile ou de beurre, puis ajoutez une petite quantité de liquide, du vin blanc par exemple, pour lui donner du goût. Le liquide réduit pour donner une sauce légère pendant que le calamar finit de cuire (1 ou 2 min). Veillez absolument à ne pas dépasser 1 ou 2 min de cuisson pour éviter que le calamar ne durcisse.

Le poulpe et la seiche, plus épais et plus fermes, demandent un temps de cuisson plus long. La seiche peut être mijotée comme le calamar, mais pour cela, il faut la cuire sous le couvercle pendant 30 min (comme illustré), puis retirer le couvercle et prolonger la cuisson pendant une durée de 45 min à 1 h. Le poulpe se cuisine comme un bœuf en daube.

Il faut environ de 45 min à 1 h pour faire mijoter du calamar. Il se cuit avec des légumes aromatiques et recouvert de liquide. Le vin rouge convient très bien comme liquide de cuisson pour le calamar, le poulpe et la seiche, car il a du corps et un bouquet qui se marie parfaitement avec ce type de saveur.

Le calamar est habituellement détaillé en deux parties: les tentacules, et le corps (ou poche) découpé en anneaux avant cuisson.

## Calamar au vin rouge

Le calamar peut être cuisiné dans toutes sortes de liquide de cuisson. Ici, il est mijoté dans du vin rouge et des tomates concassées et servi avec de l'aïoli et des toasts.

1. Préparez une base en faisant doucement brunir, à feu moyen, des échalotes et de l'ail hachés (ou d'autres légumes aromatiques) dans un peu d'huile d'olive, pendant 10 min environ.

2. Ajoutez le calamar et assez de liquide (ici, des tomates concassées) pour le couvrir à moitié.

3. Ajoutez un bouquet garni et assez de vin rouge pour recouvrir complètement le calamar.

4. Amenez à frémissement et faites cuire, de 45 min à 1 h, en remuant de temps à autre, jusqu'à ce que le calamar soit tendre et qu'il ne reste plus beaucoup de liquide dans la casserole.

5. Servez avec des toasts et de l'aïoli (facultatif).

meilleur aspect, mais cela le rend moins savoureux. Elle s'enlève à la main, après avoir gratté la couche superficielle à l'aide d'un couteau.

7. À moins de farcir la poche, découpez-la en anneaux.

8. Si les tentacules sont trop grands, découpez-les.

129

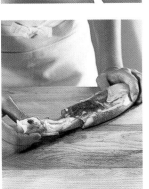

## Nettoyer le calamar

1. Coupez les tentacules juste en dessous des yeux afin qu'elles restent attachées.

2. Repliez-les légèrement et expulsez, en appuyant, le bec et tout nerf qui serait coincé dans la petite ouverture centrale.

3. Tirez sur les entrailles afin de vider complètement la poche.

4. Retirez le sépion (cartilage semblable à du plastique) qui se trouve dans la poche.

5. Coupez la petite nageoire située le long de la poche et détaillez-la en lanières.

6. Vous pouvez ôter la peau du calamar pour lui donner

## Voir également

Épépiner et concasser des tomates, pages 36 et 50

Préparer un aïoli, page 43

Frire des fruits de mer, page 121

Sauter des fruits de mer, page 125

Cuisiner des fruits de mer au wok, page 130

Préparer un ragoût sans dorer, page 210

## Termes du glossaire

Braiser

Mirepoix (également *sofrito* et *sofregit*)

# Cuisiner des fruits de mer au wok

Ce type de cuisson consiste à faire cuire les aliments, très rapidement et à feu vif, dans un peu de matière grasse. La forme arrondie du wok permet de remuer facilement les aliments avec une cuillère, une spatule en bois ou des baguettes chinoises. Faites chauffer à feu vif, dans le wok, juste assez d'huile pour lubrifier les aliments. Ensuite, faites revenir de l'ail, du gingembre ou des piments pendant 1 ou 2 min, le temps d'aromatiser l'huile (vous pourrez soit les retirer dès qu'ils se seront mis à dorer, soit les laisser dans l'huile). Ajoutez, par étapes, les fruits de mer et le reste des ingrédients, en introduisant d'abord les ingrédients à cuisson lente. Remuez rapidement, toujours à feu vif. Une fois les ingrédients cuits, vous pouvez ajouter du bouillon ou autres liquides pour rehausser le goût et réaliser une sauce qui habillera le plat. Dans la cuisine chinoise, la sauce est souvent liée avec de la maïzena. En Thaïlande, le lait de noix de coco accompagne à merveille ce type de poêlée.

Tous les fruits de mer à chair ferme (crevettes, calamars, écrevisses, etc.) peuvent être cuisinés au wok. En revanche, les filets délicats risquent de se déliter. Un anneau métallique placé sous le wok permet de le stabiliser sur la flamme.

## Crevettes sautées aux noix de cajou

1. Chauffez de l'huile végétale ou de l'huile d'arachide dans un wok. Faites revenir quelques lamelles de gingembre et d'ail pour aromatiser l'huile et retirez-les dès qu'elles se mettent à dorer.

2. Ajoutez la suite des ingrédients en remuant rapidement : ici, crevettes, noix de cajou, piments hachés et poivrons en julienne sont ajoutés en même temps. Faites cuire jusqu'à ce que le tout soit entièrement cuit. Servez immédiatement.

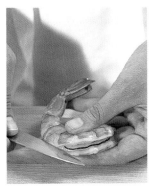

## Décortiquer et trousser des crevettes

Les crevettes ne doivent être troussées que si leurs intestins sont remplis de sable. Pour vérifier si c'est le cas, troussez-en une ou deux et examinez leurs intestins: s'ils sont propres, il est inutile de trousser les autres.

1. Enlevez les têtes, que vous pourrez congeler et utiliser pour faire des soupes, des sauces et des fumets.

2. Enlevez les carapaces (facultatif). Si les crevettes sont destinées à être mangées avec les doigts, n'enlevez pas les queues.

3. Pour trousser une crevette, coupez le long du dos à l'aide d'un petit couteau pour exposer l'intestin.

4. Retirez l'intestin avec les doigts ou à l'aide du couteau.

### Voir également

Râper la noix de coco et préparer le lait, page 29
Préparer un fumet de poisson, page 32
Préparer un bouillon de crevettes, page 34

### Termes du glossaire

Épaississant
Sauter

# Cuire des crustacés à la vapeur

L'étuveuse ou le panier à étuver ne sont pas nécessaires pour cuisiner à la vapeur du homard ou des mollusques tels que moules, palourdes et coques. Ils peuvent être déposés directement dans une casserole contenant un petit peu de liquide. Les moules, les palourdes et les coques se préparent traditionnellement dans du vin blanc aromatisé avec de l'ail, des échalotes et du persil. Le jus de cuisson peut être soit servi avec du pain, en même temps que les fruits de mer, soit utilisé comme base pour faire une sauce. Une autre possibilité consiste à mélanger ce liquide salé avec de l'huile d'olive ou du beurre et à l'utiliser, avec les fruits de mer, comme sauce dans un plat de pâtes.

Le temps de cuisson nécessaire (pour que les coquilles s'ouvrent) est d'environ 5 min pour les moules, 7 min pour les coques et 10 min pour les palourdes. Les homards sont prêts lorsqu'ils sont complètement rouges, en général après 12 min de cuisson. De nombreuses recettes préconisent un temps de cuisson plus long, mais le homard, ne serait-ce qu'à peine trop cuit, devient sec et coriace.

Le homard peut être étuvé comme les mollusques, généralement dans du vin ou de l'eau aromatisés aux herbes ou aux échalotes. Si vous estimez qu'il est cruel de cuire le homard vivant, tuez-le avant. Si vous faites cuire plusieurs homards dans la même casserole, prévoyez des pinces pour les manipuler, car il faut, environ toutes les 6 min, déplacer ceux du dessus vers le bas et vice-versa, en prenant garde à la vapeur.

## Moules marinières

1. Versez le liquide et les légumes aromatiques (ici, du vin blanc, des échalotes et du persil) dans une casserole assez grande pour contenir les moules une fois qu'elles sont ouvertes. Amenez doucement à frémissement.

2. Ajoutez les moules, recouvrez et amenez à feu vif. Laissez cuire jusqu'à ce que toutes les moules soient ouvertes, environ 5 min. Retirez les moules à l'aide d'une cuillère à égoutter.

3. Pour déguster vos moules, extrayez-les de leur coquille à l'aide d'une autre coquille vide utilisée comme pince.

## Notes et astuces

- Étuvez les mollusques (moules, coques et palourdes) dans 1 cm (¼ po) d'eau jusqu'à ce qu'ils s'ouvrent.
- Étuvez les homards entiers dans une casserole couverte contenant environ 1 cm (¼ po) d'eau ou de vin blanc, jusqu'à ce qu'ils deviennent rouges. Leur chair est alors légèrement translucide. Pour des homards plus cuits, laissez cuire encore de 2 à 3 min. Durant la cuisson, vérifiez une ou deux fois s'il reste de l'eau.

## Nettoyage des moules

Les moules sauvages sont parfois incrustées d'impuretés et de petits organismes qu'il faut retirer au moyen d'une brosse dure ou d'un petit couteau. Aujourd'hui, la plupart des moules proviennent d'élevages et ne nécessitent qu'un bref rinçage avant d'être cuisinées. Traditionnellement, les filaments (fibres attachées au corps de l'animal, qui dépassent du coquillage) sont enlevés avant la cuisson, même s'ils sont plus faciles à retirer après. En pratique, il n'est pas nécessaire de les ôter avant la cuisson, à moins de servir les moules entières, dans leur coquille (et même dans ce cas, s'il s'agit d'un dîner entre amis, les convives ne verront pas d'inconvénients à le faire eux-mêmes). Les moules d'élevage, comme celles présentées ici, ont de si petits filaments qu'il est inutile de les enlever.

### Nettoyer des moules

1. Rincez les moules sous le robinet d'eau froide en les frottant vigoureusement entre vos mains. Si elles sont très sales, brossez-les avec une brosse dure ou grattez-les avec un couteau.

2. Si vous souhaitez enlever les filaments, faites-le avec vos doigts. Si cela s'avère difficile, tenez-les dans un torchon et tirez dessus.

Voir également
Tuer un homard sans cruauté,
 page 135

Terme du glossaire
Cuire à la vapeur

# Écailler des huîtres

Vous rencontrerez le plus souvent deux types d'huîtres: des huîtres de forme allongée comme les huîtres de Marennes, et d'autres, plus rondes et relativement plates, comme les belons, qui sont très appréciées. La technique la plus simple pour ouvrir une huître de forme allongée consiste à insérer le couteau dans la charnière. En revanche, les huîtres arrondies sont plus simples à ouvrir par le côté. Posez l'huître sur votre surface de travail afin de la maintenir fermement pendant l'opération.

### Écailler des huîtres allongées

1. Tenez l'huître dans un torchon de cuisine, un pli du torchon entre la main tenant l'huître et la lame du couteau. Faites jouer la lame dans la charnière jusqu'à ce que l'écaille du haut se relâche.

2. Faites glisser le couteau sous l'écaille du haut en appuyant contre celle-ci pour ne pas abîmer l'huître. Détachez l'huître de l'écaille du haut et enlevez l'écaille.

3. Faites glisser le couteau sous l'huître, en appuyant fermement contre la face interne de l'écaille du bas, et coupez le muscle qui rattache l'huître à l'écaille.

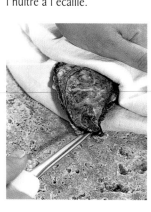

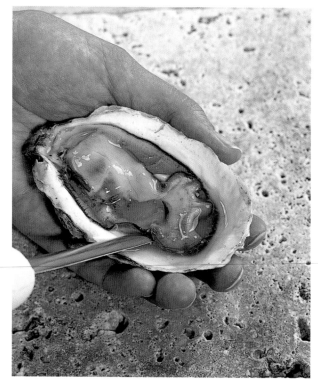

### Écailler des huîtres arrondies

1. Repérez une ouverture entre les deux écailles et insérez-y un couteau à huîtres. Ensuite, en gardant le couteau contre la face interne de l'écaille du haut, faites glisser le couteau le long de cette écaille pour détacher l'huître, en veillant à ne pas l'abîmer.

2. Glissez le couteau sous l'huître, le long de l'écaille du bas, pour couper le muscle qui rattache l'huître à l'écaille.

# Préparer un homard

Si le homard est destiné à être cuit à la vapeur et servi entier, il suffit de le rincer rapidement avant de le mettre dans la casserole. Pour des recettes plus élaborées, il sera parfois nécessaire de séparer la chair cuite de la carapace, ou de découper le homard cru soit en le divisant en deux dans le sens de la longueur, soit en le détaillant en morceaux.

## Choisir un homard

De nombreux plats de homard utilisent les œufs (le corail) que l'on ne trouve que chez les femelles. Pour déterminer le sexe d'un homard, retournez-le et examinez les petites nageoires situées à la jonction entre la tête et la queue. Elles sont flexibles chez les femelles et rigides chez les mâles.

Femelle

Mâle

## Tuer un homard sans cruauté

Il est parfois nécessaire de découper le homard avant de le cuire pour extraire, autant que possible, le goût de la carapace, du corail et du foie. En fonction des recettes, il faut soit couper le homard en deux, soit le détailler en morceaux. Quel que soit votre choix, la première étape consistera à tuer le homard de la manière la plus humaine possible. Tenez votre couteau de chef juste au-dessus de la tête du homard. Ensuite, d'un mouvement rapide, plantez le couteau dans la tête jusqu'à la planche et abaissez-le pour fendre la tête en deux, tuant ainsi le homard d'un coup.

## Découper un homard cru en deux

Après avoir tué le homard, tournez-le, queue vers vous, et divisez-le en deux sur toute sa longueur. Enlevez la poche à graviers située de chaque côté de la tête (repérez-en la texture rugueuse en passant le doigt à l'intérieur de la tête) et jetez-la. Il arrive parfois que l'intestin qui court le long du dessus de la queue soit rempli de sable; si c'est le cas, enlevez-le.

135

### Découper un homard cru en morceaux

Le homard cru est souvent découpé en morceaux pour faire une soupe, un ragoût ou accéder au corail ou au foie. Ce dernier, de couleur gris-vert, est présent chez les mâles et chez les femelles alors que le corail, vert foncé presque noir, n'est présent que chez les femelles. Ces organes peuvent être pressés dans une passoire pour servir d'épaississant, de colorant ou d'exhausteur de goût dans les sauces.

1. Après avoir tué le homard, cassez les pinces au niveau de la jointure avec le thorax.
2. Tenez fermement la tête dans une main et détachez la queue en la tordant avec l'autre main.
3. Plongez les doigts à l'intérieur de la tête pour récupérer le corail ou le foie. Placez-les dans une passoire posée au-dessus d'un bol contenant 1 c. à café (1 c. à thé) de vinaigre de vin ou de cognac.

4. Utilisez le dos d'une louche ou les doigts pour presser le foie ou le corail (ici, du corail) dans la passoire.
5. Divisez la tête en deux.
6. Retirez la poche à graviers de chaque côté de la tête et jetez-la. Retirez le reste de corail ou de foie et pressez-le dans la passoire.

### Extraire la chair de homard cuite de la carapace

Cette méthode est conçue pour une exécution rapide en cuisine et convient à n'importe quelle recette qui fait appel à la chair de homard cuite.

1. Cassez les pinces au niveau de la jointure avec le thorax.
2. Tenez fermement la tête et la queue dans chaque main et tordez la queue pour la détacher.
3. Cassez la nageoire située au bout de la queue.
4. Posez la queue sur le côté et appuyez doucement dessus avec le plat de la main jusqu'à entendre un léger craquement.

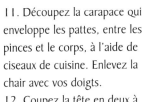

N'appuyez pas trop fort sous peine d'abîmer la chair.

5. Posez la queue à l'envers dans un torchon de cuisine et décortiquez-la pour découvrir la chair.

6. La queue se découpe en deux dans la longueur, en cubes, ou encore, comme ici, en tranches.

7. Faites jouer doucement les parties mobiles des pinces d'avant en arrière, puis écartez-les tout en tirant dessus. Le petit cartilage en forme de plume inséré dans la pince doit se détacher avec la partie mobile.

8. Tenez la pince, partie dentelée en haut, et entaillez-la d'un coup sec avec un vieux couteau de chef. La profondeur de l'entaille ne doit pas excéder 1 cm (½ po), sous peine d'abîmer la chair.

9. Faites pivoter le couteau dans l'entaille pour ouvrir la pince.

10. Utilisez le couteau de chef pour fendre la petite charnière à la base de la pince.

11. Découpez la carapace qui enveloppe les pattes, entre les pinces et le corps, à l'aide de ciseaux de cuisine. Enlevez la chair avec vos doigts.

12. Coupez la tête en deux à l'aide du couteau de chef.

13. Enlevez la poche à graviers située de chaque côté de la tête.

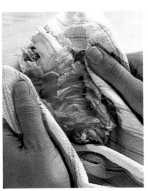

Voir également
Cuire un homard à la vapeur, page 132

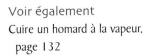

# Préparer des crabes

La plupart des crabes sont vendus nettoyés, cuits et décortiqués. En revanche, ceux à carapace molle, très périssables, doivent être vendus vivants. Il est recommandé de ne pas les nettoyer plus d'une heure ou deux avant de les cuire.

1. Rincez les crabes. Coupez, à l'aide de ciseaux, l'extrémité de la partie avant (sur laquelle se trouvent les yeux).
2. Retournez le crabe sur le dos. Dépliez la queue. Détachez-la en la tordant et en tirant dessus, puis jetez-la.

3. Retournez le crabe et arrachez la carapace de chaque côté.
4. Arrachez les ouïes situées de chaque côté de l'animal.

## Sauter des crabes à carapace molle

Une couche de farine donne aux crabes une croûte délicate et

croquante. Nettoyez les crabes et farinez-les juste avant de les cuire. Faites chauffer, à feu moyen, du beurre ou de l'huile d'olive dans une poêle à frire antiadhésive en fonte. Faites sauter les crabes, environ 3 min sur chaque face, jusqu'à ce qu'elle soit croustillante.

# Cuisiner des écrevisses

Tout comme les homards, les écrevisses doivent être achetées vivantes. Triez-les avant de les cuire en vue d'éliminer celles qui sont déjà mortes. Pour éviter de vous faire pincer, saisissez-les derrière la tête, entre le pouce et l'index.

Une recette toute simple pour cuire les écrevisses consiste à les jeter dans une casserole d'eau bouillante pendant environ 5 min. Certains agrémentent l'eau de cuisson d'herbes et d'épices, d'autres utilisent un court-bouillon. Ici, les écrevisses sont sautées et les carapaces, réservées pour faire une sauce.

## Écrevisses sautées

Les légumes employés dans cet exemple serviront par la suite à réaliser une sauce. N'utilisez pas de légumes si vous ne souhaitez pas faire de sauce.

1. Rincez les écrevisses dans une passoire. Dans une casserole à fond épais, faites doucement suer, dans de l'huile d'olive, des carottes et des oignons hachés. Ajoutez les écrevisses vivantes et remuez-les à feu vif.

2. Faites cuire 7 min, jusqu'à ce que toutes les écrevisses soient rouges.

## Sauces, bisques et beurres de crustacés

Tous les crustacés peuvent servir à réaliser de délicieuses sauces ou bisques en utilisant la même technique de base. Les sauces et les bisques proviennent d'un fond obtenu en faisant bouillir les carapaces cuites dans divers liquides. La différence entre les deux n'est souvent qu'une question de degrés: les bisques sont généralement plus légères, car elles sont destinées à être dégustées à la cuillère, comme un potage, et ne doivent pas napper ce qu'elles accompagnent. Il arrive qu'elles soient épaissies avec une purée de riz cuit ou de la chapelure. Les sauces sont plus concentrées, car leur goût doit contraster ou compléter celui des aliments qu'elles accompagnent. Elles sont souvent enrichies en y ajoutant plus de beurre ou de crème que dans les soupes puisqu'on n'en déguste, en général, qu'une petite quantité. Toutefois, il est possible de transformer n'importe quelle recette de bisque en sauce. Il suffit pour cela d'éliminer le riz, d'utiliser moins de liquide, de réduire le fond de crustacés et d'ajouter un peu de crème ou de beurre à la fin. Inversement, n'importe quelle sauce peut être convertie en bisque en y ajoutant plus de liquide, plus de riz cuit ou de chapelure, en ne réduisant pas le fond et en utilisant moins de beurre ou de crème.

Pour faire un fond de crustacés, il faut sauter ceux-ci entiers avec des légumes aromatiques hachés, en général des carottes et des oignons, et un brin de thym. Dès que les crustacés sont rouges, on sépare la chair des carapaces, qui sont mises à cuire dans un liquide afin d'en extraire la saveur. La plupart des fonds se préparent avec des tomates afin de renforcer le goût et la couleur des crustacés. Comme une grande partie du goût et de la couleur des carapaces est soluble dans la graisse et non dans l'eau, certains fonds sont réalisés avec de la crème épaisse afin que la graisse de celle-ci extraie le goût et la couleur des carapaces pour les mélanger au reste.

Le beurre de crustacés s'obtient en faisant lentement cuire du beurre avec les restes de carapaces. Ce beurre est ensuite incorporé dans des soupes ou des sauces.

## Extraire la chair des queues d'écrevisses

Une grande partie de la chair de l'écrevisse se trouve dans la queue. Vous pouvez, si vous le souhaitez, casser les pinces pour en retirer la chair, mais cette opération est laborieuse et ne donnera que de maigres résultats.

1. Tordez doucement la queue de l'écrevisse cuite pour la séparer de la tête.

2. Pincez fermement la nageoire caudale au niveau de la jointure avec le reste de la queue et arrachez-la.

Les intestins doivent se détacher avec elle. Si ce n'est pas le cas, il faut trousser l'écrevisse comme une crevette.

3. Pressez la queue entre le pouce et l'index jusqu'à sentir un léger craquement.

4. Décortiquez la queue pour en extraire la chair. Si vous devez trousser l'écrevisse, écartez, avec le pouce, la mince bande de chair qui recouvre l'intestin afin de dégager ce dernier. Enlevez l'intestin avec les doigts.

## Utiliser les carapaces pour une sauce à l'écrevisse

Les têtes et les carapaces des écrevisses sautées (page 139) sont utilisées ici pour préparer une sauce.

1. Détachez les pinces en les cassant (elles risquent d'abîmer la lame du robot). Décortiquez les queues (page 140) et réservez la chair. Broyez les têtes et les carapaces pendant 1 min dans un robot.

2. Écrasez les pinces avec un maillet ou un rouleau à pâtisserie (comme illustré).

3. Mélangez les carapaces et les pinces dans une casserole à fond épais. Ajoutez des tomates hachées, du cognac et de la crème épaisse. Faites frémir pendant environ 45 min, en remuant de temps à autre, jusqu'à obtenir un liquide orange.

4. Filtrez le liquide à travers une passoire à grosses mailles, en pressant bien fort pour en extraire un maximum de liquide. Filtrez à nouveau, à travers une passoire à mailles fines ou une étamine. Si la sauce est trop légère, réduisez-la pour l'épaissir légèrement.

5. Vous pouvez servir les queues d'écrevisses et la sauce avec une mousseline de saumon, comme ici.

Voir également
Préparer un bouillon de crustacés, page 34
Trousser les crevettes, page 131

Termes du glossaire
Mousseline
Réduire

2. Retournez la boîte et secouez-la pour déverser les anchois dans un bol d'eau froide. Laissez tremper environ 10 min, puis séparez délicatement les anchois, quelques-uns à la fois.

3. Une fois tous les anchois séparés, trempez-les pendant 20 min dans un autre bol d'eau froide.

4. Enlevez les têtes (de la même manière que pour des sardines) et détachez soigneusement les filets de l'arête dorsale en utilisant le pouce et l'index.

5. Trempez les filets pendant 5 min dans l'eau froide, puis égouttez-les sur un torchon de cuisine (le papier absorbant est à éviter, car il colle et se désagrège).

6. Mettez les filets dans des bocaux et recouvrez-les d'huile d'olive extravierge. Appuyez sur les filets pour expulser les bulles d'air et rajoutez suffisamment d'huile d'olive pour les recouvrir complètement.

# Utiliser des anchois salés

Les meilleurs anchois sont ceux que l'on achète entiers, conservés dans le sel. Ils doivent être partiellement dessalés et détaillés en filets avant d'être utilisés. Comme ils sont commercialisés en boîtes d'un kilo et demi ou plus, il est plus commode de les dessaler tous à la fois, puis de les reconditionner dans de l'huile d'olive extravierge afin de pouvoir les utiliser au gré des besoins. Les anchois entiers, achetés en petites quantités dans des magasins spécialisés, proviennent souvent de boîtes ouvertes il y a trop longtemps; ils sont alors trop vieux et peu fiables. Les anchois que vous reconditionnez vous-même se conservent au réfrigérateur pendant une période qui ne peut excéder un mois.

### Dessaler et reconditionner des anchois

Voir également
Nettoyer des sardines fraîches, page 236

1. Trempez la boîte quelques minutes dans l'eau froide pour dissoudre le sel situé au-dessus, puis rincez-le.

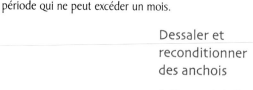

# Préparer une soupe *miso*

Cette soupe est réalisée à partir d'un mélange de poisson préparé à la japonaise et d'un bouillon d'algues appelé *dashi*, dont on rehausse le goût avec une pâte épaisse à base de graines de soja fermentée appelée *miso*. Sa préparation et son aspect diffèrent complètement de celles des soupes à l'européenne.

Le *dashi* s'obtient en faisant tremper dans de l'eau chaude une espèce de varech, appelée *konbu*, et de fines miettes de bonite (sorte de thon). Il est ensuite filtré et incorporé dans une quantité de *miso* suffisante pour en rehausser le goût sans trop le saler. La soupe peut être agrémentée de dés de tofu, de crustacés, de légumes, d'algues, d'un zeste de citron ou de nouilles. Les garnitures à cuisson rapide (crustacés, tofu, citron, légumes à feuilles ou légumes en julienne) se cuisent directement dans la soupe amenée à frémissement. Les nouilles se cuisent séparément et se servent dans les bols.

Il existe, sur les marchés asiatiques ou dans certains supermarchés, plusieurs variétés de pâte *miso*, des plus douces, d'un brun très pâle, aux plus corsées qui sont très foncées, presque noires. Une variété intermédiaire conviendra aux débutants.

## Dashi

Le *dashi* constitue la base de nombreuses soupes et sauces japonaises.

1. Plongez une bande de *konbu* dans une casserole d'eau froide. Amenez l'eau à frémissement, sur feu doux à moyen. Cela doit durer environ 15 min, pour laisser au *konbu* le temps d'infuser.

2. Retirez le *konbu* dès que l'eau se met à bouillir.

3. Faites frémir à nouveau l'infusion, ajoutez-y une poignée de miettes de bonite, puis retirez-la du feu. Laissez les miettes dans l'infusion pendant 1 min.

4. Filtrez l'infusion pour éliminer les miettes de bonite.

## Soupe *miso*

1. Incorporez suffisamment de *dashi* dans un peu de *miso* pour obtenir une pâte lisse.

2. Incorporez cette pâte dans le *dashi* et amenez le tout à frémissement.

3. Versez quelques louches de soupe dans des bols chauds, garnis selon votre goût.

### Notes et astuces

- Pour 1,25 litre d'eau (5 tasses), utilisez soit une bande de *konbu* de 45 cm (18 po), repliée ou en morceaux pour entrer dans la casserole.

- Prévoyez 2 à 4 c. à soupe de pâte *miso* pour 1 litre (4 tasses) de *dashi*.

# Volailles
# et
# œufs

# Rôtir un poulet

L'une des méthodes les plus rapides, simples et savoureuses pour préparer un poulet consiste à le rôtir entier et à le servir dans son jus. Il est inutile de disposer d'une plaque à rôtir ou d'une grille, cette dernière étant même déconseillée, car le jus brûle dans la plaque située en dessous, et la sauce est perdue. Un plat allant au four suffisamment grand pour contenir le poulet fait parfaitement l'affaire. Il n'est pas davantage nécessaire de badigeonner le poulet, car la peau maintient la chair imprégnée en dégageant lentement de la graisse tout au long de la cuisson (elle se dépose au fond du plat et doit être écumée). La chair de la poitrine cuisant plus vite que les cuisses, il faut uniformiser le temps de cuisson en plaçant une feuille d'aluminium pliée et beurrée sur la poitrine pendant le premier quart d'heure afin d'en ralentir la cuisson.

Les cuisiniers se demandent souvent s'il est vraiment nécessaire de brider le poulet. Ce n'est pas indispensable mais recommandé, car cela en facilite le maniement sans affecter en rien la cuisson. En outre, cela lui confère un aspect plus présentable, considération importante si vous comptez le découper à table. Avec de la pratique, brider un poulet vous prendra moins d'une minute.

## Préparer un poulet à rôtir

1. Pour faciliter la découpe, retirez le bréchet en retroussant la peau et en faisant glisser le couteau le long de la face inférieure du bréchet.

2. Continuez à découper la chair autour du bréchet jusqu'à ce qu'il s'en détache.

3. Enlevez le bréchet avec les doigts.

4. Pour brider le poulet (facultatif), glissez le milieu d'une ficelle d'une longueur de 75 cm (30 po) sous le croupion du poulet, à environ 2,5 cm (1 po).

5. Croisez les extrémités de la ficelle au-dessus des pilons en vous assurant qu'ils sont bien maintenus.

## Notes et astuces

- Le temps de cuisson d'un poulet de 1,5 kg (3 lb) est de 45 min à 1 h à 220 °C (425 °F). Comptez un peu plus de temps pour des poulets plus gros.

- Les poulardes et autres oiseaux de petite taille ne dorent pas suffisamment bien au four durant le temps qu'il faut pour les cuire à point. Avant de les rôtir, faites-les dorer de chaque côté dans une casserole à feu vif. Une fois dorées, les poulardes rôtissent en 30 min environ.

- Vous trouverez à la page 148 la recette de la sauce la plus facile à réaliser: servez environ 1 c. à soupe de jus par personne. Pour une sauce plus élaborée agrémentée de légumes rôtis, reportez-vous au glossaire.

147

6. Calez l'extrémité gauche de la ficelle sous le pilon droit et l'extrémité droite sous le pilon gauche, pour former un x.

7. Serrez de façon que les pilons se touchent.

8. Faites passer la ficelle en arrière le long de la poitrine et au-dessus des ailes.

9. Placez le poulet debout, cou vers le haut, afin que la ficelle se cale au-dessus des ailes.

10. Retournez le poulet, serrez la ficelle autour des ailes et faites un nœud. Repliez le bout de chaque aile afin que la ficelle se cale sous le dos du poulet et reste en place.

## Poulet rôti

1. Préchauffez le four à 220 °C (425 °F). Mettez le poulet bridé dans un plat allant au four. Sans trop serrer, recouvrez la poitrine, mais pas les cuisses, avec une feuille d'aluminium triple épaisseur beurrée côté poulet. Faites rôtir 15 min. L'aluminium ralentit la cuisson du blanc afin qu'il ne soit pas complètement desséché avant que les cuisses ne soient cuites. Ensuite, enlevez cette feuille et poursuivez la cuisson jusqu'à ce qu'un thermomètre introduit entre la cuisse et le blanc indique 60 °C (140 °F). Enlevez la ficelle, recouvrez le poulet entier avec du papier d'aluminium sans serrer, et laissez-le reposer au chaud pendant 20 min (sur la partie arrière de la cuisinière ou au four à température minimale). Toutefois, si le four vient d'être utilisé à haute température, laissez-le refroidir porte ouverte avant d'y placer le poulet.

2. Introduisez une cuillère en bois dans le poulet pour le déposer sur un plateau (ou une planche à découper pourvue d'une gorge et d'un creux), en l'inclinant tandis que vous le soulevez afin que tout le jus de l'intérieur s'écoule dans le plat.

3. Reversez tout le jus accumulé sur le plateau dans le plat. Inclinez-le et enlevez le gras à l'aide d'une cuillère.

4. Découpez le poulet et servez le jus dans une saucière, ou nappez-en chaque morceau.

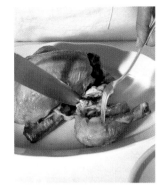

## Découper un poulet rôti ou poché

1. Maintenez le poulet en piquant une fourchette à l'intérieur. Coupez la peau qui relie la cuisse au corps et continuez jusqu'à l'os qui la rattache au dos.

2. Appuyez sur la cuisse et tirez jusqu'à ce que le petit os situé à la base de celle-ci se détache.

3. Faites glisser le couteau le long du côté du poulet à l'endroit où la cuisse se rattache au dos, et séparez complètement la cuisse du poulet, en laissant aussi peu de viande que possible sur la carcasse.

4. Enfoncez le couteau juste au-dessus de l'aile et repérez l'articulation qui la rattache au corps. Cette articulation est plus profonde qu'il n'y paraît. Dépliez l'aile et détachez-la en tranchant l'articulation.

5. Faites glisser le couteau le long d'un côté de l'os de la poitrine, aussi près de l'os que possible, en détachant le blanc avec le dos du couteau.

6. Continuez à couper le long de l'os de la poitrine, en séparant la chair avec le dos du couteau, et détachez le blanc de la carcasse. Retournez le poulet et recommencez de l'autre côté.

149

Voir également
Cuire des légumes au four avec le poulet, page 70
Vérifier la température interne d'une volaille, page 167

Termes du glossaire
Dégraisser
Jus
Jus lié
Rôtir

# Préparer une poule au pot

Le pochage est une méthode de cuisson qui convient parfaitement au poulet comme aux autres volailles en raison de sa légèreté, car aucune graisse n'est ajoutée. De plus, le bouillon obtenu constitue une sauce délicate, dépourvue de matière grasse et au goût authentique qui l'accompagne à merveille. En pochant en même temps des tubercules (carottes, poireaux, navets), vous obtiendrez un excellent plat unique. Coupez-les en morceaux assez gros pour qu'ils cuisent au même rythme que le poulet (carottes coupées en tronçons et évidées, navets coupés en morceaux). Enlevez le bréchet et bridez le poulet avant de le pocher afin qu'il garde un aspect appétissant et qu'il soit facile à immerger et retirer.

## Notes et astuces

- Dès que le liquide frémit, un poulet de 1,5 kg (3 lb) cuit en 35 à 45 min.
- Commencez la cuisson dans une eau ou un bouillon froid. Si le liquide est chaud, le bouillon sera trouble.
- Pochez le poulet sans couvrir, dans un liquide frémissant.
- Retirez le poulet cuit du liquide de cuisson en saisissant la ficelle à l'aide d'une fourchette.

## Poule au pot

1. Placez le poulet dans un faitout juste assez grand pour le contenir et suffisamment profond pour que le liquide le recouvre complètement. Ajoutez des légumes tels que carottes et navets coupés en tronçons et morceaux.
2. Coupez en deux des poireaux rincés. Attachez-les afin qu'ils ne remontent pas à la surface et ne gênent pas le dégraissage. Mettez-les dans le faitout.
3. Mettez un bouquet garni dans le faitout et versez suffisamment de bouillon ou

d'eau pour couvrir. Faites mijoter doucement pendant 35 à 45 min, en écumant à la louche le gras et le dépôt accumulés en surface.
4. Placez le poulet sur un plat de service. Vérifiez s'il est cuit en insérant une brochette métallique au point le plus épais de la cuisse, l'articulation du pilon.
5. Retirez la peau et jetez-la.
6. Découpez le poulet et servez-le avec les légumes dans de grandes assiettes à soupe, en le nappant de bouillon.

Voir également
Découper et évider des carottes, page 21
Composer un bouquet garni, page 31
Brider un poulet, page 146
Découper un poulet rôti, page 149

Terme du glossaire
Pocher

# Découper un poulet

Le poulet découpé s'emploie dans les daubes et les sautés ainsi que pour être grillé ou frit. Dans un contexte familial, où il n'est pas déplacé de manger avec les doigts, coupez les ailes, découpez le corps en quartiers (ce qui donne deux cuisses, deux morceaux de blanc ainsi que le dos en plus des deux ailes), et cuisez les ailes. Pour une présentation plus distinguée, découpez le poulet en six morceaux: éliminez les deux dernières articulations des deux ailes, en laissant la première articulation charnue attachée à la poitrine. Non seulement cette découpe tire parti des morceaux les plus comestibles, mais elle est plus élégante (voir encadré, page 153). Coupez les pattes en deux afin de séparer les cuisses et les pilons. Pour le découper en huit morceaux, coupez le blanc en deux. Cela permet de servir à quatre personnes un morceau de blanc et un morceau des autres parties. Le dos et la pointe des ailes peuvent être congelés et servir à confectionner un bouillon.

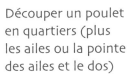

## Découper un poulet en quartiers (plus les ailes ou la pointe des ailes et le dos)

1. Coupez la queue si vous le souhaitez.
2. Retirez les éventuels amas de graisse de la cavité.
3. Écartez les ailes et tranchez l'articulation les rattachant au corps.
4. Tirez une cuisse vers l'avant afin que lorsque vous la coupez, la poitrine reste bien couverte de peau.
5. Coupez la peau située entre la cuisse et la poitrine jusqu'au dos. Suivez la ligne naturelle de la graisse qui parcourt le bord de la cuisse.

6. Placez le doigt sous l'articulation à l'endroit où elle est rattachée au corps et dépliez la cuisse. Vous sentirez l'articulation se déboîter.

7. Faites glisser le couteau le long du dos en le maintenant contre l'os et en tirant sur la cuisse. Veillez à inciser sous le petit morceau de chair incrusté dans le dos afin qu'il demeure attaché à la cuisse.

11. Placez le poulet sur la planche en tournant la pointe de la poitrine vers le haut. Donnez quelques coups rapides avec un couteau tranchant afin de transpercer la cage thoracique. Continuez jusqu'à ce que vous ayez tranché toutes les côtes, en maintenant le couteau vers le dos pour ne pas abîmer les blancs.

12. Tirez sur les blancs afin de les détacher du dos.

13. Tranchez les articulations qui relient la poitrine au dos et séparez la poitrine du dos.

8. Continuez à faire glisser le couteau le long de l'os du dos tout en tirant sur la cuisse jusqu'à ce qu'elle se détache.

9. Retournez le poulet et procédez de même de l'autre côté.

10. Retirez l'autre cuisse.

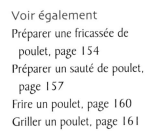

14. Coupez les blancs en deux en les posant côté peau sur la planche, puis en enfonçant le couteau bien droit au milieu de l'os de la poitrine. Tirez le couteau vers vous afin de trancher la partie arrière de la poitrine.

15. Retournez la poitrine et tranchez dans l'autre sens, afin de séparer les moitiés.

16. Pour cuisiner les ailes en vue d'un repas familial, calez la pointe sous le reste des ailes afin d'obtenir une forme plus compacte.

17. Si vous le souhaitez, tranchez l'extrémité des os des cuisses d'un coup sec. Employez le talon de la lame pour éviter d'émousser le tranchant.

Voir également
Préparer une fricassée de poulet, page 154
Préparer un sauté de poulet, page 157
Frire un poulet, page 160
Griller un poulet, page 161

## Découper un poulet en six morceaux (plus les ailes)

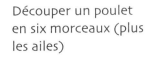

Découpez d'abord le poulet en quartiers (pages 151 et 152). Placez ensuite une patte sur la planche, côté peau en dessous. Repérez l'articulation de la cuisse et du pilon en palpant et tranchez-la à l'aide du couteau. Procédez de même avec l'autre patte.

## Découper un poulet en huit morceaux (plus les ailes)

Découpez le poulet en six morceaux comme indiqué ci-dessus. Tranchez ensuite la poitrine en appuyant fermement sur le dos de la lame afin de couper l'os.

153

### Blancs de poulet façon restaurant

Dans les restaurants distingués, la première articulation de l'aile est parfois laissée attachée à la poitrine alors que le reste de l'aile est mis de côté pour le bouillon. Pour cela, écartez l'aile et tranchez-la au niveau de la seconde articulation. Éliminez le petit moignon disgracieux présent sur la seconde articulation.

# Préparer une fricassée de poulet

Pour faire une fricassée de poulet, il faut d'abord cuire les morceaux dans un peu de beurre, d'huile ou autre matière grasse, puis y ajouter un liquide tel que bouillon, vin ou vinaigre, et cuire en couvrant jusqu'à ce que le poulet soit tendre. Une fois le poulet cuit, on épaissit généralement le jus de la fricassée afin d'obtenir une sauce. Cependant, ce jus est parfois simplement servi comme bouillon autour du poulet. Vous pouvez cuire la garniture soit en même temps que le poulet, soit séparément, puis l'ajouter à la fin. Les fricassées diffèrent des sautés de poulet du fait que le liquide de cuisson est ensuite lié afin d'obtenir une sauce, tandis que la totalité de la cuisson du sauté s'effectue avec de la matière grasse uniquement (beurre ou huile). Pour le sauté de poulet, si l'on souhaite faire une sauce, le liquide n'est ajouté dans la casserole qu'après avoir retiré le poulet. La fricassée est d'un goût plus doux que le sauté, et la peau reste molle au lieu de devenir croustillante. D'un point de vue technique, les fricassées de poulet sont des pochages, car le poulet est tendre et suffisamment maigre pour qu'il suffise de le braiser rapidement.

Les fricassées offrent une myriade de possibilités aux cuisiniers créatifs. Les liquides et garnitures peuvent être variés quasiment à l'infini afin de modifier le caractère de la préparation de base. Toutefois, au-delà de la variation des ingrédients, la méthode de cuisson influe considérablement sur le goût du plat. Dans les fricassées dites à blanc, le poulet est cuit dans la matière grasse juste le temps nécessaire pour cuire la peau sans la dorer, ce qui produit une fricassée dont la sauce est claire et délicatement parfumée. Dans les fricassées dites à brun, le poulet doit être minutieusement doré avant que l'on y ajoute le liquide. Cette caramélisation supplémentaire renforce sa saveur et donne une sauce plus foncée à l'arôme plus prononcé. Les fricassées à brun tolèrent des ingrédients plus puissants, vin rouge ou vinaigre par exemple, qui dénatureraient le goût du poulet non doré.

Lorsque l'on désire préparer un plat de poulet à la saveur délicate et de couleur claire accompagné d'une sauce à la crème ou aux herbes, on choisit une fricassée à blanc. Si, par contre, on recherche une saveur de poulet plus intense, on réalise un sauté de poulet ou une fricassée à brun.

## Fricassée de poulet à blanc au vinaigre de vin

Cette fricassée est garnie d'un assortiment de légumes glacés, ajoutés à la fin.

1. Faites cuire délicatement les deux faces des morceaux de poulet dans du beurre jusqu'à ce que la peau n'ait plus l'air crue. Versez assez de liquide pour atteindre le quart de la hauteur des morceaux. Le liquide employé ici est du vinaigre de xérès.

2. Couvrez et laissez mijoter à feu doux ou moyen jusqu'à ce que les morceaux soient fermes au toucher, soit environ 15 min. Placez-les ensuite dans des assiettes ou sur un plat et tenez-les au chaud.

3. Penchez la sauteuse afin que le jus se concentre d'un seul côté. À l'aide d'une cuillère, retirez toute graisse flottant en surface et jetez-la.

4. Réduisez légèrement le jus afin de l'épaissir. Versez-y de la crème épaisse et continuez à réduire jusqu'à ce que le jus ait la consistance d'une sauce.

5. Retirez les côtes et autres petits os de l'intérieur de la poitrine.

6. Coupez le petit os relié à chaque côté de la poitrine, près de l'aile.

7. Garnissez de légumes glacés. Salez et poivrez la sauce, puis versez-la sur le poulet.

## Notes et astuces

- Cuisez les fricassées de poulet au brûleur ou au four.

- Laissez le liquide frémir.

- Cuisez le poulet dans du beurre si vous comptez allonger la sauce avec de la crème; avec les ingrédients méditerranéens tels que les tomates, utilisez de l'huile d'olive.

- Après la cuisson, pour apporter une touche de raffinement, retirez les côtes et autres petits os de l'intérieur de la poitrine et coupez le petit os relié à chaque côté de la poitrine, près de l'aile (il est préférable de les laisser auparavant, car ils uniformisent le temps de cuisson des deux parties de la poitrine et des pattes, tout en retenant la saveur).

- Il faut de 2 à 3 c. à soupe de matière grasse pour cuire un poulet en fricassée. N'oubliez pas que cette graisse, ainsi que celle dégagée par la peau, seront écumées.

## Préparer des lardons

Les lardons entrent dans la composition de nombreux plats. S'il se trouve que vous disposez de lard fumé, vous devez d'abord le blanchir afin d'en atténuer le fumage. Sinon, le caractère puissant du fumage dénature la saveur des plats subtils tels que le coq au vin et le bœuf bourguignon.

1. Découpez les tranches de lard fumé en lardons dans le sens de la largeur.

2. Placez les lardons dans une poêle, recouvrez d'eau froide et portez à ébullition. Retirez les lardons à l'aide d'une écumoire ou égouttez-les dans une passoire.

3. Cuisez les lardons à feu doux, sans ajouter de matière grasse, jusqu'à ce qu'ils soient à peine croustillants.

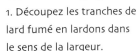
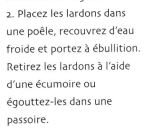

## Coq au vin

Le coq au vin se prépare traditionnellement en faisant mijoter un coq découpé dans du vin rouge pendant 3 h, puis en allongeant le jus avec son sang. De nos jours toutefois, les coqs devenant difficiles à trouver, on se contente souvent d'un poulet. Cette volaille étant tendre et cuisant rapidement, ce plat se prépare comme une fricassée à brun. La garniture de petits oignons, de lardons et de champignons sautés doit être cuite séparément et ajoutée à la fin.

1. Découpez le poulet en huit morceaux et marinez-le avec des légumes (ici, carottes et oignons) dans suffisamment de vin rouge pour le recouvrir soit pendant 4 h, soit une nuit au réfrigérateur. Sortez le poulet de la marinade et filtrez celle-ci afin de conserver séparément légumes et jus.

2. Faites revenir des lardons dans une sauteuse (voir encadré, page 155), puis retirez-les à l'aide d'une écumoire. Réservez-les pour la garniture. Mettez le poulet dans la sauteuse, faites-le revenir dans la graisse dégagée par les lardons, puis retirez-le de la sauteuse.

3. Ne gardez qu'une cuillerée de la graisse restante dans la sauteuse. Faites revenir les légumes préalablement mis de côté pendant 10 min à feu moyen. Mélangez-y de la farine et continuez à remuer 2 min environ.

4. Mélangez avec la marinade filtrée et faites frémir.

5. Ajoutez le poulet. Placez un bouquet garni dans la sauteuse, couvrez et cuisez 20 min soit à feu doux, soit au four à 160 °C (325 °F), jusqu'à ce que le poulet soit ferme au toucher. Filtrez le liquide obtenu, puis dégraissez-le et réduisez-le en décalant la sauteuse sur un côté du brûleur afin de pouvoir la pencher et retirer plus facilement l'écume.

6. Servez le poulet avec les lardons, les oignons ainsi que les champignons (il s'agit ici de champignons sauvages), et nappez le tout de sauce.

Voir également

Préparer un fond de poulet, page 30
Composer un bouquet garni, page 31
Glacer des tubercules, page 76
Découper un poulet, page 151
Préparer un sauté de poulet, page 157

Termes du glossaire
Blanchir
Braiser
Dégraisser
Épaississant
Fricassée
Garniture

# Préparer un sauté de poulet

Un sauté de poulet est un plat à la saveur intense, car les morceaux sont cuits entièrement dans une petite quantité de matière grasse telle que beurre ou huile d'olive, et ce, sur un brûleur. Les morceaux de poulet sont ainsi caramélisés, croustillants et savoureux. Une fois que le poulet est cuit, servez-le tel quel, ou préparez une sauce à partir des jus caramélisés collés au fond de la sauteuse. Pour une recette plus élaborée et afin de varier les saveurs, vous pouvez ajouter des garnitures classiques ou plus créatives (voir encadré, page 159).

## Notes et astuces

- Faites sauter le poulet dans du beurre, de l'huile d'olive vierge, du gras de canard ou du lard. Ce choix doit être cohérent avec le caractère du plat et de la garniture (par exemple, huile d'olive avec les ingrédients méditerranéens tels que les tomates, beurre avec les sauces à la crème).

- Comptez de 2 à 3 c. à soupe de matière grasse pour sauter un poulet.

- Faites sauter à feu moyen à vif.

- Faites d'abord sauter le côté peau, puis servez en le plaçant au-dessus, car il est plus appétissant. En faisant d'abord sauter ce côté, vous réduisez le risque que le poulet ne colle et vous évitez de retourner à nouveau les morceaux lors du service.

- Testez la cuisson en appuyant doucement sur la partie la plus épaisse. Si le poulet est cuit, la chair reprend forme d'elle-même. Sinon, elle est flasque.

- Après avoir jeté la graisse en partie ou en totalité, déglacez avec du vin, du bouillon, des spiritueux, de la crème, des tomates hachées ou une combinaison de ces ingrédients (voir encadré, page 159).

- À la différence des steaks et des côtelettes, pour bien dorer le poulet, il est inutile de commencer la cuisson dans une sauteuse extrêmement chaude. Le poulet mettant plus longtemps à cuire entièrement, il dore parfaitement à feu moyen. La peau, qui dore en dégageant sa graisse, forme un enrobage croustillant qui retient les jus de la volaille.

- Sautez le poulet autant que possible peau en dessous afin que sa graisse fonde et qu'elle soit croustillante.

- Utilisez une sauteuse antiadhésive ou ayant déjà souvent servi. Si la peau colle, patientez un instant, car la graisse qui fond suffit souvent à la décoller.

## Blancs et cuisses de poulet sautés à la sauce aux champignons

1. Faites fondre du beurre dans une sauteuse juste assez grande pour y répartir les morceaux sur une couche. Salez et poivrez le poulet, puis placez-le dans la sauteuse, peau en dessous.

2. Cuisez 15 min environ, pour que la peau soit dorée, et retournez les morceaux.

3. Cuisez côté chair environ 10 min, jusqu'à ce que la chair reprenne forme d'elle-même lorsque vous appuyez dessus. Placez les morceaux sur une assiette ou un plateau.

4. Ne gardez que 1 c. à soupe de la graisse de la sauteuse. Mettez à feu vif, ajoutez des échalotes, et remuez 1 min environ, jusqu'à ce qu'elles dégagent leur parfum.

5. Ajoutez des champignons en lamelles et poursuivez la cuisson jusqu'à ce qu'ils dorent et que leur liquide soit entièrement évaporé.

6. Ajoutez du vin blanc et mijotez à feu vif pour qu'il réduise à 2 c. à soupe.

7. Ajoutez du bouillon de poulet brun et réduisez-le jusqu'à ce qu'il soit légèrement sirupeux.

8. Incorporez du beurre, salez, poivrez et nappez le poulet de sauce comme illustré page 157.

Voir également

Tourner des légumes, page 13

Préparer un fond de poulet, page 30

Vérifier la cuisson, page 66

Découper un poulet, page 151

Préparer une fricassée de poulet (à distinguer d'un sauté de poulet), page 154

Termes du glossaire

Déglacer
Épaississant
Garniture
Monter au beurre
Sauter
Suer

## Sauces classiques du sauté de poulet

Grâce à sa saveur délicate, le poulet convient à une quasi-infinité de sauces et de garnitures. Escoffier, dans l'édition de 1902 de son ouvrage intitulé *Le guide culinaire*, compte plus de 70 plats élaborés à partir de sauté de poulet. Malgré cette complexité apparente, les techniques essentielles, à savoir sauter le poulet, déglacer la sauteuse et ajouter des liquides aromatiques, demeurent identiques. Vous pouvez soit préparer des plats classiques, soit faire preuve d'originalité en intégrant à votre guise divers ingrédients. Quelques classiques:

- Poulet à l'algérienne: Déglacez au vin blanc. Ajoutez de l'ail pilé et des tomates hachées. Garnissez de patates douces tournées.
- Poulet Archiduc: Faites suer des oignons hachés. Ajoutez du cognac, de la crème, du jus de citron et du vin de madère. Nappez le poulet.

- Poulet à l'arlésienne: Déglacez au vin blanc et au bouillon de veau réduit. Garnissez avec des rondelles d'oignons frites, des tranches d'aubergines et des tomates mijotées.
- Poulet Artois: Déglacez au vin de madère et au bouillon de veau réduit. Ajoutez du beurre. Garnissez de carottes tournées et glacées accompagnées de petits oignons blancs.
- Poulet Bercy: Sautez des échalotes hachées dans la sauteuse du poulet. Déglacez avec du vin blanc, de la glace de jus de viande et du citron, puis ajoutez champignons et beurre.
- Poulet à la bordelaise: Déglacez avec un fond de poulet. Garnissez de quartiers d'artichauts sautés, de rondelles de pommes de terre sautées, de rondelles d'oignons frites et de persil frit.
- Poulet à la bourguignonne: Déglacez au vin rouge avec une gousse d'ail pilée. Ajoutez du beurre. Garnissez de lardons et de champignons sautés.

- Poulet aux cèpes: Sautez des échalotes hachées dans la sauteuse du poulet. Déglacez au vin blanc et complétez avec du beurre. Garnissez de cèpes sautés.
- Poulet Doria: Déglacez avec du bouillon de veau. Garnissez de concombres tournés.
- Poulet aux fines herbes: Déglacez la sauteuse au vin de madère et au bouillon de veau réduit. Agrémentez la sauce de cerfeuil haché, de persil, d'estragon et de ciboulette.
- Poulet à la hongroise: Faites revenir des oignons hachés avec une pincée de paprika dans la sauteuse du poulet. Ajoutez des tomates hachées et de la crème. Réduisez la sauce, filtrez-la, puis versez-la sur le poulet.
- Poulet Marengo: Déglacez au vin blanc, en ajoutant des tomates hachées et de l'ail pilé. Garnissez de croûtons, d'écrevisses et d'œufs frits (de nos jours, ces deux derniers ingrédients sont souvent omis).

- Poulet à la normande: Déglacez la sauteuse avec du calvados. Garnissez de rondelles de pommes cuites au beurre à feu doux.
- Poulet aux huîtres: Sautez le poulet avec des oignons hachés menu, des champignons et du céleri haché. Déglacez avec du bouillon de veau et filtrez la sauce. Pochez des huîtres dans la sauce, puis versez le tout sur le poulet.
- Poulet Parmentier: Déglacez au vin blanc et au bouillon de veau. Garnissez de pommes de terre tournées cuites au beurre.
- Poulet à l'estragon: Déglacez au vin blanc et au bouillon de veau réduit. Ajoutez de l'estragon.
- Poulet Saint-Lambert: Déglacez au vin blanc et avec du jus de cuisson de champignons. Épaississez la sauce avec une purée de carottes, navets, oignons et champignons cuits.
- Poulet Vichy: Déglacez au bouillon de veau. Garnissez de carottes tournées et glacées.

# Préparer du poulet frit

Le poulet frit, à juste titre l'un des aliments frits les plus prisés, ne se prépare pas véritablement en friture (qui implique une immersion complète). Il ne se prépare, en effet, que plongé à mi-hauteur dans l'huile ou autre matière grasse. La friture permet d'obtenir un poulet très chaud et croustillant; cette méthode est idéale si vous souhaitez former une croûte réellement succulente.

Les cuisiniers débattent volontiers sur la méthode d'enrobage optimale pour obtenir la meilleure croûte. On peut se contenter de fariner, car la peau de poulet dore parfaitement par elle-même, et il suffit de quelques petites touches complémentaires pour la rendre vraiment croustillante. Il est préférable de réserver les pâtes plus consistantes, préparées à base de farine, d'eau, d'huile et parfois d'œufs, à la friture des aliments chargés d'eau, tels que les légumes dépourvus de peau, qui nécessitent ce petit plus pour s'envelopper d'un enrobage croustillant. N'utilisez pas de chapelure: elle absorbe l'huile (le blanc de poulet pané est meilleur sauté). Si vous marinez le poulet pendant 2 à 4 h dans une marinade au vin blanc avant de le frire, il s'imprègne tellement de saveur qu'il n'est pas indispensable de l'accompagner d'une sauce, même si cela reste possible (aïoli ou gribiche).

## Notes et astuces

- Faites frire le poulet à 180 °C (350 °F).
- Une friteuse électrique est préférable, car le thermostat intégré facilite la régulation de la température.
- La majorité des cuisiniers emploient de l'huile végétale, mais l'huile d'olive pure (et non pas extravierge, qui est chère) rehausse encore la saveur.

## Poulet frit

1. Coupez les ailes d'un poulet, puis découpez-le en huit morceaux. Si vous le souhaitez, marinez-le de 2 à 4 h dans un mélange d'ail haché, d'oignons émincés, de vin blanc et d'un peu d'huile d'olive.

2. Juste avant de les frire, roulez les morceaux de poulet égouttés dans de la farine, puis tapotez pour retirer l'excédent.

3. Chauffez l'huile à 180 °C (350 °F) dans une friteuse ou une marmite. Déposez doucement les morceaux dans l'huile à l'aide d'une pince. Surveillez la cuisson après 5 min.

4. Une fois les morceaux dorés d'un côté, retournez-les. Le poulet est cuit dès que les morceaux sont fermes au toucher, sans flaccidité, ce qui prend de 10 à 15 min environ au total. Séchez-les sur du papier absorbant.

### Voir également

Préparer un aïoli ou une sauce gribiche, page 43
Découper un poulet en huit morceaux, page 153
Préparer un sauté de blancs de poulet panés, page 162

### Termes du glossaire

Frire
Mariner
Paner

# Griller un poulet

La grillade est une excellente méthode pour préparer du poulet, car elle donne une peau croustillante et confère une saveur fumée douce et parfumée. À la différence du sauté, où il est préférable de commencer côté peau en dessous, la cuisson sur gril s'effectue en commençant côté peau au-dessus, à feu vif. Le côté chair est, en effet, moins susceptible de provoquer des flammes, ce qui laisse au charbon le temps de se consumer quelque peu avant que vous ne mettiez le côté peau en dessous. Si des flammes jaillissent malgré tout, déplacez les morceaux sur la grille.

Une bonne méthode de préparation des petites volailles, telles que poulardes ou pigeonneaux, en vue de les griller consiste à couper l'os du dos, à ouvrir l'animal en deux, puis à insérer les pattes dans de petites incisions pratiquées dans la peau. Cela les aplatit de sorte qu'ils grillent uniformément et rapidement. La petite volaille se grille comme le poulet. Comptez environ 10 min par côté pour les poulardes. Les oiseaux à viande rouge tels que les pigeonneaux ne doivent cuire que jusqu'à ce que la chair soit entre saignante et à point, c'est-à-dire environ 6 min par côté.

## Poulet grillé

Découpez un poulet en quartiers, en six, ou en huit. Vous pouvez le mariner dans du vin blanc avec des oignons émincés, de l'ail et du thym. Grillez les morceaux côté peau au-dessus jusqu'à ce que le côté chair soit bien doré, soit environ 10 min. Retournez-les et faites-les griller jusqu'à ce que la peau soit croustillante et ferme au toucher, sans flaccidité.

### Voir également
Vérifier la cuisson, page 66
Rôtir un poulet, page 146
Découper un poulet, page 151
Mariner un poulet, page 156

### Termes du glossaire
Griller
Mariner

## Préparer des poulardes à griller

1. Coupez les deux dernières parties des ailes, ou repliez-les sous le corps.
2. Introduisez un couteau de chef dans la cavité. Tranchez juste à gauche du centre.
3. Écartez les deux moitiés. Tranchez l'autre côté de l'os du dos. Vous pouvez retirer quelques côtes pour qu'elle soit plus facile à manger.
4. Placez le côté peau au-dessus et pratiquez une petite incision de chaque côté.
5. Enfoncez la pointe des pilons dans les incisions.

# Préparer un sauté de blancs de poulet panés

La méthode qui consiste à paner et sauter dans du beurre est une délicieuse façon de préparer du blanc de poulet dépecé et désossé. La chapelure retient le savoureux beurre légèrement doré aromatisé à la noisette et parfume la viande blanche au goût peu marqué. La chapelure permet également de dorer à feu relativement bas (la chapelure brunit à une température plus faible que la chair). Il est donc plus facile de dorer le blanc sans qu'il ne soit trop cuit et d'éviter qu'il ne se dessèche. Le blanc de poulet désossé est normalement vendu en supermarché, mais il est plus avantageux d'acheter un poulet entier ou du blanc non désossé et de le désosser soi-même. Quoi qu'il en soit, il faut d'abord légèrement tasser les morceaux afin d'en égaliser l'épaisseur pour qu'ils cuisent uniformément.

## Notes et astuces

- Les blancs panés nécessitent une quantité généreuse de matière grasse pour dorer uniformément. Versez suffisamment de beurre ou d'huile afin que le niveau atteigne environ 3 mm (⅛ po).
- Sautez à feu moyen et non vif. Si la chapelure brunit trop vite, diminuez le feu. Si elle brunit trop lentement, augmentez légèrement le feu.
- Sautez dans du beurre entier ou clarifié. Le beurre clarifié évite que des grains sombres de résidus de lait n'adhèrent à la chapelure. Vous pouvez aussi employer de l'huile d'olive extravierge.
- Servez le poulet avec des quartiers de citron, un beurre aromatisé ou du beurre noisette.
- La chapelure fraîche est conseillée (page 164).
- Pour varier le goût, remplacez la farine par de la poudre de cèpes, du parmesan râpé, ou un mélange mi-chapelure, mi-parmesan râpé.

## Sauté de blanc de poulet désossé

1. Placez chaque morceau de poulet entre deux feuilles de papier paraffiné et aplatissez délicatement le côté épais à l'aide du plat d'un couperet afin d'en égaliser l'épaisseur sur toute la longueur. N'exagérez pas cependant, car si les morceaux sont trop fins, ils se dessécheront.
2. Roulez chaque morceau dans la farine, puis tapotez pour retirer l'excédent.
3. Trempez les morceaux dans de l'œuf battu salé et poivré.
4. Enduisez les deux côtés avec de la chapelure fraîche.
5. Sautez les blancs panés à

feu moyen dans du beurre clarifié ou de l'huile d'olive extravierge jusqu'à ce qu'ils soient dorés et fermes au toucher, c'est-à-dire de 3 à 4 min de chaque côté. Retournez-les une fois à l'aide d'une pince afin de ne pas craqueler la chapelure.

## Préparer des blancs de poulet à sauter

Une poitrine entière peut être divisée en deux moitiés qui seront cuisinées soit en laissant la peau et les os, soit, comme illustré ici, dépecées, désossées, puis sautées avec ou sans enrobage.

Il est plus économique d'acheter du blanc de poulet non désossé et de le désosser soi-même. Le filet, petit muscle qui se trouve le long d'un des côtés de la poitrine désossée, doit normalement être laissé en place. Pour certains plats cependant, tels que le blanc désossé pané, il est préférable de cuire le filet séparément, afin qu'il ne se détache pas du reste de la poitrine durant la cuisson. Le petit tendon qui longe le filet doit être retiré en raison de sa consistance caoutchouteuse et de son aspect peu engageant. Le blanc non dépecé peut presque être sauté comme un steak, à feu légèrement plus doux toutefois, et presque entièrement côté peau afin que celle-ci libère un maximum de graisse.

## Préparer deux morceaux de blanc désossés

1. Retirez la peau.
2. Introduisez un petit couteau d'office ou à désosser sous le bréchet afin de le dégager de la chair.
3. En poursuivant du même côté, faites glisser le couteau le long de l'os de la poitrine en maintenant le couteau contre l'os et en détachant la chair.
4. Continuez jusqu'à ce que vous ayez entièrement détaché la chair. Faites de même de l'autre côté.

## Retirer le petit tendon

1. Écartez le filet de chaque morceau de blanc désossé.
2. Introduisez un couteau d'office ou à désosser sous l'extrémité du petit tendon, du côté le plus épais du filet.
3. Posez le tendon du filet à plat sur la planche à découper. Plaquez le couteau contre le tendon, puis tirez avec l'autre main sur celui-ci en hochant d'un côté à l'autre jusqu'à ce qu'il se détache.

163

Voir également
Beurre noisette, page 46
Découper un poulet, page 151
Découper un canard, page 170
Sauter un steak, page 195

Termes du glossaire
Confit
Sauté

## Préparer de la poudre de cèpes

La poudre de cèpes peut remplacer la farine et autres enrobages pour sauter de la volaille, des fruits de mer, du veau et des ris. Si les cèpes ne sont pas parfaitement secs et fermes, faites-les d'abord sécher complètement sur une plaque mise au four à 120 °C (250 °F), de 15 à 45 min selon leur degré d'humidité.

1. Broyez les champignons à l'aide d'un robot.

2. Tamisez la poudre dans une passoire à maillage serré, en appuyant avec les doigts. Remettez dans le robot les morceaux trop gros, broyez-les, puis tamisez-les de nouveau.

## Préparer de la chapelure fraîche

La chapelure toute prête étant généralement rance et trop sèche pour former un enrobage délicat, cela vaut nettement la peine de la confectionner soi-même.

1. Prenez du pain frais (dont la mie doit être dense), et tranchez-en la croûte. Déchirez le pain en morceaux.

2. Broyez le pain avec un robot et tamisez les miettes dans une passoire à maillage serré en appuyant avec les doigts.

Voir également
Clarifier du beurre, page 46
Élaborer le beurre noisette, page 46
Aromatiser le beurre, page 47
Découper un poulet, page 151
Sauter des ris, pages 216 et 217

Termes du glossaire
Paner
Purée (pour plus de détails sur les passoires et les tamis)
Sauter

## Préparer une mousse de foie de poulet

Bien que le foie de poulet soit délicieux simplement sauté et servi avec une sauce au porto et aux échalotes, l'une des plus succulentes préparations est d'en faire une mousse. Ce foie est d'une saveur riche et entière et, une fois cuit et écrasé en purée, d'une texture lisse. Il existe plusieurs méthodes pour préparer cette mousse. L'une des techniques élémentaires consiste à écraser le foie cuit avec du beurre pour obtenir un mélange à texture homogène. Dans cette recette, on peaufine le tout en incorporant de la crème fouettée afin de rendre la mousse plus aérée.

Il est important de préchauffer la sauteuse à feu très vif. Si elle n'est pas assez chaude, le foie cuit à la vapeur au lieu de sauter, ne dore pas, et la mousse présente un goût faisandé. Cuisez les morceaux jusqu'à ce qu'ils reprennent leur forme lorsque vous appuyez dessus. Vous pouvez aussi y piquer un couteau pour vérifier la couleur, qui doit être à peine rose (cuisson à point) sans trace de cru. Le foie trop cuit rend la mousse granuleuse. Elle peut soit être servie dans des ramequins, soit façonnée en quenelles.

## Mousse de foie de poulet

1. Séchez les morceaux avec un torchon propre, salez, poivrez. Sautez-les à feu très vif au beurre clarifié ou à l'huile d'olive, dans une sauteuse à fond épais, en les retournant une fois, jusqu'à ce qu'ils soient fermes. Méfiez-vous des éclaboussures.
2. Versez les morceaux dans une jatte, puis videz la graisse brûlée de la sauteuse. Ajoutez des échalotes hachées, de l'ail et du thym frais dans la sauteuse et battez environ 1 min, jusqu'à ce que leur parfum se dégage. Versez du porto ou du vin de madère et réduisez à 2 c. à soupe.
3. Dans la jatte, ajoutez des morceaux de beurre aux morceaux de foie chauds afin de ramollir le beurre, puis versez la sauce. Passez le tout au robot jusqu'à ce que le mélange soit lisse.
4. Tamisez la purée afin de la rendre totalement homogène.
5. Incorporez de la crème fouettée à la mousse afin de l'alléger. Salez et poivrez. Servez dans des ramequins, ou façonnez en quenelles.

Terme du glossaire
Quenelle

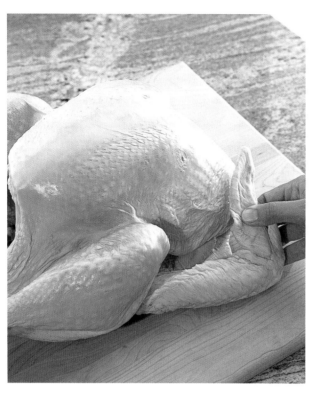

## Dinde rôtie

1. Repliez les articulations extérieures des ailes sous la dinde.

2. Répartissez dans un plat à four quelques légumes grossièrement coupés ainsi que la queue coupée en deux. Cela rehausse le goût et empêche que la dinde ne colle au plat. Les abattis peuvent également être ajoutés, mais ici, ils sont mis de côté pour la sauce.

3. Placez la dinde sur le plat à four et liez les pilons à l'aide de ficelle.

4. Recouvrez la poitrine avec de l'aluminium triple épaisseur

# Rôtir une dinde et préparer un jus lié aux abattis

Une dinde se rôtit de la même manière qu'un poulet, à la différence que le temps de cuisson est plus long en raison de sa taille. La température doit, par ailleurs, être plus faible, afin d'éviter que la peau ne dore trop avant que la dinde soit entièrement cuite. Le temps de cuisson exact et la température dépendent de l'animal, une dinde de très grande taille devant en général cuire à température plus faible qu'une petite. De même qu'avec un poulet, il faut recouvrir la poitrine avec du papier d'aluminium triple épaisseur enduit de beurre, puis le retirer au bout d'une heure. L'aluminium ralentit la cuisson de la poitrine, dont elle empêche ainsi la chair de cuire trop et de se dessécher avant que les pattes ne soient cuites.

Il est inutile de retirer le bréchet ou de brider la dinde. Il suffit de caler les ailes dessous, comme avec un poulet, et d'attacher les pilons afin qu'ils ne s'écartent pas durant la cuisson. Il est déconseillé de farcir une dinde, car le temps nécessaire à la cuisson de la farce implique en général que la dinde, elle, sera trop cuite.

enduit de beurre, rôtissez à 180 °C (350 °F) une heure environ, puis retirez l'aluminium.

5. Poursuivez la cuisson jusqu'à ce qu'un thermomètre indique 60 °C (140 °F) entre la cuisse et le blanc. Sortez la dinde du four, recouvrez d'aluminium sans serrer, puis laissez reposer au chaud (four éteint, par exemple) 30 min.

## Notes et astuces

- Il est déconseillé d'employer une grille, car celle-ci maintient la dinde au-dessus du plat, et le jus produit risque, par conséquent, de brûler tandis qu'il goutte sur le plat. La dinde risque, en outre, de coller à la grille et la peau, de se déchirer. Au lieu d'utiliser une grille, disposez quelques légumes grossièrement coupés ainsi que la queue coupée en deux, comme illustré, au fond d'un plat afin d'empêcher que la dinde n'attache. Les légumes contribuent, de plus, à parfumer le jus.

- La dinde est cuite dès qu'un thermomètre introduit entre la cuisse et le blanc (endroit le plus frais) indique 60 °C (140 °F). Il est préférable de recourir à cette méthode plutôt que de se fier à une minuterie.

- Pour les dindes non farcies, comptez environ 8 min par lb à 180 °C (350 °F) pour une grosse dinde et 10 min pour une plus petite.

- Pour les dindes farcies, comptez environ 10 à 12 min par lb à 180 °C (350 °F). Lorsque vous retirez l'aluminium au bout d'une heure, vérifiez si la dinde dore correctement. Si la peau ne dore pas, augmentez la température; si elle dore trop, baissez-la.

- Pour retirer la dinde du plat de cuisson afin de la placer sur le plat à découper, introduisez une cuillère en bois robuste dans la cavité et soulevez la dinde.

- Comptez ½ c. à soupe farine et de matière grasse (beurre ou graisse de dinde du plat de cuisson) pour lier 250 ml (1 tasse) de jus de dinde afin d'obtenir un jus lié léger.

4. Coupez la viande autre que blanche de la seconde articulation. Elle est plus juteuse que celle de la première articulation, sur le pilon.

5. Pratiquez une légère incision diagonale juste au-dessus de l'aile. Cela permettra aux tranches de se détacher tandis que vous découperez le blanc.

6. Découpez le blanc de la poitrine en tranches.

7. Aidez-vous de la fourchette.

8. Poursuivez la découpe jusqu'à la carcasse. À ce stade, vous apercevez l'articulation de l'aile. Introduisez-y un couteau et retirez l'aile. Si sa taille le permet, découpez sa viande en tranches.

## Découper une dinde rôtie

Avant de la découper, posez la dinde sur un plat. Placez une planche à découper, de préférence munie d'un creux pour recueillir le jus, à côté du plat.

1. Coupez le morceau de peau croustillante qui relie la cuisse à la poitrine.

2. Continuez à trancher en écartant la cuisse à l'aide de la fourchette jusqu'à atteindre l'articulation où la cuisse rejoint la poitrine. Tranchez l'articulation, enlevez la patte.

3. Posez la patte sur la planche et séparez la cuisse du pilon (l'articulation est plus profonde qu'il n'y paraît).

Voir également
Préparer un fond de poulet, page 30
Rôtir un poulet, page 146

Termes du glossaire
Déglacer
Dégraisser
Épaississant
Jus lié

Cette recette est une exception à la règle selon laquelle le foie n'est jamais inclus dans un fond ni dans un bouillon.

1. Pendant que la dinde rôtit, mélangez les abattis (gésier, cou, foie et cœur) dans une petite casserole avec quelques gousses d'ail, un oignon pelé et un bouquet garni. Recouvrez avec de l'eau ou du bouillon de poulet et mijotez doucement 1 ½ h, en écumant régulièrement.

2. Retirez les abattis du bouillon à l'aide d'une écumoire et mettez-le de côté. Détachez la viande du cou et mélangez-la aux autres morceaux d'abattis. Jetez l'os du cou.

3. Hachez les abattis moyennement fins. Ne les hachez pas trop menu, car ils n'apporteraient pas assez de consistance à la sauce.

4. Versez 250 ml (1 tasse) de bouillon d'abattis dans le plat à four. Grattez le fond de ce plat à l'aide d'une cuillère en bois afin de dissoudre les jus qui auraient caramélisé.

5. Filtrez le jus afin de le récupérer dans une saucière et laissez-le reposer quelques minutes afin que le gras remonte à la surface.

6. Dans le plat, versez 1 ½ c. à soupe de graisse de dinde par volume de 250 ml (1 tasse) de sauce désiré. Saupoudrez de la même quantité de farine. Remuez ce roux 2 min à feu moyen.

7. Ajoutez le jus de la dinde, sans le gras. Ajoutez davantage de bouillon de poulet s'il vous faut plus de sauce, mais n'oubliez pas que cela ne peut qu'atténuer le goût de dinde.

8. Incorporez les abattis hachés et assaisonnez à votre goût.

# Découper un canard

Leur peau étant généralement épaisse et grasse, il est difficile de rôtir les canards de la même manière que d'autres volailles. En effet, pour faire en sorte que la peau dégage un maximum de graisse et que le canard soit croustillant, celui-ci doit rôtir si longtemps que cela signifie immanquablement que la viande finit par être trop cuite. Pour y remédier, découpez le canard en cuisses, blancs et os de la carcasse. Vous pouvez braiser les cuisses, les confire ou les griller (étant plus coriaces que le blanc, elles nécessitent un temps de cuisson plus long). Vous pouvez faire sauter les cuisses afin que la peau soit croustillante, mais que la viande reste rose (page 157). Quant aux os de la carcasse, ils peuvent servir à préparer du bouillon de canard.

### Retirer les cuisses, les ailes et le blanc désossé d'un canard

1. Posez le canard à plat sur la poitrine et tranchez les ailes au niveau de l'articulation avec le corps. Veillez à ne pas entailler la chair de la poitrine.
2. Retournez le canard et tirez sur une cuisse vers l'avant en l'écartant. Tranchez la peau qui relie la cuisse à la poitrine, en maintenant la lame contre la cuisse. Suivez la couche de graisse qui se trouve sous la peau et qui s'étend du long de la cuisse jusqu'au dos.
3. Repliez la cuisse, placez le pouce contre sa base, et déboîtez-la de l'articulation.
4. Glissez le couteau le long du flanc du canard, à l'endroit où la chair de la cuisse est reliée au dos. Suivez les contours de l'os du dos, en laissant la chair attachée à la cuisse. Détachez la cuisse et faites de même avec l'autre.

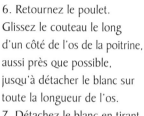

6. Retournez le poulet. Glissez le couteau le long d'un côté de l'os de la poitrine, aussi près que possible, jusqu'à détacher le blanc sur toute la longueur de l'os.
7. Détachez le blanc en tirant dessus, puis glissez le couteau sous le bréchet afin de le séparer du blanc.
8. Continuez à couper le long de l'os de la poitrine, en maintenant le couteau contre l'os afin de ne pas entailler le blanc avant de l'avoir entièrement détaché.
9. Sur la planche à découper, placez le blanc côté peau en dessous et éliminez l'excédent de peau et de gras (que vous pouvez également faire fondre pour obtenir de la graisse de canard). Faites de même avec l'autre blanc de la poitrine.

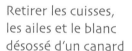

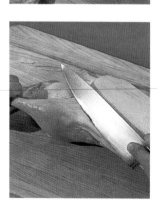

5. Tranchez le gros morceau de gras et de peau qui se trouve côté cou. Vous pouvez soit le jeter, soit le fondre afin d'en extraire la graisse, qui est excellente.

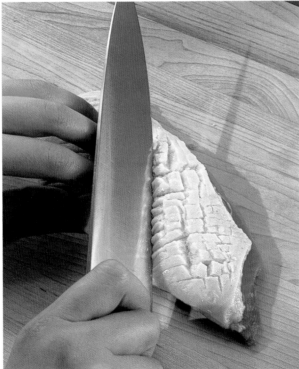

## Préparer un magret de canard à sauter

Le magret de canard étant généralement recouvert d'une épaisse couche de peau grasse, on enlève souvent la peau, solution regrettable car elle offre une saveur très riche. Une méthode plus judicieuse consiste à la strier délicatement afin que sa graisse fonde rapidement dans la sauteuse, ce qui lui permet de devenir croustillante avant que la viande ne soit trop cuite.

1. À l'aide d'un couteau de chef tranchant, pratiquez une vingtaine de fines incisions parallèles dans le gras de la peau, sans entailler la chair. Inclinez le couteau afin de pouvoir entailler le gras de biais et, ainsi, en exposer davantage.

2. Orientez le magret dans l'autre sens et pratiquez une seconde série d'incisions, à angle droit avec la première.

Voir également
Préparer un fond de poulet,
    page 30
Préparer des blancs de poulet,
    page 163

Termes du glossaire
Confit
Sauter

## Préparer des œufs à la coque ou cuits durs

Il s'agit ici d'œufs tout juste sortis du réfrigérateur. S'ils se trouvent à température ambiante, les temps de cuisson seront légèrement plus courts.

1. À l'aide d'une épingle, percez un trou minuscule dans la partie arrondie de chaque œuf. Cela permet à l'air emprisonné de s'échapper durant l'ébullition, ce qui évite que la coquille ne se fendille.

2. Plongez délicatement les œufs dans l'eau bouillante et minutez. Dès que l'eau recommence à bouillir, baissez le feu pour qu'elle frémisse et cuisez le temps nécessaire à la fermeté désirée.

Œuf cuit 3 min

Œuf cuit 4 min

## Faire bouillir des œufs

La meilleure manière de faire des œufs à la coque ou cuits durs afin de toujours obtenir le même résultat après le même temps de cuisson et d'empêcher la coquille de coller, ce qui les rend plus difficiles à écaler, consiste à plonger les œufs dans l'eau bouillante, puis à baisser le feu pour qu'elle frémisse. Une fois que les œufs sont cuits, retirez-les et placez-les dans un bol d'eau glacée pour arrêter la cuisson si vous comptez les servir froids. S'il s'agit d'œufs à la coque, servez-les immédiatement sans les plonger d'abord dans l'eau froide.

Quand des œufs durs sont trop cuits, l'extérieur des jaunes prend une couleur vert foncé peu appétissante, et les côtés sont pâles et secs. Dans la plupart des recettes comportant des œufs durs, il est donc recommandé de les remplacer par des œufs mollets, c'est-à-dire cuits de 6 à 8 min afin que les jaunes ne se dessèchent pas et qu'ils conservent une couleur vive et brillante.

Un œuf cuit 6 min est suffisamment ferme pour que le jaune conserve sa forme si vous l'entaillez.

## Notes et astuces

- Le temps de cuisson exact des œufs dépend de leur température lorsque vous les plongez dans l'eau bouillante, de leur nombre, et de la quantité d'eau que contient la casserole. Les temps sont indiqués ici pour 4 à 6 œufs tout juste sortis du réfrigérateur. Comptez un peu plus de temps si le nombre d'œufs est plus élevé.

- Pour un minutage fiable, utilisez toujours une quantité d'eau recouvrant les œufs de 5 cm (2 po) environ.

Un œuf cuit 8 min conserve un jaune de couleur vive et un cœur humide.

Un œuf cuit 10 min possède un jaune tout à fait ferme, mais il reste brillant.

Si vous comptez servir les œufs froids, plongez-les immédiatement dans l'eau glacée et laissez les reposer 5 min avant de les écaler. L'eau glacée empêche la coquille de coller.

# Pocher des œufs

Il est très facile de pocher des œufs: il suffit de veiller à maintenir l'eau en frémissement très léger. Si le frémissement est trop vif, les blancs se décomposent au lieu de se raffermir autour des jaunes (pour obtenir une forme parfaitement ovale, vous pouvez égaliser les œufs après la cuisson). Un soupçon de vinaigre ajouté à l'eau aide à coaguler les blancs. Les œufs doivent cuire jusqu'à ce que les blancs soient figés et opaques. Si vous ignorez s'ils sont assez cuits, sortez délicatement l'un des œufs à l'aide d'une écumoire et palpez le blanc: il doit être ferme. Si vous préparez des œufs pochés pour un grand nombre de personnes, pochez-les à l'avance, puis conservez-les au réfrigérateur dans un bol d'eau froide. Juste avant de les servir, égouttez délicatement l'eau froide, versez de l'eau bouillante dessus et laisser reposer environ 1 min, le temps de les réchauffer.

## Pocher des œufs

1. Brisez la coquille et ouvrez les œufs au-dessus d'une casserole d'eau frémissante additionnée de 1 c. à café (1 c. à thé) de vinaigre. Approchez-vous autant que possible de la surface de l'eau afin que les œufs ne se désintègrent pas.

2. Vous pouvez d'abord casser chaque œuf dans une tasse puis le verser dans l'eau, afin de ne pas vous brûler les doigts.

3. Dès que les blancs sont figés et opaques, sortez les œufs à l'aide d'une écumoire.

4. Égalisez le contour des blancs en coupant les parties mousseuses ou irrégulières. Servez immédiatement, ou placez les œufs dans un bol d'eau glacée et conservez-les au réfrigérateur jusqu'à ce que vous en ayez besoin.

## Préparer des œufs en cocotte

1. Mettez 1 c. à café (1 c. à thé) d'un mélange de légumes ou autres ingrédients dans chaque ramequin enduit de beurre. Il s'agit ici de tomates cuites concassées, de duxelles et d'épinards. Cassez un œuf dans chaque ramequin.

2. Versez 1 ou 2 c. à café (1 ou 2 c. à thé) de crème épaisse sur chaque œuf. Salez, poivrez et saupoudrez de parmesan.

3. Placez les ramequins dans une sauteuse juste assez grande pour qu'ils y tiennent tous. Versez de l'eau bouillante jusqu'à mi-hauteur des ramequins.

4. Faites cuire au four à 180 °C (350 °F), juste le temps nécessaire pour que les blancs coagulent mais que les jaunes demeurent baveux, c'est-à-dire environ 10 min. Servez avec des tranches de pain de mie grillées.

# Cuire des œufs au four

Les œufs en cocotte, œufs cuits individuellement dans des ramequins en porcelaine et accompagnés de mélanges tels que tomates cuites concassées, duxelles de champignons ou épinards à la crème, saupoudrés de crème épaisse et de fromage gratiné, sont délicieux. Le blanc de l'œuf se raffermit et le jaune à peine cuit se mélange à la crème pour former une sauce riche et délicieuse, parfumée par les autres ingrédients. Le tout est suffisamment mou pour que vous puissiez le manger à la cuillère ou avec des triangles de pain grillé trempés dans l'œuf. Cette recette convient particulièrement à l'utilisation de restes de mélanges de légumes ou de jambon, et aux crustacés tels que crevettes, crabe ou homard. Les œufs en cocotte se préparent au bain-marie afin que les blancs restent tendres et que les œufs cuisent uniformément.

Voir également
Préparer des tomates cuites concassées, page 50
Épinards à la crème, page 88
Préparer une duxelles, page 111

Terme du glossaire
Bain-marie

## Omelette nature

1. Faites fondre un peu de beurre à feu vif dans une poêle antiadhésive ou déjà bien graissée jusqu'à ce qu'il écume puis retombe. Ajoutez trois œufs battus, salez et poivrez, puis battez vigoureusement à la fourchette.

2. Dès que les œufs sont bien brouillés et qu'il reste très peu de liquide, inclinez la poêle puis repliez l'omelette vers le bas, de sorte que le bord forme un léger arrondi.

3. Donnez une secousse pour placer l'omelette de sorte qu'elle dépasse à peine du bord de la poêle.

4. À l'aide d'une fourchette, repliez la partie qui dépasse sur le reste de l'omelette.

5. Soulevez la poêle (de l'autre main éventuellement), puis retournez l'omelette sur une assiette chaude.

## Faire une omelette

L'art de préparer une omelette a acquis un statut un peu particulier, mais il suffit d'un peu de pratique pour en maîtriser la technique. Pour une omelette classique, les œufs doivent être entièrement cuits à l'extérieur, mais crémeux à l'intérieur.

La manière de farcir une omelette, le cas échéant, dépend de la garniture. De simples ingrédients hachés tels que des herbes peuvent être incorporés tandis que vous battez. Les ingrédients tels que le fromage, qui peuvent faire coller l'omelette à la poêle, doivent être saupoudrés sur l'omelette cuite juste avant de la rouler. Pour la farcir avec une préparation plus élaborée, telle que homard ou champignons, réchauffez la préparation à part, pratiquez une incision superficielle le long de la partie supérieure de l'omelette, puis versez-y délicatement la préparation.

### Œufs aux truffes

Voici une bonne astuce pour amortir au mieux vos truffes: conservez-les une nuit au réfrigérateur dans un récipient clos, avec les œufs entiers non décortiqués. Durant un ou deux jours faites des omelettes avec ces œufs ainsi parfumés.

# Préparer un soufflé

Pour préparer un soufflé, il faut incorporer des blancs d'œufs fermement battus à un mélange salé ou sucré, puis cuire le tout dans un moule à soufflé en porcelaine ou en métal. La plupart des soufflés salés, tels que celui ci-dessous, se préparent à partir d'une sauce béchamel, mais les soufflés sucrés se préparent à partir d'une crème pâtissière ou d'un sabayon léger fait de jaunes d'œufs battus aromatisés. Étant donné que les soufflés ne contiennent que très peu de farine, voire pas du tout, ils sont relativement instables (à la différence des gâteaux) et s'affaissent rapidement une fois hors du four, raison pour laquelle on les sert immédiatement.

## Soufflé au fromage

### Badigeonner le moule et faire un collier

1. Badigeonnez l'intérieur du moule avec du beurre ramolli ou fondu. Si vous utilisez du beurre fondu, refroidissez le moule beurré au réfrigérateur et badigeonnez-le une seconde fois afin de vous assurer que la couche de beurre est assez épaisse.

2. Pliez trois fois dans le sens de la longueur une feuille d'aluminium suffisamment longue pour envelopper le pourtour du moule. Avec du beurre ramolli ou fondu, badigeonnez la partie du collier qui dépassera du moule. Enroulez le collier autour du moule. Fixez-le avec un trombone ou en le pinçant.

3. Râpez finement du fromage tel que du parmesan afin d'en enduire le moule (ou utilisez de la farine).

4. Étalez le fromage râpé dans le moule en faisant tourner ce dernier afin que l'intérieur du moule et du collier soient tous deux recouverts d'une couche de fromage.

### À LA MAIN
Cassez l'œuf. Placez votre main bien propre au-dessus d'une jatte, puis versez l'œuf dans votre main. Laissez le blanc s'écouler entre vos doigts.

### AVEC LA COQUILLE
Cassez l'œuf, puis faites passer le jaune d'une moitié à l'autre de la coquille au-dessus d'une jatte jusqu'à ce que tout le blanc se soit écoulé dedans. Procédez avec précaution afin de ne pas briser les jaunes.

## Battre les blancs d'œufs

5. Si vous utilisez une jatte en cuivre, faites tourbillonner un mélange de vinaigre distillé et de sel afin de dissoudre le dépôt. Rincez à l'eau chaude, puis essuyez minutieusement avec une serviette propre. Enroulez un torchon humide autour de la base de la jatte afin de la maintenir en place.

6. Séparez les blancs des jaunes comme expliqué page 178. Si vous utilisez un batteur électrique, ajoutez une pincée de crème de tartare aux blancs avant de commencer à les battre. Si vous préférez, vous pouvez, comme illustré ici, briser les blancs en faisant tournoyer un fouet entre vos mains pendant 30 sec.

7. Commencez à battre doucement, puis accélérez peu à peu.

8. Les blancs ont atteint le niveau de fermeté nécessaire dès qu'ils forment une pointe horizontale sur le fouet.

## Incorporer les blancs à la base de préparation du soufflé

La base est agrémentée de parmesan et de gruyère.

9. Préparez une béchamel comme expliqué page 180. Ensuite, hors du feu, incorporez des jaunes d'œufs, normalement deux de moins que le nombre de blancs. Continuez à battre jusqu'à ce que le tout soit lisse.

10. Incorporez la moitié du fromage râpé au mélange obtenu.

11. Incorporez environ le quart des blancs battus.

12. À l'aide d'une spatule en plastique, incorporez la base du soufflé au reste des blancs. Faites glisser la spatule le long des bords et du fond de la jatte pour soulever les blancs et les mélanger.

13. Continuez à mélanger tout en saupoudrant le reste du fromage et en veillant à ne pas dégonfler les blancs mais plutôt à couper à travers, jusqu'à ce que le mélange soit lisse et homogène sans être trop travaillé.

14. À l'aide d'une cuillère, versez le mélange dans le moule à soufflé préparé auparavant.

## Préparer une sauce béchamel

1. Mélangez une quantité égale de farine et de beurre (voir encadré, page 181) dans une casserole épaisse.

3. Incorporez du lait dans le roux chaud.

2. À l'aide d'un petit fouet, remuez environ 3 min à feu moyen jusqu'à ce que le mélange, appelé un roux, soit lisse et dégage une odeur de grillé. Ne le laissez pas dorer.

4. Continuez à battre jusqu'à ce que le mélange soit lisse. La sauce se diluant à mesure que vous ajoutez du lait, veillez à la porter à ébullition afin qu'elle s'épaississe bien.

## Cuire et servir le soufflé

15. Placez le soufflé sur une plaque, glissez-la au four à 190 °C (375 °F), et faites cuire jusqu'à ce que le soufflé gonfle mais demeure légèrement flasque quand vous l'agitez doucement (un soufflé doit être légèrement moelleux à l'intérieur). Le temps de cuisson d'un soufflé pour 4 à 6 personnes est de 35 à 50 min. Retirez le collier, comme illustré page 177.

16. Servez immédiatement sur des assiettes chaudes à l'aide d'une grosse cuillère.

- Les moules à soufflé doivent être beurrés. Les moules des soufflés salés doivent ensuite être recouverts d'une fine couche de farine ou de fromage à pâte dure finement râpée pour éviter que le mélange n'attache, ce qui l'empêcherait de gonfler. Pour les soufflés sucrés, le moule doit être enduit de beurre et de sucre.

- Un collier en papier d'aluminium maintient le mélange en place tandis qu'il se dilate afin que le dessus ne se renverse pas. Le collier doit être enduit comme le moule.

- Si vous devez séparer un grand nombre d'œufs, placez-vous au-dessus d'une petite jatte, puis ne transvasez que quelques blancs à la fois, voire un seul pour plus de précaution, dans une grande jatte. Si par inadvertance un jaune glisse, vous ne gâcherez pas tout.

- Lorsque l'on bat des blancs, il est essentiel qu'ils n'entrent en contact avec aucune trace de jaune, de graisse ni d'humidité, qui empêchent les blancs de monter. Veillez à ce que vos mains, jattes et ustensiles soient parfaitement propres et secs.

- Traditionnellement, on se sert d'une jatte en cuivre pour battre les blancs d'œufs, car ce métal agit dessus de sorte qu'une fois battus, ils restent fermes. Une jatte en cuivre doit être débarrassée de ses impuretés avant chaque utilisation, en y faisant tourbillonner un mélange de vinaigre distillé et de sel afin de les dissoudre, puis en la rinçant et en la séchant minutieusement.

- Ajoutez une pincée de sel avant de battre les blancs afin qu'ils montent plus facilement. Si la jatte n'est pas en cuivre, ajoutez une pincée de crème de tartare afin de stabiliser les blancs.

- Battez les blancs à l'aide d'un gros fouet ou d'un batteur électrique, de préférence à mouvement giratoire horizontal.

- Pour que le mélange demeure aéré et léger, les blancs doivent être correctement incorporés à la préparation de base. Allégez d'abord la base en y incorporant le quart des blancs battus, puis ajoutez le reste.

- Le fromage doit être sec et fort. S'il est trop doux, il en faudra trop pour donner du goût au soufflé, qui par conséquent sera lourd.

- Proportions pour un moule de 2 litres (8 tasses)

  Roux : 4 ½ c. à soupe de beurre et la même quantité de farine

  Béchamel : obtenue en ajoutant 375 ml (1 ½ tasse) de lait au roux

  Œufs : 6 gros jaunes, ajoutés à la béchamel

  8 gros blancs, battus jusqu'à ce qu'à la fermeté nécessaire, puis incorporés

  Fromage râpé (ou autres ingrédients) : 180 g (1 ½ tasse) environ, selon les ingrédients

181

Termes du glossaire
Sabayon
Sauce blanche

Viandes

# Rôtir un gigot d'agneau

Un gigot d'agneau est un rôti copieux, alternative aussi satisfaisante mais moins coûteuse que la selle ou le carré. Certains cuisiniers le désossent complètement, mais il est préférable de ne le faire que partiellement afin de faciliter la découpe. Vous pouvez laisser au moins deux os, car ceux-ci rehaussent le goût et permettent une présentation plus soignée. Le gigot doit être ficelé en trois endroits afin de maintenir les lambeaux de chair autour de la hanche, ce qui assure une cuisson uniforme.

Pour rôtir un gigot, il suffit de le placer dans un plat à fond épais, puis de le mettre au four chaud, sans grille. Une fois le gigot cuit, vous pouvez dégraisser le jus obtenu et le servir tel quel. Pour un jus plus abondant, et plus savoureux, faites rôtir le gigot sur un lit composé d'os et de chutes de ce même gigot, de carottes, et d'une poignée de gousses d'ail non épluchées ou bien d'oignons ou échalotes hachées. Déglacez ensuite le plat avec du bouillon ou de l'eau, puis filtrez le jus, auquel vous pouvez apporter une touche supplémentaire en l'épaississant avec l'ail du rôti écrasé en purée.

184

## Notes et astuces

- Un gigot d'agneau entier, pelvis compris (os de la hanche), doit peser de 3 à 3,5 kg (7 à 8 lb); l'agneau ne doit pas avoir plus d'un an.

- Si vous achetez un gigot chez le boucher, il retirera le gros morceau de pelvis et l'os de la queue, mais si vous l'achetez en supermarché, vous devrez peut-être le faire vous-même.

- La température de cuisson est déterminée par le temps qu'il faut pour dorer la viande sans qu'elle ne soit trop cuite. Le gigot étant plus gros que le carré, il doit rôtir à une température inférieure (200 °C / 400 °F).

- Étant donné qu'un gigot doit rôtir longtemps, il est probable que le lit d'os et de chutes sera doré à point lorsque vous sortirez le gigot du four. Si ce n'est pas le cas, avant de déglacer le plat, faites dorer le lit un peu plus longtemps sur le feu.

## Gigot d'agneau

1. Repliez les lambeaux de viande situés à l'extrémité du gigot.

2. Attachez deux morceaux de ficelle autour du gigot, dans le sens de la longueur, en les serrant de part et d'autre du jarret d'un côté et sur le lambeau de l'autre côté. Attachez ensuite un autre morceau de ficelle autour du gigot, dans le sens de la largeur.

3. Placez le gigot dans un plat à fond épais, salez et poivrez, puis entourez-le d'os et de petits morceaux de chutes.

4. Faites rôtir au four à 200 °C (400 °F) de 50 min à 1 h environ, jusqu'à ce qu'un thermomètre inséré dans la partie la plus épaisse indique soit de 50 à 55 °C (122 à 131 °F) pour une cuisson entre saignante et à point, soit une température plus élevée, selon votre goût. Au bout de 20 min de cuisson, répartissez autour du gigot les gousses de deux têtes d'ail.

5. Une fois que le gigot est cuit, sortez-le du plat. Recouvrez-le d'une feuille d'aluminum lâche et laissez reposer de 20 à 30 min. Versez dans le plat du fond brun de poulet, d'agneau ou de bœuf. Mettez le plat sur le feu et faites mijoter tout en raclant le fond avec une cuillère en bois.

6. Filtrez le jus, en mettant l'ail de côté, puis dégraissez-le à l'aide d'une louche ou d'une écumoire. Transvidez les gousses d'ail dans une passoire ou un robot muni de l'accessoire le plus fin. Faites passer les gousses à travers la passoire en les écrasant avec le dos d'une cuillère, comme illustré, ou faites-en une purée à l'aide du robot.

7. Avec un fouet, incorporez le jus dégraissé à la purée d'ail, versez le tout dans une saucière, et servez-le à table.

## Pour découper un gigot

Deux méthodes peuvent être appliquées pour découper un gigot, en fonction de la taille de la pièce. Pour les gros gigots, le couteau est maintenu presque perpendiculaire à l'os. Les tranches ne sont détachées de l'os qu'avec une seconde découpe le long de l'os. Pour les gigots de plus petite taille, il est possible de ne faire qu'une seule découpe en maintenant le couteau presque parallèle à l'os. Pour découper le gigot, maintenez-le incliné, puis tranchez légèrement de biais, presque parallèlement à l'os.

1. Posez le gigot sur une planche à découper munie d'un creux. Découpez en tranches le long du gigot.

2. Continuez jusqu'à ce que vous parveniez à l'os.

3. À mesure que vous les coupez, placez les tranches sur un plat maintenu au chaud.

4. Continuez à couper les tranches jusqu'à l'os, sans les en détacher complètement.

5. Faites glisser le couteau sur l'os pour en détacher les tranches.

6. Retournez le gigot, inclinez-le vers le haut, et tranchez en biais le long du côté supérieur.

7. Placez les tranches sur un plat.

Voir également

Préparer un fond de poulet,
   page 30

Vérifier la cuisson,
   page 66

Faire dorer les chutes,
   page 188

Retirer le morceau de pelvis
   et l'os de la queue du gigot
   et trancher le jarret,
   page 242

Termes du glossaire

Déglacer

Dégraisser

Épaississant

Jus

Rôtir (et laisser reposer)

# Rôtir un carré d'agneau et préparer un jus

La cuisson en rôti est la méthode idéale pour préparer un carré d'agneau, pièce tendre et savoureuse. De cuisson rapide, elle est aussi l'une des plus chères. Pour rôtir un carré d'agneau, il suffit de le mettre au four et de le cuire jusqu'à ce que l'extérieur soit d'un doré croustillant et que l'intérieur soit saignant.

Le carré d'agneau se sert traditionnellement avec le jus rendu durant la cuisson. Toutefois, le carré devant rester saignant ou à point, il ne dégage que très peu de jus; c'est pourquoi on déglace généralement le plat avec de l'eau ou du bouillon afin de le rallonger. Cette opération dissout également les sucs qui ont caramélisé et restent collés au fond du plat. L'ajout de liquide diluant la saveur du jus, on rôtit généralement le carré sur une couche d'os grossièrement hachés, de chutes de viande (du carré lui-même si possible), et de légumes aromatiques. Cette couche dore en même temps que le rôti et, lorsque vous versez le liquide dans le plat, elle libère une saveur qui en rehausse le goût.

## Notes et astuces

- Quand vous achetez un carré chez le boucher, assurez-vous que l'os central du dos, appelé l'os de la longe, a été enlevé; si vous ne prenez pas cette précaution, le carré sera impossible à découper. Si votre boucher se montre vraiment coopératif, il acceptera peut-être de préparer le carré en débarrassant les côtes de leur chair et de leur graisse afin que les os dépassent de la pièce, comme illustré ci-contre.

- Comme pour tout autre rôti, il est conseillé de faire cuire le carré d'agneau dans un plat juste assez grand pour le contenir, et sans grille. Si le plat est trop grand, le jus libéré risque de s'écouler vers les bords et de brûler. Si vous faites rôtir le carré sur une grille, il y a également plus de risques que le jus brûle, car il gouttera sur la lèchefrite, que le carré ne touche pas.

- Si vous comptez faire un jus, des chutes d'agneau sont nécessaires. Demandez au boucher une poignée de chutes de carré ou de selle, ou bien des morceaux de viande de ragoût de mouton ou de côtelettes d'épaules découpés en lanières afin qu'ils cuisent rapidement. Vous pouvez aussi employer les chutes obtenues en présentant le carré côtes apparentes.

- Les chutes devant rôtir 45 min pour libérer leur saveur alors que le carré n'en demande que 25, vous devez soit les faire rôtir pendant 20 min avant d'ajouter le carré (page 188), soit, une fois que le carré est cuit, les caraméliser en les laissant au four ou en les mettant sur le feu et en remuant avec une cuillère en bois (pendant que vous caramélisez les chutes après avoir sorti le rôti du four, veillez à maintenir ce dernier au chaud).

- Laissez le carré reposer au chaud de 10 à 20 min avant de le découper.

187

Voir également
Préparer un fond de poulet,
  page 30
Vérifier la cuisson,
  page 66
Rôtir un carré de porc,
  page 189
Débiter un double carré
  d'agneau, page 244
Découvrir les côtes d'un carré
  d'agneau, page 246
Rôtir une selle d'agneau,
  page 250

Termes du glossaire
Déglacer
Dégraisser
Jus
Légumes aromatiques
Mirepoix
Rôtir

## Carré d'agneau rôti

Comme illustré page 187, les chutes et l'ail doivent prérôtir pour donner du jus.

1. Préchauffez le four à 220 °C (425 °F). Placez les chutes et l'ail dans un plat et faites rôtir durant 20 min. Posez le carré sur ce lit et faites rôtir jusqu'à ce que la température intérieure atteigne 50 °C (122 °F), environ 25 min. Vous pouvez également vérifier la cuisson en appuyant sur une extrémité du carré. Dès que la viande commence à reprendre sa forme, il est cuit. Placez le carré sur un plat de service et maintenez-le au chaud.

2. Si les chutes ne sont pas bien dorées, remettez-les sur le feu pendant quelques minutes. Remuez avec une cuillère en bois afin qu'elles dorent uniformément. Inclinez le plat, et dégraissez le jus.

3. Versez 250 ml (1 tasse) de bouillon d'agneau, de poulet ou de bœuf dans le plat.

4. Mettez le plat à feu vif et remuez environ 5 min afin d'extraire la saveur des chutes. Filtrez le jus et versez-le dans une saucière.

5. Découpez le carré entre les côtes et servez avec le jus.

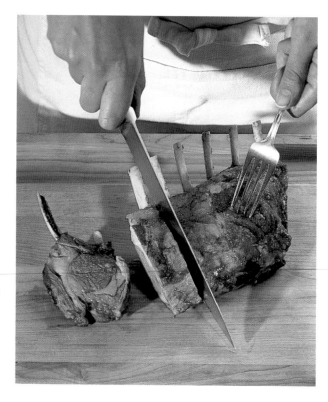

# Rôtir un carré de porc

Un carré de porc correspond au morceau des côtes du filet. Lorsque vous achetez un carré de porc, demandez la partie centrale des côtes secondes. Précisez le nombre de côtes voulu, en comptant une par personne. Demandez au boucher de couper l'os de la longe, ce qui facilite la découpe du rôti, et de vous le garder. Le filet de porc est généralement vendu désossé. Le filet de porc désossé cuit plus vite et, bien sûr, ne nécessite pas que l'on découvre les côtes, mais il a moins d'allure et n'est pas tout à fait aussi savoureux, car aucun os ne retient le jus. Vous pouvez découvrir les côtes d'un carré de porc, puis le rôtir tout comme un carré d'agneau dans un plat à fond épais, sans grille, avec ou sans chutes, et le servir avec son jus. Découvrir les côtes permet d'obtenir des chutes qui, de même que l'os de la longe, pourront servir à produire du jus. Le carré de porc étant plutôt maigre, il se dessèche s'il est trop cuit. Il doit être cuit juste à point afin que la viande soit à peine rose. Il en va de même pour le carré de veau. La manière la plus simple de découper un carré de porc est la même que pour un carré d'agneau ou de veau: les côtelettes sont simplement tranchées afin que chaque convive en ait une entière. Pour des portions plus petites, taillez les tranches afin qu'elles soient moins épaisses (ou faites rôtir un filet désossé).

## Carré de porc rôti

Il s'agit ici d'un carré formé par les cinq côtes les plus proches de l'extrémité arrière du filet de l'animal.

1. Éliminez l'excédent de graisse de la partie supérieure des côtes, mais sans entailler le muscle. Faites rôtir au four à 200 °C (400 °F) pendant 45 min environ afin que la température interne atteigne 60 °C (140 °F). La viande sera à peine rose.

2. Vérifiez la cuisson à l'aide d'un thermomètre à lecture instantanée ou, comme illustré ici, en appuyant sur les extrémités du rôti: si le rôti est ferme au toucher, il est cuit. Après l'avoir recouvert d'une feuille d'aluminium lâche, laissez-le reposer environ 15 min (sa température interne augmentera de 2 ou 3 °C / 35 ou 37 °F).
(La photo des pages 182 et 183 représente un rôti de carré de porc aux légumes.)

## Pour découper un carré de porc rôti

### Méthode 1 (côtelettes entières)

1. Maintenez le carré avec une fourchette ou une serviette.
2. Tranchez le carré entre chaque côte, puis servez-en une entière à chaque convive.
3. Ici, chaque assiette est garnie de tomates au four à l'ail et au basilic.

### Méthode 2 (tranches fines sans os)

1. Faites glisser le couteau contre l'intérieur des côtes.
2. Détachez les côtes en maintenant le couteau contre les os. (Veillez à conserver les os pour les ronger.)
3. Découpez la viande selon l'épaisseur désirée.

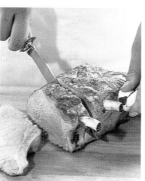

### Notes et astuces

• Un filet de porc entier est une grosse pièce de viande qui s'étend de la base de l'épaule au sommet de la cuisse. En gros, il se divise en deux sections: la section des côtes premières et secondes, et la section des côtes filet, vers l'arrière-train. Une fois découpée, la section des côtes donne les côtelettes habituelles. L'arrière-train donne des côtelettes de filet, qui contiennent deux muscles importants (filet et contre-filet) et qui ressemblent à des steaks en T miniatures. Les côtes les plus proches de la pointe, appelées côtes filet, sont légèrement plus maigres et plus présentables que celles situées vers l'épaule. Les côtes les plus proches de l'épaule sont plus grasses et leur os, plus petit, est moins décoratif.

# Rôtir une côte de bœuf

Une côte de bœuf se rôtit exactement comme un carré de porc ou d'agneau, c'est-à-dire dans un plat à fond épais, sans grille. Elle se sert traditionnellement accompagnée d'un jus. Vous pouvez rôtir une côte de bœuf soit seule, soit, pour obtenir plus de jus, sur un lit de chutes (utilisez les chutes des côtes elles-mêmes, ou achetez de la viande de ragoût de bœuf et découpez-la en petits morceaux). Une côte de bœuf rôtie tenue debout est trop grosse pour être découpée en côtelettes comme un carré. Vous devez soit la poser sur le flanc et trancher vers l'os, en détachant petit à petit les tranches, soit séparer d'abord la viande puis la découper en tranches.

## Côte de bœuf rôtie

1. Ficelez le rôti entre les côtes afin de former une pièce plus ronde qui cuira plus uniformément.
2. Faites rôtir à 200 °C (400 °F) jusqu'à ce qu'il soit doré, environ 45 min, puis baissez le four à 180 °C (350 °F) et poursuivez la cuisson jusqu'à ce que la température du centre du rôti atteigne environ 50 °C (122 °F) pour une viande saignante, 55 °C (131 °F) pour une viande à point.
3. Un cuisinier professionnel plante en général une brochette métallique dans le rôti puis l'effleure des lèvres afin de tester la cuisson. Vous pouvez vous y entraîner en consultant un thermomètre instantané et en vous le portant aux lèvres.

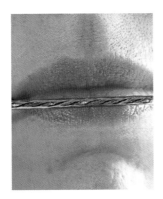

## Notes et astuces

- Commandez les rôtis par nombre de côtes. Une côte donnant une ration copieuse pour deux personnes, une pièce de trois côtes convient amplement pour six.
- La section des côtes provenant du côté cuisse est moins grasse que celle du côté épaule.
- En raison de la taille relativement importante d'un rôti de côtes, il est conseillé de le dorer à température assez élevée (200 °C / 400 °F), puis de continuer à température plus basse (180 °C / 350 °F). Il faut compter 45 min pour dorer un rôti de 2,5 kg (5 ½ lb) à 200 °C (400 °F), puis 40 min à 180 °C (350 °F) pour une viande saignante.
- Une fois le rôti cuit, maintenez-le au chaud (partie arrière de la cuisinière par exemple) sous une feuille d'aluminium lâche, puis laissez-le reposer de 20 à 30 min avant de servir.
- Vous pouvez rôtir les autres pièces de bœuf de la même façon qu'une côte, mais le temps de cuisson sera quelque peu différent. Ne suivez jamais aveuglément les consignes de température et de poids (tant de min par kg), car la forme du rôti influe sur le temps de cuisson. Un rôti allongé et mince, tel que le faux-filet, cuit plus vite qu'un rôti rectangulaire (rôti de côtes debout par exemple) du même poids.

Le filet de bœuf cuit très vite, 25 min ou moins selon la taille, car il s'agit d'un morceau allongé et mince que la chaleur pénètre rapidement, et qui, de plus, se sert saignant. La difficulté consiste à le laisser au four assez longtemps pour qu'il dore sans être trop cuit. À moins d'être sûr que le four chauffe suffisamment pour dorer le rôti avant de le cuire à l'excès, faites-le d'abord dorer sur le feu puis rôtir à 200 °C (400 °F) Avant de le rôtir, repliez l'extrémité peu charnue sous le filet et ficelez-la pour égaliser l'épaisseur.

Le rond de tranche et le gîte à la noix sont moins tendres que la côte ou le filet, mais relativement bon marché et excellents en fines tranches dégustées en sandwichs. Le gîte à la noix, en raison de sa petite taille, doit d'abord être doré sur le feu de chaque côté avant de rôtir à 200 °C (400 °F) jusqu'à ce qu'il soit saignant. Le rond de tranche peut être rôti de la même façon que le rôti de côte.

## Pour découper un rôti

### Méthode 1

1. Tranchez la viande le long de la côte supérieure.
2. À mesure que vous tranchez, la chair se détache.
3. Découpez en biais vers l'os, en plaçant les tranches sur un plat.

### Méthode 2

1. Tenez le rôti debout avec une serviette et tranchez le long de l'intérieur des côtes.
2. Maintenez le couteau contre les côtes afin de ne pas entailler la viande. Retirez les côtes.
3. Découpez en tranches et disposez la viande sur un plat.

Voir également
Préparer un jus simple, page 148
Rôtir un carré d'agneau, page 187
Allonger le jus avec les os et les chutes, page 188
Rôtir un carré de porc, page 189
Saisir sur le feu avant de rôtir, page 191

Termes du glossaire
Jus
Rôtir (également pour vérifier la cuisson de rôtis de tailles diverses et savoir laisser reposer)

# Griller des côtelettes et des steaks

La grillade donne aux steaks et aux côtelettes une saveur légère et fumée unique à cette méthode. La chaleur intense que dégage le gril saisit la viande, qui forme une croûte d'une saveur exceptionnelle, sans ajout de graisse. Les steaks et côtelettes grillés sont traditionnellement servis avec du beurre aromatisé ou une sauce béarnaise, mais ils sont également délicieux avec des mayonnaises, vinaigrettes ou autres. Choisissez une sauce à l'acidité relevée afin qu'elle équilibre et souligne la richesse de la viande. Vous pouvez également griller de plus grosses pièce de viande, telles qu'un gigot fendu et ouvert ou un filet de bœuf entier. Les grosses pièces se cuisinent différemment des petites, car leur temps de cuisson est plus long. Faites-les dorer sur le point le plus chaud du feu afin de former une belle croûte sur chaque face, puis poursuivez à feu moins vif afin que la chaleur ait le temps de pénétrer la viande sans qu'elle ne brûle l'extérieur.

Tout comme le gril, le grilloir cuit la viande avec une chaleur intense et un minimum de graisse, mais dans ce cas, la source de chaleur se trouve au-dessus, et non en dessous. En général, le grilloir ne dore ni ne parfume les aliments autant que le gril, mais il s'avère pratique en cas de météo adverse. Plus loin est illustrée la cuisson au grilloir d'un assortiment de viandes, qui, bien sûr, pourrait tout autant être grillées. Lorsque vous placez des aliments sous le grilloir, commencez par positionner la plaque près de la source de chaleur, puis descendez-la si la viande dore trop vite.

Les viandes cuisinées au gril ou au grilloir doivent d'abord être légèrement badigeonnées d'huile afin d'empêcher qu'elles n'attachent.

## Steaks grillés

Un poêle à fond cannelé est une alternative possible lorsque les conditions météo sont défavorables.

1. Préchauffez le gril ou la poêle et badigeonnez légèrement, ainsi que les steaks, avec de l'huile. Grillez les steaks de 2 à 4 min, selon la cuisson désirée.

2. Faites pivoter les steaks de 90 degrés et grillez-les de 2 à 4 min supplémentaires afin de les orner de hachures.

3. Retournez les steaks et grillez l'autre face selon la cuisson désirée.

193

## Côtelettes de porc et d'agneau grillées au four

1. Disposez sur le grilloir les côtelettes légèrement huilées et assaisonnées.

2. Retournez-les régulièrement pour surveiller si elles dorent correctement. Retirez l'agneau avant le porc (ou mettez-le plus tard), car l'agneau cuit plus vite.

### Notes et astuces

- Si vous cuisinez plusieurs sortes de viandes à la fois, retenez bien que les côtelettes de porc doivent cuire plus longtemps que l'agneau ou autres viandes rouges. À moins qu'elles ne soient très fines, il est conseillé de commencer la cuisson des côtelettes de porc avant d'ajouter les autres viandes.

  Les côtelettes de porc doivent cuire jusqu'à atteindre 60 °C (140 °F) pour être à point. Les côtelettes d'agneau peuvent cuire jusqu'à 50 °C (122 °F) (saignant), ou jusqu'à 55 °C (131 °F) (entre saignant et à point).

- Il est probable que les viandes très marbrées ou bordées de gras provoquent des flammes en grillant, car ce gras goutte sur les braises et prend feu. Il existe plusieurs méthodes pour limiter ces flammes.

  Débarrassez la viande de l'excédent de gras.

  À l'aide d'un vaporisateur, projetez un filet d'eau froide sur les braises qui s'enflamment.

  Éloignez les morceaux de viandes des endroits où se produisent les flammes.

  S'il s'agit d'un barbecue couvert, placez les braises d'un côté et disposez la viande de l'autre afin que la graisse fondue ne goutte pas dessus. (Si la place le permet, vous pouvez même placer une casserole d'eau sous la viande afin de récupérer la graisse qui s'écoule et l'empêcher de dégager la fumée et la suie qui altèrent le goût des aliments.)

# Sauter des steaks, côtelettes, noisettes et médaillons (et obtenir une sauce rapide)

Le sauté est une excellente méthode pour cuisiner des steaks et autres pièces relativement petites telles que côtelettes et médaillons. La chaleur élevée forme une croûte savoureuse à l'extérieur de la viande tout en la dorant assez vite pour que l'intérieur reste juteux et saignant. Si vous sautez des steaks, veillez à ne pas les retourner ni à les remuer comme des aliments plus petits (champignons, coquilles Saint-Jacques), mais au contraire, à les dorer entièrement d'un côté avant de les retourner. Si vous les retournez en permanence, la viande n'a aucune chance de dorer.

L'un des atouts supplémentaires de cette méthode est qu'elle donne des sucs caramélisés que vous pouvez déglacer avec une multitude de liquides et épaissir légèrement afin de confectionner une sauce rapide. Un steak ou une côtelette relativement tendres peuvent être préparés comme le steak de jarret présenté ici.

Si vous servez plus de quelques steaks de faux-filet, il est plus avantageux d'acheter la pièce entière, puis de la parer et de la découper vous-même. Les faux-filets de porc et de veau peuvent également être parés, découpés en tranches épaisses et sautés de la même manière.

## Médaillons, noisettes et escalopes

Nous connaissons tous les steaks et les côtelettes. Un steak est une tranche de viande relativement épaisse, de bœuf normalement, avec ou sans os. Les côtelettes comportent toujours un os et proviennent normalement d'animaux autres que le bœuf. Les morceaux plus petits sans os, tels que les tranches de filet de porc ou de veau, s'appellent des médaillons. Ils sont ronds, d'environ 8 cm (3 po) de diamètre et 1 cm (½ po) d'épaisseur. Les très petites tranches de viandes, tirées des plus petites pièces sans os telles que le faux-filet de porc ou de veau, s'appellent des noisettes. Elles sont d'un diamètre de 2,5 cm (1 po) environ et d'une épaisseur allant de 1 à 3 cm (½ à 1 po). Les escalopes sont des tranches de sous-noix en général, plus grosses mais plus fines que les médaillons et noisettes.

## Notes et astuces

- Le sel extrait l'humidité de la viande, ce qui rend la surface moite et peut l'empêcher de dorer. Si possible, assaisonnez la viande 1 h à l'avance, puis séchez-la avec un tampon de papier absorbant. Sinon, assaisonnez-la juste avant ou après la cuisson.

- Faites sauter à feu vif dans de l'huile (ou de la graisse de canard fondue si possible). Si, à un quelconque moment, la viande ou la poêle brûle, baissez le feu.

- Chauffez l'huile jusqu'à ce qu'elle commence à peine à fumer, ajoutez le steak, faites cuire une face jusqu'à ce qu'elle soit complètement dorée, puis retournez-le et faites-le cuire jusqu'à la cuisson désirée.

- Après avoir retiré le steak, vous pouvez ajouter des échalotes finement hachées ou autres ingrédients aromatiques tels qu'ail ou oignon finement haché, carottes et céleri, et les faire revenir quelques instants avant de déglacer afin de rehausser le goût.

- Pour réaliser une sauce, déglacez avec de l'eau ou du bouillon, ou du vin d'abord puis du bouillon, en réduisant après chaque ajout jusqu'à une consistance légèrement sirupeuse (sans bouillon, le liquide n'épaissit pas; réduisez-le simplement jusqu'à environ 1 c. à café (1 c. à thé) par personne). À moins que le bouillon ne soit très concentré, versez un volume de vin pour deux de bouillon, en comptant de 60 à 125 ml (¼ à ½ tasse) de vin pour quatre personnes. Épaississez en incorporant du beurre ou de la crème et réduisez.

## Bavette sautée à la sauce au vin rouge

1. Dans une sauteuse à fond épais juste assez grande pour contenir la viande, faites chauffer une petite quantité d'huile à feu vif. Séchez la viande, assaisonnez-la (si vous ne l'avez pas fait à l'avance), faites dorer les deux faces, puis cuisez à votre goût.

2. Videz la graisse et jetez-la.

3. Versez du liquide (bouillon, eau ou vin, comme illustré ici) dans la sauteuse chaude.

4. Raclez le fond de la sauteuse avec une cuillère en bois afin de dissoudre les sucs caramélisés. Réduisez le vin jusqu'à ce qu'il n'en reste que quelques cuillerées.

5. Ajoutez du bouillon de bœuf ou de poulet, puis réduisez à nouveau jusqu'à ce que la sauce soit légèrement sirupeuse.

6. Incorporez du beurre jusqu'à ce que la sauce ait atteint la consistance désirée, puis assaisonnez à votre goût.

7. Découpez la bavette en fines tranches, en travers de la fibre et de biais (technique conseillée pour les pièces plus coriaces, qui semblent plus tendres en tranches fines).

8. Nappez de sauce chaque assiette, ou servez-la dans une saucière.

## Tournedos de bœuf sauté sauce poivre vert

1. Faites dorer à feu vif les deux faces des tournedos dans une petite quantité d'huile. Prolongez la cuisson selon votre goût. Retirez du feu et maintenez au chaud.

2. Videz la graisse et jetez-la. Ajoutez des échalotes hachées et remuez environ 1 min, jusqu'à ce qu'elles dégagent leur parfum.

3. Déglacez la sauteuse avec du vin (ici, du madère sucré) et faites mijoter jusqu'à ce qu'il n'en reste que quelques cuillerées.

4. Ajoutez du bouillon de bœuf ou de poulet, puis réduisez jusqu'à ce que la sauce soit légèrement sirupeuse.

5. Ajoutez des grains de poivre vert, un peu de cognac, puis écrasez les grains avec une fourchette.

6. Incorporez des cubes de beurre froid. Si la sauce est trop épaisse, éclaircissez-la au bouillon et salez à votre goût.

7. Nappez les steaks de sauce et servez.

Voir également
Préparer un fond de poulet,
  page 30
Vérifier la cuisson,
  page 66

Termes du glossaire
Caraméliser
Déglacer
Dégraisser
Épaississant (épaissir au
  beurre ou à la crème)
Monter au beurre
Poêler
Sauter

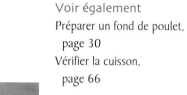

## Pour découper un tournedos de bœuf en tranches

Parez le tournedos, puis découpez-le en tranches de l'épaisseur désirée.

## Pour parer un faux-filet de porc et le découper en noisettes

1. Retirez la membrane blanche du faux-filet en enfilant un couteau dessous, en l'étirant, puis en tranchant vers le haut en maintenant le couteau légèrement vertical.
2. Découpez le faux-filet en noisettes de 2 à 3 cm (1 po) d'épaisseur.

# Sauter un petit filet de porc, de veau ou de gibier entier

Les petits filets de porc, de veau et de gibier peuvent être soit découpés en médaillons et sautés comme des steaks, soit sautés entiers puis découpés en tranches comme un rôti. Le filet se sert accompagné d'une sauce préparée à partir des sucs de la sauteuse déglacés.

## Filet de gibier sauté

1. Enfilez un couteau sous la membrane qui recouvre le filet. Faites-le glisser jusqu'au bout, en maintenant la lame en position légèrement verticale.
2. Tournez le couteau dans l'autre sens, puis tout en tirant sur la membrane, faites-le glisser jusqu'à l'autre bout. Détachez le ruban de membrane. Recommencez pour enlever toute la membrane.

3. Faites dorer le filet sur toutes ses faces dans une sauteuse à fond épais juste assez grande pour le contenir, puis poursuivez la cuisson à votre goût. Si vous désirez une cuisson plus que saignante (déconseillé), finissez au four à 200 °C (400 °F).
4. Découpez en tranches.
5. Servez avec des légumes rôtis et une sauce obtenue en déglaçant la sauteuse avec un peu de porto puis épaissie avec de la crème.

199

## Voir également
Vérifier la cuisson,
   page 66
Cuire des légumes au four,
   page 70
Faire une sauce rapide,
   page 195
Sauter des steaks et des
   noisettes, page 195

## Termes du glossaire
Déglacer
Épaississant (épaissir au
   beurre ou à la crème)
Monter au beurre
Poêler
Sauter

# Préparer un pot-au-feu et autres plats bouillis

Il existe une recette de viande pochée dans la cuisine de la plupart des pays occidentaux: le pot-au-feu en France, le *bollito misto* en Italie et le *cocido* en Espagne. Bien que chaque pays possède sa propre variante et emploie des morceaux de viande différents, les techniques sont globalement identiques: on fait mijoter de la viande, des légumes aromatiques et un bouquet garni dans de l'eau ou du bouillon jusqu'à ce que la viande et les légumes soient fondants. Un grand nombre de ces mets étaient traditionnellement destinés à fournir deux plats, l'épais bouillon étant servi en entrée, suivi d'une assiette de viande et de légumes. En pratique, le bouillon peut être servi dans des assiettes creuses en même temps que la viande. Il est également possible de ne pas le servir du tout afin de le conserver pour préparer des soupes ou des sauces.

Un pot-au-feu traditionnel nécessite plusieurs morceaux de bœuf, en général du paleron, du jarret et du plat de côtes. La plupart de ces morceaux étant relativement coriaces et gélatineux, ils exigent une longue cuisson en pochage, ce qui les rend parfaits non seulement pour le pot-au-feu, mais aussi pour le ragoût, la daube et les rôtis en cocotte. Le pochage est la méthode la plus authentique pour cuire ces morceaux délicieux, car comme la viande ne dore pas, son goût est peu altéré. Il existe un charme particulier propre à la simplicité du pot-au-feu et à la satisfaction de déguster la viande et les légumes de façon aussi rustique et naturelle. Ce plat est, en outre, la manière la plus légère de déguster ces viandes, car le pochage ne nécessite aucune matière grasse et le bouillon n'est enrichi d'aucun ingrédient.

## Notes et astuces

- Le pochage est une excellente méthode pour cuisiner les viandes relativement coriaces. Outre le paleron, le jarret et le plat de côtes, vous pouvez essayer le jarret de veau et l'épaule de mouton. À part cette dernière, dont la saveur intense supplante celle du bouillon, vous pouvez pocher et servir ensemble des viandes provenant d'animaux différents. Pour plus de raffinement, ajoutez un faux-filet au pot-au-feu environ 15 min avant que ce dernier ne soit prêt.

- Les noms des parties du paleron variant selon les régions, demandez à votre boucher un morceau qui convienne à un pot-au-feu.

- Afin de pouvoir utiliser aussi peu de liquide que possible, ce qui donne un bouillon plus concentré (cela est particulièrement important si vous humidifiez à l'eau), employez un faitout juste assez grand pour contenir la viande.

- Commencez la cuisson des viandes du pot-au-feu dans un liquide froid afin de permettre à la chaleur de les pénétrer uniformément et de produire un bouillon clair. Faites mijoter sans jamais laisser bouillir, ce qui rendrait le bouillon gras et dessécherait la viande.

- Découpez les légumes en gros morceaux: carottes en demi-tronçons; panais évidés (le cœur est parfois amer ou filandreux) et en demi-tronçons; navets en demi-tronçons; poireaux coupés en deux sur la longueur et liés en botte afin de les ressortir facilement.

- N'ajoutez les légumes qu'après avoir retiré l'écume du liquide afin qu'elle ne se dépose pas dessus. Par ailleurs, les légumes cuisent plus vite que la viande.

- La viande est cuite dès que l'on peut y piquer une fourchette sans résistance.

- Retirez la viande avec une écumoire, ou attachez-la en bœuf à la ficelle et retirez-la avec une fourchette.

- Il est inutile de laisser reposer le pot-au-feu avant de servir. Découpez la viande en tranches assez épaisses, car elle sera si tendre qu'elle se délitera si les tranches sont trop fines.

## Pot-au-feu

Ici, on n'utilise que du paleron
afin de préparer une version
rustique d'un pot-au-feu
traditionnel. Le pot-au-feu se
sert avec de la moutarde, du
gros sel, et des cornichons.

1. Placez la viande dans un
faitout juste assez grand pour
la contenir.

2. Versez suffisamment d'eau
froide ou de bouillon froid
pour la recouvrir et faites
mijoter. Retirez l'écume et
le dépôt qui se forment
éventuellement à la surface au
cours des 30 premières
minutes.

3. Une fois que le bouillon est
clair et la viande, partiellement
cuite, après environ 1 h 30 à
2 h, ajoutez un bouquet garni
et les légumes. La viande est
cuite dès que l'on peut y
enfoncer aisément un couteau
(de 1 à 3 h de plus, selon la
taille et le morceau).

4. Dressez la viande et les
légumes sur un plat, puis
servez en nappant de bouillon
ou en le répartissant autour
de la viande et des légumes.

201

Voir également
Nettoyer des poireaux,
  page 9
Découper et évider des
  carottes, page 21
Vérifier la cuisson,
  page 67
Préparer du bœuf à la ficelle,
  page 202

Termes du glossaire
Braiser
Pocher

# Pocher une viande tendre

Il est également possible de pocher une viande tendre telle que le faux-filet, morceau qui se prépare normalement rôti, afin d'en déguster la saveur intacte, non altérée par la croûte ni la caramélisation. On peut pocher un faux-filet parmi d'autres morceaux d'un pot-au-feu afin de conférer au plat une touche de raffinement et de contraste. Il doit toutefois mijoter moins longtemps que les autres morceaux plus coriaces, car la cuisson doit être saignante ou entre saignante et à point. Les viandes tendres peuvent également être pochées dans un bouillon parfumé, soit accompagnées de légumes comme pour un pot-au-feu, soit sans légumes. Cette méthode s'appelle *à la ficelle*, car on attache la viande afin de pouvoir l'extraire plus facilement du faitout.

## Notes et astuces

- Vous pouvez pocher n'importe quelle viande tendre: gîte à la noix, petit gigot d'agneau et magret de canard conviennent tous, de même que le faux-filet ci-dessous (le gîte à la noix étant légèrement plus coriace que le faux-filet, il doit être découpé en tranches plus fines que sur l'illustration).

- À la différence des viandes coriaces à cuisson longue, le faux-filet doit être poché dans du bouillon et non à l'eau, car il ne cuit pas assez longtemps pour produire son propre bouillon.

- Commencez à cuire le faux-filet et autres viandes tendres dans un bouillon frémissant.

- Si vous pochez la viande avec des légumes, n'oubliez pas qu'ils mettent plus longtemps à cuire. Faites cuire les légumes d'abord jusqu'à ce qu'ils soient presque tendres, de 30 à 40 min, puis ajoutez la viande.

- Vérifiez la cuisson au toucher ou à l'aide d'un thermomètre instantané, qui doit indiquer 50 °C (122 °F) pour une cuisson saignante.

## Bœuf à la ficelle

1. Attachez un morceau de ficelle autour d'un faux-filet, puis plongez-le dans un bouillon à peine frémissant jusqu'à ce qu'il soit saignant, soit de 15 à 20 min.
2. Découpez la viande.
3. Servez la viande sur un plat ou dans des assiettes creuses, entourée de légumes pochés dans le bouillon, comme pour le pot-au-feu. Nappez de bouillon, sur la viande ou autour.

Voir également
Vérifier la cuisson, page 66
Préparer un pot-au-feu, page 200

Terme du glossaire
Pocher

# Préparer un rôti en cocotte

Un rôti en cocotte (ainsi que le ragoût, la daube et le pot-au-feu) offre un moyen de cuisiner des morceaux de viandes coriaces et gélatineux tels que le paleron et l'épaule de veau ou d'agneau. On peut mariner la viande, dans du vin rouge traditionnellement (bœuf à la mode), pour en rehausser le goût. La viande doit dorer puis mijoter (c'est-à-dire être braisée) un long moment dans une petite quantité de vin, de bouillon ou d'eau jusqu'à ce qu'elle soit complètement tendre. Le liquide de cuisson est ensuite filtré et dégraissé, remis dans la cocotte avec la viande, puis utilisé pour lustrer celle-ci tandis qu'elle réduit, ce qui l'enrobe d'une pellicule brune, brillante et parfumée.

Ce mode de cuisson concentre considérablement les saveurs de la viande et du bouillon. Les sucs libérés par la viande se mêlent au bouillon, pour être réduits puis réabsorbés par la viande lors du glaçage final. Cette technique concentre et mêle les parfums du bouillon, de la viande, des herbes et des légumes en un tout aux saveurs exquises. Bien que le rôti en cocotte et le pot-au-feu puissent employer les mêmes morceaux de viandes, ces deux mets sont très différents: l'intérêt du pot-au-feu est de préserver les saveurs essentielles des ingrédients, tandis que le rôti en cocotte implique un processus par lequel de nouvelles saveurs sont générées par le mariage de la viande avec les herbes, les légumes et parfois le vin.

## Rôti en cocotte au vin rouge

1. Marinez le rôti de paleron toute la nuit dans du vin rouge avec des oignons hachés et des carottes, après avoir inséré des lanières de gras dans la viande (facultatif).

2. Dans une cocotte juste assez grande pour la contenir, dorez la viande à feu vif dans un peu d'huile.

3. Filtrez la marinade, en conservant les légumes et le vin séparément. Videz l'huile utilisée pour dorer la viande et remettez un peu d'huile fraîche. Ajoutez les légumes et faites-les dorer à feu moyen en remuant.

4. Ajoutez la viande dorée aux légumes et arrosez avec le vin de la marinade.

5. Versez du bouillon de poulet, de bœuf ou de l'eau jusqu'à mi-hauteur du rôti. Mêlez un bouquet garni aux légumes, puis amenez à frémissement à feu doux.

6. Recouvrez la cocotte d'une feuille d'aluminium. Enfoncez le centre de cette feuille afin que l'humidité accumulée à l'intérieur de la cocotte se condense dessous et arrose le rôti en s'égouttant. Cuisez 3 h au four à 160 °C (320 °F).

7. Enfoncez une brochette métallique dans la viande. Si elle ressort en glissant facilement, la viande est cuite. Sinon, prolongez la cuisson de 30 min et vérifiez à nouveau.

8. Sortez la viande de la cocotte et filtrez le liquide de cuisson. Laissez le four allumé. Jetez les légumes, ou faites-en une purée afin d'épaissir le liquide. Dégraissez le liquide, puis réduisez-le doucement pendant 10 min. Placez la viande dans une cocotte propre, puis versez-y le liquide de cuisson. Ajoutez des légumes frais (demi-tronçons de carottes et oignons pelés).

9. Mettez la cocotte à feu moyen jusqu'à ce que le liquide frémisse. Recouvrez la cocotte avec une feuille d'aluminium et son couvercle,

puis cuisez 30 min de plus au four. Enlevez le couvercle et poursuivez la cuisson en badigeonnant la viande toutes les 5 à 10 min environ.

10. Prolongez la cuisson durant 30 min jusqu'à ce que le rôti soit recouvert d'une pellicule brillante et que le liquide soit légèrement sirupeux.

11. Découpez le rôti (en tranchant perpendiculairement aux lanières de lard si vous l'avez lardé), puis dressez les tranches dans des assiettes creuses ou sur un plat.

12. Arrosez de liquide et accompagnez de légumes.

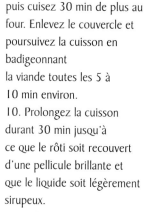

## Notes et astuces

- Vous pouvez larder la viande comme illustré page 203 (cette étape est facultative, mais elle apporte à la viande un moelleux incomparable, surtout si celle-ci est peu marbrée).

- Cuisinez le rôti en cocotte dans du vin rouge ou blanc, du bouillon, un mélange de vin ou vinaigre avec du bouillon, ou un peu d'eau.

- La garniture de légumes est facultative. La plus élémentaire consiste à servir les légumes de marinade et de cuisson. Dans la recette présentée ici, des légumes frais sont ajoutés en fin de préparation, raffinement qui vous permet de contrôler leur temps de cuisson. Vous pouvez également garnir un rôti en cocotte avec des légumes cuisinés séparément, par exemple des tubercules glacés ou même des légumes verts blanchis tels que des haricots verts ou des petits pois, en les ajoutant au rôti juste avant de servir.

- Placez une feuille d'aluminium concave sous le couvercle afin que l'humidité accumulée se condense dessous et arrose le rôti en s'égouttant ; sans cette feuille, la condensation s'écoulerait le long des parois de la cocotte.

- Amenez le liquide à frémissement sur feu moyen, afin qu'il mette de 15 à 20 min pour commencer à frémir. Cela permet à la chaleur de pénétrer pleinement la viande, ce qui diminue le temps de cuisson au four.

- Le rôti doit mijoter très doucement, une bulle éclatant en surface toutes les 3 sec environ.

- Commencez la cuisson au four à 160 °C (320 °F). Soulevez le couvercle et la feuille d'aluminium après environ 15 min : si aucune bulle ne remonte à la surface, augmentez la température à 180 °C (350 °F) ; si l'ébullition est trop rapide, baissez la température à 150 °C (300 °F).

- Si vous le réduisez tout en arrosant le rôti, le liquide aura davantage de saveur que si vous le réduisez séparément.

- On épaissit normalement par simple réduction le liquide à saveur intense qui reste dans la cocotte, mais si vous le souhaitez, vous pouvez l'épaissir avec de la maïzena ou de la purée de légumes.

### Voir également

Découper et évider des carottes, page 21
Préparer un fond de poulet, page 30
Préparer un pot-au-feu, page 200
Préparer un ragoût, page 206
Réduire en purée des légumes braisés, page 207
Préparer du bœuf en daube, page 210

### Termes du glossaire

Braiser
Dégraisser
Épaississant
Glacer
Larder
Mariner
Réduire

## Préparer un ragoût

Le ragoût est également une excellente méthode pour cuisiner les morceaux coriaces et gélatineux tels que le paleron, afin d'obtenir une viande tendre et fondante. Sur le plan technique, un ragoût est un plat braisé, comme un rôti en cocotte, mais il se prépare avec de la viande découpée en plus petits morceaux. On fait parfois mariner le ragoût dans du vin et des légumes afin d'en rehausser le goût, mais ce n'est pas essentiel. Normalement, la viande est d'abord dorée, puis on la fait mijoter dans un liquide ou un mélange de liquides avec des légumes et des herbes. En faisant dorer puis mijoter longuement la viande, la saveur se concentre et s'épanouit dans le ragoût, ce qui produit un goût riche et complexe. Les ragoûts préparés sans dorer la viande (parfois appelés daubes) sont d'un goût légèrement moins puissant. On lie généralement le liquide de cuisson des ragoûts avec un épaississant quelconque. Les ragoûts sont habituellement accompagnés de légumes et autres ingrédients, des lardons par exemple.

## Bœuf bourguignon

Un bœuf bourguignon classique se garnit de champignons, d'oignons glacés et de lardons, mais d'autres ingrédients, tels que petits artichauts, haricots verts, carottes et navets glacés, concombres cuits et champignons sauvages, peuvent remplacer ou varier cette garniture.

1. Éliminez de la viande (ici, du paleron) les tissus conjonctifs et l'excédent de gras, puis découpez-la en morceaux de 3 à 5 cm (1 à 2 po).
2. Marinez le bœuf pendant 3 à 5 h dans du vin rouge avec des oignons, des carottes, du céleri et un bouquet garni. Vous pouvez également larder les morceaux individuellement pour plus de moelleux (page 210). Égouttez la viande, mettez de côté la marinade, puis séchez la viande en tapotant avec une serviette. Faites-la dorer à l'huile à feu vif, en n'ajoutant que quelques morceaux à la fois (si vous ajoutez la viande trop rapidement, elle refroidit la cocotte, dégage trop de liquide, et ne dore jamais).
3. Saupoudrez de farine (facultatif). Prolongez la cuisson quelques minutes sur chaque face afin de les dorer.
4. Sortez la viande de la cocotte et videz la graisse.

Remettez la viande dans la cocotte avec le vin, les légumes et le bouquet garni. Submergez en ajoutant du vin. Amenez à frémissement sur feu doux. Couvrez et cuisez au four à 160 °C (320 °F) soit pendant 2 h 30, soit jusqu'à ce qu'une brochette métallique pénètre aisément dans la viande. Sortez la viande de la cocotte.

5. Filtrez le liquide de cuisson dans une casserole, en appuyant fermement sur les légumes avec une louche. Amenez le liquide de cuisson à frémissement et écumez la graisse surnageant en surface.

6. Si vous n'avez pas fariné la viande, préparez un beurre manié en pétrissant du beurre et de la farine avec le dos d'une fourchette.

7. Incorporez le beurre manié au liquide dégraissé. Amenez à frémissement sans cesser de fouetter.

8. Si vous préférez, réduisez les légumes en purée et incorporez-les au liquide de cuisson dégraissé.

9. Rassemblez la viande, le liquide, les oignons glacés, les champignons sautés et les lardons. Couvrez et chauffez juste le temps que la chaleur pénètre bien.

10. Servez dans un plat, comme illustré page 208.

Voir également

Termes du glossaire

Dégraisser
Épaississant
Fricassée
Garniture
Larder
Mariner

## Notes et astuces

- Pour le ragoût de bœuf, utilisez du paleron, du plat de côtes, ou des jarrets; pour le ragoût d'agneau, de l'épaule; pour le ragoût de veau, de l'épaule, de la poitrine ou des jarrets.

- Mouillez le ragoût avec du vin, de l'eau ou du bouillon, ou un mélange de bouillon et de vin (l'eau donne évidemment une sauce moins savoureuse).

- Mijotez le ragoût très doucement, une bulle perçant la surface toutes les 3 sec environ.

- Épaississez le ragoût selon l'une des trois méthodes présentées: en saupoudrant de la farine sur la viande pendant qu'elle dore; en incorporant du beurre manié au liquide; en broyant les légumes cuits de la marinade puis en les incorporant au liquide. Vous pouvez aussi malaxer de la maïzena et de l'eau, puis épaissir le ragoût avec la pâte obtenue.

- Cuisinez les garnitures soit à part pour les ajouter vers la fin et ainsi mieux surveiller leur temps de cuisson, soit en même temps que la viande en estimant leur temps de cuisson et en les ajoutant au ragoût en conséquence (ajoutez, par exemple, les carottes environ 30 min avant que le ragoût ne soit cuit, les petits pois durant les dernières minutes seulement, etc.)

- Suivez cette méthode pour les ragoûts de veau et d'agneau. Traditionnellement, le ragoût de veau (appelé fricassée ou blanquette) se prépare en pochant le veau sans le dorer ou en ne le saisissant qu'à peine afin que la sauce reste claire. En pratique cependant, vous pouvez dorer le veau ou l'agneau, en particulier si la sauce est foncée par un ingrédient tel que la tomate.

# Cuisiner les jarrets de veau, de bœuf et d'agneau

Les jarrets de veau, de bœuf et d'agneau conviennent parfaitement aux ragoûts, car ils contiennent énormément de tissus conjonctifs qui ramollissent en braisant, ce qui rend la viande fondante et donne à la sauce une texture veloutée. Les jarrets se braisent tout comme se prépare un ragoût traditionnel, c'est-à-dire en dorant la viande, puis en la faisant mijoter très doucement dans un liquide agrémenté de légumes et d'herbes. Normalement, les légumes sont filtrés et jetés une fois que la viande est cuite, puis remplacés par des légumes frais et autres ingrédients tels que des lardons. Cependant, dans la recette ci-dessous, les légumes détaillés en julienne sont cuits avec les jarrets de veau, puis servis sur la viande en une sorte d'amalgame fondant. La gélatine dégagée par la viande donnant naturellement du corps à la sauce, il est inutile d'épaissir le liquide. Il suffit de la réduire afin de lui donner une consistance légèrement sirupeuse.

## Jarrets de veau braisés

1. Dans un faitout juste assez grand pour les contenir sur une seule couche, dorez les jarrets des deux côtés dans de l'huile à feu vif. Retirez-les, jetez l'huile, puis remettez-les dans le faitout.

2. Versez du vin blanc jusqu'au quart de la hauteur des jarrets. Mijotez à feu moyen jusqu'à ce qu'il ne reste que quelques cuillerées de liquide au fond du faitout.

3. Ajoutez des carottes, poireaux et navets en julienne dans le faitout et versez du bouillon de veau ou de poulet jusqu'à mi-hauteur des jarrets. Amenez à frémissement sur le feu.

4. Couvrez et cuisez au four à 160 °C (320 °F) soit pendant 2 h, soit jusqu'à ce que les jarrets n'offrent aucune résistance lorsqu'on y enfonce une brochette métallique. Les légumes en julienne seront fondants et tendres. Vérifiez régulièrement si le liquide ne bout pas; une bulle ne doit remonter à la surface que toutes les 2 à 3 sec.

5. Servez délicatement les jarrets dans des assiettes creuses, garnissez chaque jarret d'un pavé de légumes, puis nappez de liquide. Si ce dernier semble trop fin, réduisez-le légèrement; s'il semble gras, versez-le dans une casserole et écumez-le à la cuillère ou à la louche, ou versez-le dans une saucière.

### Voir également

Tailler des légumes en
  julienne, page 13
Préparer un fond de poulet,
  page 30
Préparer un ragoût, page 206
  (toutes les notes et astuces
  valent aussi pour les jarrets)

### Termes du glossaire

Dégraisser
Réduire

# Préparer un ragoût sans dorer

Les recettes de ragoût insistent généralement sur la nécessité de dorer la viande et, parfois, les légumes. En fait, cette étape n'est pas essentielle: les daubes sont des ragoûts dans lesquels ni la viande ni les légumes ne sont dorés. Sans la caramélisation qu'apporte le dorage, le ragoût n'est ni d'une saveur ni d'une couleur aussi concentrées, mais la différence demeure assez mince pour que le travail supplémentaire qu'implique cette tâche ne se justifie pas toujours. Le beurre manié s'emploie tradition-nellement comme épaississant dans un ragoût de bœuf au vin rouge, mais vous pouvez aussi utiliser de la maïzena, comme dans cette recette, ou simplement réduire le liquide jusqu'à ce qu'il soit légèrement sirupeux grâce à la gélatine qu'il contient.

## Daube provençale

Il est facultatif de larder les cubes de viande, mais cela contribue à les imprégner.
1. Marinez les cubes de bœuf dans du vin (rouge ici) avec des carottes, des oignons, de l'ail et un bouquet garni pendant 3 à 4 h, ou toute la nuit, au réfrigérateur.

2. Si vous le souhaitez, lardez chaque morceau.
3. Versez la viande et sa marinade dans un faitout à fond épais. Ajoutez assez de vin ou de bouillon pour recouvrir la viande, en finissant éventuellement par une touche de vinaigre de xérès. Amenez la daube à frémissement sur le feu, couvrez, puis mijotez au four à 160 °C (320 °F) jusqu'à ce que l'on puisse enfoncer un couteau dans la viande sans résistance, soit environ 3 h.
4. Égouttez, en mettant de côté la viande et les légumes, puis transvidez le liquide dans une casserole.
5. Triez la viande et les légumes; jetez ces derniers et ne gardez que la viande.
6. Réduisez doucement le liquide. Écumez la graisse et la mousse. Ensuite, vous pouvez soit continuer à réduire le liquide jusqu'à obtention d'une consistance légèrement sirupeuse, soit l'épaissir à la maïzena comme ci-dessous. '
7. Combinez de la maïzena avec un volume égal d'eau froide, puis remuez jusqu'à obtenir un mélange lisse.
8. Incorporez ce mélange au liquide frémissant. Faites frémir à nouveau, puis fouettez jusqu'à épaississement, soit environ 10 sec.
9. Réchauffez doucement la viande dans le liquide et servez.

Voir également

Composer un bouquet garni,
page 31
Préparer un ragoût, page 206
(hormis l'étape où l'on fait
dorer la viande, toutes les
notes et astuces valent aussi
pour un ragoût de bœuf)
Préparer du beurre manié,
page 207

Termes du glossaire

Braiser
Dégraisser
Épaississant
Larder
Mariner
Réduire

# Préparer une blanquette de veau

Une blanquette de veau est un plat succulent et crémeux pour lequel, à la manière d'une daube, la viande n'est pas dorée. On épaissit le liquide de braisage avec un roux et on lui donne une consistance onctueuse avec de la crème et des jaunes d'œufs. Traditionnellement, une blanquette se garnit de champignons, cuisinés à part dans une partie du liquide que l'on restitue ensuite à la blanquette, et d'oignons blancs glacés. Vous pouvez toutefois remplacer cette garniture traditionnelle par d'autres légumes cuits, tels que petites carottes glacées, champignons sauvages sautés ou cuisinés séparément dans le liquide de braisage, petits artichauts (ou fonds d'artichaut découpés en coins) cuits à l'eau avec un peu d'huile, coins de fenouil braisés, navets glacés ou concombres glacés, combinés ou seuls. Vous pouvez aussi suivre la recette indiquée ici en ajoutant au liquide des ingrédients tels que purée de tomate ou d'oseille, ail, safran ou curry, afin d'y apporter votre note personnelle. Tout comme les autres ragoûts, la blanquette peut être cuisinée aussi bien sur le feu qu'au four. Ici, elle mijote sur le feu.

## Notes et astuces

- Le blanchiment du veau élimine les protéines qui troubleraient la sauce. Paradoxalement, loin de priver la sauce de sa saveur, cela donne au contraire à la blanquette un goût plus marqué et plus consistant.

- Pour le roux, mesurez la quantité de bouillon et comptez 1 ½ c. à soupe de beurre et autant de farine pour lier 250 ml (1 tasse) de bouillon. Ces proportions donnent une sauce légère. Pour une sauce plus épaisse, réduisez-la après l'avoir liée, ou augmentez la quantité de roux.

- Les jaunes d'œufs sont facultatifs dans une blanquette, car ils se solidifient si on les laisse bouillir, mais ils donnent au plat une texture onctueuse.

## Blanquette de veau à la crème

Achetez du veau pour blanquette, ou découpez une poitrine parée en morceaux de 3 à 5 cm (1 à 2 po).

1. Blanchissez les cubes de viande dans un faitout en les submergeant d'eau froide, puis en portant rapidement à ébullition.

2. Égouttez immédiatement dans une passoire et rincez à l'eau froide. Placez dans un faitout à fond épais, entourez de légumes (ici, carottes et oignons) et d'un bouquet garni, puis submergez d'eau ou de bouillon.

3. Mijotez sur le feu ou au four pendant environ 2 h 30, jusqu'à ce qu'un couteau pénètre sans résistance dans les morceaux. Égouttez, puis gardez la viande et le bouillon séparément. Jetez les légumes.

4. Épaississez le bouillon en y incorporant un roux blanc et en amenant le tout (un velouté) à frémissement.

5. Écumez le gras et la mousse de la surface. Laissez mijoter environ 30 min, en écumant régulièrement.

6. Préparez le mélange de jaunes d'œufs et de crème en mélangeant de la crème froide avec les jaunes.

7. Dans le faitout de cuisson du veau (ou un autre faitout), combinez le veau avec des

petits oignons cuits, des champignons cuits et le velouté. Nappez du mélange de crème et de jaunes (ou n'utilisez que de la crème si vous préférez éviter le tracas des jaunes).

8. Chauffez la blanquette entre feu doux et feu moyen en la secouant rapidement afin d'y incorporer le mélange de jaunes, jusqu'à ce que la sauce devienne onctueuse. Ne remuez pas, car les morceaux de veau se déliteraient; ne laissez pas la sauce bouillir, car les jaunes se solidifieraient (si vous avez omis les jaunes, une brève ébullition ne pose aucun problème). Servez avec du riz à la créole.

Voir également

Composer un bouquet garni,
  page 31
Préparer du riz à la créole,
  page 63
Glacer des tubercules, page 70
Préparer des artichauts,
  page 92
Préparer un roux blanc de
  sauce veloutée, page 180
Préparer un ragoût, page 206
Préparer une daube, page 210
Parer et découper une
  poitrine de veau, page 241

Termes du glossaire
Blanchir
Braiser
Dégraisser
Épaississant
Garniture

# Préparer des ris

Les ris de veau, c'est-à-dire les thymus de jeunes veaux, se préparent généralement braisés ou sautés, parfois frits. Les ris présentant une texture quelque peu flasque et amorphe, il faut normalement les blanchir et les tasser avant cuisson afin de les raffermir et de les comprimer, ce qui leur permet de conserver leur forme et de paraître plus présentables une fois découpés en tranches. Bien que ce ne soit pas indispensable, il est préférable de laisser tremper les ris toute une nuit au réfrigérateur dans de l'eau salée, avant de les blanchir afin d'éliminer toutes traces de sang, qui prendraient une teinte grise une fois les ris cuits.

Le braisage est une excellente méthode pour préparer les ris, car ceux-ci dégagent leurs sucs dans le liquide de cuisson, si bien qu'une fois qu'ils sont cuits, il suffit de filtrer ce liquide, de le réduire si nécessaire et de l'assaisonner pour obtenir une sauce. Si l'on souhaite une consistance plus riche, on peut ajouter de la crème, comme ci-dessous.

En raison de leur délicatesse, une légère chapelure convient tout à fait aux ris. Elle permet de les sauter à température plus faible et de réussir malgré tout à ce qu'ils dorent sans cuire à l'excès. On peut les paner à la farine, aux œufs et à la chapelure, comme des blancs de poulet. Cette recette montre comment des ingrédients autres que la chapelure peuvent servir à paner.

Retenez bien que la cuisson est essentielle, les ris devant être juste fermes au toucher: pas assez cuits, la texture est caoutchouteuse; trop cuits, les ris sont coriaces et secs.

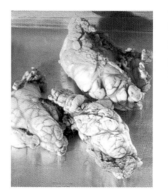

## Préparation initiale des ris

1. Faites tremper les ris dans de l'eau froide salée (facultatif) toute une nuit au réfrigérateur.

2. Pour blanchir les ris, submergez-les d'eau froide dans une cocotte, puis mettez à feu vif. Dès que l'eau frémit, retirez-les.

3. Placez les ris blanchis sur une plaque ou dans un plat peu profond. Recouvrez-les d'une planche à découper ou d'une autre plaque.

4. Placez une cocotte ou autre objet modérément lourd sur le tout afin de tasser les ris. Réfrigérez de 4 à 24 h.

5. Éliminez les lambeaux de membrane et les amas de gras à l'aide d'un couteau d'office, sans exagérer toutefois, car les ris se déliteraient.

## Ris braisés

1. Dans un faitout à fond épais, faites doucement dégorger une mirepoix dans un peu de beurre, jusqu'à ce que les légumes ramollissent. Ajoutez du vin blanc.

2. Placez sur la mirepoix les ris blanchis et tassés. Ajoutez un bouquet garni et versez du bouillon de poulet ou de veau jusqu'au tiers des ris.

3. Placez sur les ris un cercle de papier sulfurisé ou d'aluminium. Chauffez à feu moyen jusqu'à ce que le liquide frémisse. Mettez au four à 180 °C (350 °F) et braisez jusqu'à ce que les ris soient fermes au toucher, soit environ 25 min.

4. Placez les ris dans une assiette. Ajoutez de la crème dans le faitout et mijotez doucement sur le feu jusqu'à ce que la sauce obtienne la consistance voulue.

5. Filtrez la sauce en écrasant les légumes avec le dos d'une louche afin d'extraire autant de liquide que possible. Si nécessaire, réduisez quelque peu le liquide pour l'épaissir.

6. Découpez les ris en tranches et dressez-les sur un plat ou des assiettes. Nappez de sauce, ou servez-la dans une saucière.

## Ris sautés panés à la poudre de cèpes ou aux truffes hachées

### Paner des ris à la poudre de cèpes

Ici, les ris sont d'abord enduits de farine et d'œuf battu avant d'être panés à la poudre de cèpes. Pour un plat plus léger, recouvrez-les seulement de poudre de cèpes, sans farine ni œufs.

1. Découpez en tranches les ris blanchis et tassés.

2. Trempez les tranches dans de la farine assaisonnée, puis tapotez pour enlever l'excédent. Trempez-les dans de l'œuf battu bien salé et poivré. Retirez l'excédent d'œuf en tenant chaque tranche entre deux doigts, puis en glissant les deux doigts de l'autre main le long des côtés.

3. Placez chaque tranche dans un plat ou une jatte de poudre de cèpes et panez les deux faces.

4. Retirez l'excédent de poudre en tapotant sur les tranches.

## Paner des ris avec des truffes hachées

1. Hachez finement des truffes noires.
2. Enduisez les tranches de ris avec de la farine et de l'œuf comme indiqué page 216. Enduisez ensuite chaque face avec des truffes hachées.

## Sauter des ris panés

1. Dans un faitout à fond épais, sautez les ris panés à feu moyen dans du beurre clarifié, 5 min environ de chaque côté, jusqu'à ce qu'ils soient fermes au toucher.
2. Dressez les ris sur un plat ou des assiettes.

**Voir également**

Préparer un fond de poulet, page 30
Composer un bouquet garni, page 31
Clarifier du beurre, page 46
Paner du blanc de poulet désossé, page 162
Préparer de la poudre de cèpes, page 164

**Termes du glossaire**

Blanchir
Braiser
Frire
Mirepoix
Paner
Réduire
Rond de papier sulfurisé
Sauter

# Tout faire
# soi-même

# Préparer un poisson rond

Les poissons peuvent être répartis en deux catégories: les poissons plats, parmi lesquels figurent la sole, la limande et le flétan, sont caractérisés par leur forme relativement plate et leurs yeux situés sur la face supérieure. Les poissons ronds (presque tous les autres) ont une forme plus arrondie et les yeux situés de chaque côté de la tête. Le poisson illustré ici est un bar de l'Atlantique.

## Écailler le poisson

Pour retirer les écailles, grattez le poisson avec un écailleur ou avec le dos d'un couteau de chef, de préférence en plein air afin de ne pas salir votre cuisine. Vous pouvez également écailler le poisson en le tenant dans un sac plastique transparent ou dans une poubelle tapissée avec un sac propre.
Veillez à bien retirer les écailles situées à la base de la tête, tout comme celles entre la nageoire ventrale et la nageoire anale (souvent oubliées par les poissonniers).

### Ébarber le poisson

Coupez les nageoires au plus près du corps avec des ciseaux résistants, d'un côté du poisson, puis de l'autre.

1. Coupez la première nageoire pectorale.
2. Coupez la nageoire ventrale.
3. Coupez la nageoire dorsale, le long du dos.
4. Coupez la nageoire anale.
5. Coupez la queue.

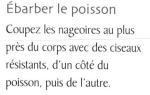

## Vider le poisson et couper les ouïes

Si vous préparez votre poisson entier, vous devez le vider et retirer les ouïes. En revanche, ce n'est pas nécessaire si vous ne cuisinez que les filets, ou si vous ne comptez pas utiliser les arêtes. Si vous voulez réserver les arêtes pour un fumet, pensez à lever les filets du poisson avant de le vider (page 32).

1. Introduisez des ciseaux dans l'anus, et sans les enfoncer trop loin pour ne pas sectionner les viscères, faites une incision jusqu'à la base de la tête.

2. Coupez les ouïes des deux côtés.

3. Faites sortir les viscères en les saisissant à leur point de rencontre, à la base de la tête. Rincez l'intérieur du poisson et grattez l'épine dorsale avec un petit couteau, pour éliminer toute trace de sang.

### Lever les filets d'un bar rayé

Écaillez le poisson seulement si vous avez l'intention de faire cuire les filets avec la peau. Si vous voulez réserver les parures pour un fumet, vous pouvez le vider avant d'avoir levé les filets (illustration page 221), mais il est plus simple de le vider après avoir séparé les filets (illustration page 32). Ne prenez pas la peine de retirer les viscères si vous n'avez pas besoin des parures.

1. Faites une incision oblique à la base de la tête, de manière à laisser le maximum de chair attachée au filet.
2. De la tête à la queue, faites une incision au couteau au-dessus de l'arête centrale, en appuyant contre les arêtes et en veillant à entailler bien profondément (si le poisson n'est pas écaillé, utilisez un couteau robuste: sinon, un couteau à filets à lame souple).
3. Ramenez le filet vers l'extérieur et découpez le long de l'arête centrale. Passez le couteau sur les arêtes pour séparer la partie supérieure du filet (ou laissez les arêtes et retirez-les par la suite).

4. Découpez jusqu'à la queue pour séparer complètement le filet.

5. Retournez le poisson et positionnez la tête vers vous. Pratiquez une incision dans la queue jusqu'à la grosse arête, mais sans la sectionner. Sur le côté, transpercez la peau et faites glisser le couteau le long du filet, au-dessus des arêtes.

6. Poursuivez l'incision jusqu'à la tête de manière à atteindre l'arête centrale.

7. Séparez le filet de l'arête centrale, levez-le et détachez-le complètement à la base de la tête.

Après avoir détaché les filets, retirez les petites arêtes (incrustées, pour la plupart des poissons, dans les deux tiers partant de la tête) avec une pince à épiler ou une pince à saumon (page 225). Vous pouvez également les retirer par bande entière (voir l'exemple de la dorade, page 125). S'il reste des petites arêtes latérales sur les filets, retirez-les avec un petit couteau d'office.

Voir également
Préparer un fumet de poisson,
    page 32
Vider un poisson rond,
    page 221

# Lever les filets d'un saumon

Vous pouvez procéder de la même manière que pour tous les poissons ronds, en le fendant du haut du dos jusqu'au ventre, mais le saumon présente l'inconvénient d'avoir les petites arêtes dorsales détachées de l'arête centrale, si bien que la lame du couteau dévie parfois et transperce la chair. Préférez par conséquent lever les filets du saumon en incisant par le ventre. Le saumon préparé ici est déjà vidé et écaillé.

## Lever les filets

1. Ébarbez le saumon comme illustré page 220.
2. Avec un couteau à désosser ou tout autre couteau bien robuste, faites une incision oblique sous les ouïes, derrière la tête.
3. Faites-en une seconde sur la queue de façon à atteindre l'arête centrale, mais sans la trancher.
4. À partir de cette fente, ouvrez le poisson en faisant glisser votre couteau le long de l'arête centrale, et coupez de la queue vers le ventre, en détachant le filet au fur et à mesure.

5. Rabattez le filet du dessus vers l'extérieur et faites glisser le couteau le long de l'arête centrale, en sectionnant les arêtes latérales qui couvrent le filet. Vous devrez sans doute procéder rapidement et par à-coups. Maintenez le couteau bien parallèle aux arêtes et ne l'enfoncez pas trop pour ne pas transpercer la chair.
6. Pour séparer la chair de l'arête centrale, passez un couteau à lame souple le long du filet en maintenant la lame appuyée contre les arêtes.
7. Dégagez le filet du dessus, qui a encore ses arêtes, et séparez-le du filet au couteau.

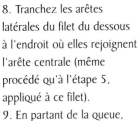

8. Tranchez les arêtes latérales du filet du dessous à l'endroit où elles rejoignent l'arête centrale (même procédé qu'à l'étape 5, appliqué à ce filet).

9. En partant de la queue, faites glisser le couteau sous l'arête centrale pour la détacher de la chair. Maintenez le couteau à plat sous l'arête centrale afin de ne pas transpercer la chair.

10. Découpez de cette manière jusqu'à la base de la tête, de façon à séparer entièrement l'arête centrale du filet. Séparez la tête du filet.

11. Taillez la petite bande de gras et d'arêtes qui borde le haut de chaque filet.

12. Pour chaque filet, glissez un couteau à lame flexible sous les arêtes latérales. Avec une main, appuyez sur les arêtes, et soulevez-les avec la lame de manière à ne pas emporter de morceaux de chair.

13. Passez la main sur la surface de chaque filet (les deux tiers en partant de la tête) pour détecter la présence de petites arêtes. Retirez-les soit avec une pince à saumon, soit avec une pince à épiler, ou encore en utilisant le majeur et le pouce.

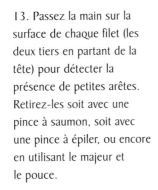

Voir également
Préparer un fumet de poisson, page 32
Vider un poisson rond, page 221
Lever les filets d'un bar rayé, page 222

# Désosser un poisson rond

Il existe deux manières de désosser un poisson rond tout en le conservant entier. S'il n'a pas encore été vidé, le plus simple est de le désosser en passant par le dos, et de retirer les viscères après avoir enlevé l'arête centrale. S'il est déjà vidé, désossez-le par l'estomac. Sans les arêtes, votre poisson sera plus facile à déguster, et vous pourrez farcir l'intérieur avec des garnitures délicieuses.

### Désosser une truite par l'estomac

1. Ébarbez la truite avec des ciseaux, comme illustré page 220 (de gros ciseaux résistants sont nécessaires pour certains poissons).
2. Avec un couteau à lame souple et fine, ouvrez le poisson de la fente ventrale à la queue, en appliquant la lame contre l'arête centrale de façon à la faire apparaître. Ne séparez pas l'extrémité du filet de la queue.

3. Faites glisser le couteau sous les arêtes, en allant de la queue vers la tête, pour les détacher du filet du dessous. Maintenez bien la lame contre les arêtes (appuyez sur celles-ci avec l'autre main) pour ne pas transpercer la chair.

4. En allant de la tête vers la queue, coupez le long des arêtes de manière à atteindre l'arête centrale. Vous devez sentir la lame découper les petites arêtes, mais veillez à ne pas transpercer le dos du poisson.

5. Retournez le poisson et, de la tête vers la queue, passez le couteau sous les arêtes en faisant en sorte d'atteindre l'arête centrale.

6. Dégagez l'arête centrale, et pour la retirer complètement, tranchez-la à l'endroit où elle joint la tête et la queue.

7. Utilisez une paire de gros ciseaux pour retirer les petites arêtes situées le long du dos de la truite.

8. Éliminez les arêtes et les morceaux de cartilage restants.

9. Ôtez les minuscules arêtes des filets avec une pince à saumon ou une pince à épiler.

## Désosser un bar par le dos

1. Si cela n'a pas été fait, écaillez le bar. Ébarbez-le comme illustré page 220, mais ne le videz pas. Fendez-le au-dessus de l'arête centrale, avec un couteau à lame souple.
2. Relevez le filet du dessus afin de voir où vous coupez et de ne pas laisser de chair sur les arêtes. Quand vous atteignez les arêtes, pour les sectionner, travaillez par à-coups rapides. N'entaillez pas trop profond afin de ne pas transpercer les viscères ni la peau du ventre.
3. Retournez le poisson et renouvelez l'opération de l'autre côté, en commençant par la queue.
4. Avec une paire de gros ciseaux de cuisine, coupez l'arête centrale à sa jointure avec la queue.
5. Enfin, coupez-la à sa jointure avec la tête et retirez-la.

6. Retirez les viscères avec les doigts.

7. Pour chaque filet, faites doucement passer un couteau à lame souple derrière les arêtes latérales pour les ôter.

8. Enlevez les arêtes tenaces avec de gros ciseaux.

## Farcir un poisson désossé

Les poissons désossés, qu'ils l'aient été par l'estomac ou par le dos, sont faciles à farcir. La farce peut être composée de duxelles, comme illustré ci-dessus, ou de fines herbes ciselées, comme ci-contre. Assaisonnez l'intérieur du poisson et introduisez la farce à la cuillère. Veillez à ne pas trop remplir la poche, car la farce a tendance à sortir du poisson quand celui-ci rétrécit lors de la cuisson.

Voir également
Pocher un petit poisson,
page 110
Préparer une duxelles,
page 111

# Préparer un poisson plat

Pour cuisiner un poisson plat entier, on conserve généralement la peau blanche du dessous, préalablement écaillée. La peau noire du dessus peut être gardée (écaillée) ou enlevée, au choix. En Europe, on dépouille toujours la sole de Douvres de la peau du dessus, que l'on peut arracher facilement en une fois car la chair est ferme. En revanche, ne tentez pas de retirer d'un coup la peau de la limande ou de la sole américaine, car leur chair molle ne le permet pas. Découpez plutôt des bandes de peau avec un couteau à lame souple. Si vous voulez lever les filets d'un poisson, laissez la peau, car il est plus facile de la retirer sur les filets que sur le poisson encore entier.

## La frange

Après avoir débarrassé un poisson plat de ses nageoires, il reste une mince bordure de chair renfermant des arêtes (la frange). Lorsque l'on découpe le poisson, on retire cette bordure des deux côtés. Les poissons plats étant généralement servis en entier, on la retire avant la cuisson afin de faciliter la découpe. Ébarbez par conséquent le poisson comme illustré ici, mais en coupant les nageoires plus en profondeur afin d'éliminer par la même occasion ces petites arêtes. Rappelez-vous, au moment de servir, que les filets du dessous sont plus petits et qu'il conviendra peut-être d'en servir un de chaque par assiette.

## Parer une limande

### Ébarber une limande

1. Coupez la queue (nageoire caudale).
2. Coupez la nageoire dorsale le long du dos et la nageoire ventrale du dessous.
3. Coupez les nageoires pectorales situées vers la base de la tête.

## Lever les filets d'une limande

Si vous servez les filets sans la peau, ne prenez pas la peine d'écailler. En outre, ne videz le poisson que si vous conservez les parures pour un fumet : dans ce cas, retirez les filets avant de vider.

1. Avec un couteau à filets à lame souple positionné de manière à perdre le moins de chair possible, pratiquez une incision en courbe à la base de la tête, du haut vers le centre. Fendez la limande en deux en partant de la tête. Veillez à entailler assez profond pour atteindre l'arête centrale (suivez la ligne latérale qui sépare chaque flanc du poisson en deux).

2. Faites glisser la lame sous la chair tout le long du filet, en l'appliquant bien à plat contre les arêtes afin de ne pas laisser de chair.

3. Tournez le poisson dans l'autre sens et renouvelez l'opération en commençant par la queue, jusqu'à ce que vous ayez complètement séparé le filet des arêtes.

4. Rabattez le filet vers l'extérieur et découpez le bord afin de le détacher.

5. Tournez le poisson et procédez de la même manière pour le deuxième filet.

6. Retournez le poisson, face blanche vers le haut, et levez les deux filets du dessous. Si vous conservez les parures pour un fumet (page 32), coupez les ouïes et retirez les viscères.

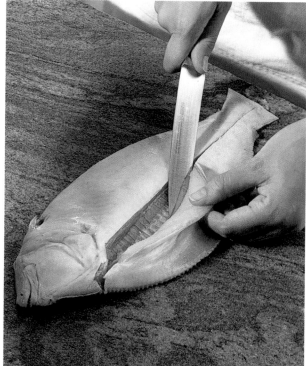

### Deux types de filets

Si vous suivez les instructions données ci-dessus pour lever les filets d'un poisson plat, vous obtenez quatre longs filets (deux sur chaque flanc). On trouve également sur le marché les deux filets de chaque flanc rattachés par une fine bande de chair au milieu. Pour obtenir ce type de filets, insérez la lame sur le côté du poisson au lieu d'inciser au milieu, le long de la ligne latérale. Découpez au-dessus des arêtes jusqu'à ce que vous rencontriez l'épine dorsale. Contournez-la soigneusement au couteau, détachez le second filet sans le séparer du premier. Dégagez les deux filets, qui restent attachés l'un à l'autre.

## Dépouiller une limande entière

1. À l'aide d'un grand couteau à lame souple, retirez la peau noire par bandes, en éloignant le couteau de vous.

2. Tournez le poisson et découpez également dans l'autre sens.

3. Si vous préférez, vous pouvez trancher la tête avant la cuisson, en particulier si le poisson ne tient pas dans votre plat.

233

## Dépouiller les filets d'une limande

1. Placez le filet sur la planche à découper, peau en dessous. Faites glisser une lame souple entre la peau et le filet, en l'appliquant bien à plat contre la peau. Tenez la peau fermement avec l'autre main et faites doucement avancer la lame sous la peau, en la déplaçant avec un mouvement de va-et-vient. Maniez le couteau avec précaution afin de ne pas transpercer la peau.

2. Le long de chaque filet, retirez la frange d'arêtes, qui est comestible mais peu présentable.

## Dépouiller une sole

1. Ébarbez à la manière de la limande. Faites une incision peu profonde juste sur la queue.

2. Tirez délicatement sur la peau au niveau de cette fente. Si elle glisse entre vos doigts, tenez-la avec un torchon.

3. En maintenant la queue à plat avec un torchon, tirez d'un seul coup sur la peau pour l'enlever, et jetez-la.

## Vider et écailler une sole

1. Coupez les franges de chaque côté du poisson.

2. Faites une incision peu profonde le long du côté correspondant à l'estomac pour accéder aux viscères, mais sans les transpercer.

3. Retirez-les (ici, il s'agit d'œufs).

4. Avec une paire de gros ciseaux, coupez les ouïes à la base de la tête.

5. Écaillez la face blanche.

6. Avec le manche d'un couteau, appuyez sur les viscères restants de manière à les expulser par la fente. Rincez le poisson.

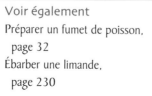

Voir également
Préparer un fumet de poisson,
  page 32
Ébarber une limande,
  page 230

5. Tenez le couteau fermement, appuyez la lame contre la peau, et hochez la peau rapidement d'un côté à l'autre (plutôt que la lame) en la tirant en même temps contre le couteau.

## Lever les filets d'une raie et la dépouiller

Aujourd'hui, on trouve généralement la raie en filets, mais il peut arriver qu'elle soit vendue entière.

1. Placez la raie sur la planche à découper, face blanche en dessous. Avec un long couteau à lame souple, pratiquez une incision au-dessus des arêtes, à l'intérieur de la raie.

2. En appliquant bien la lame contre les arêtes plates cartilagineuses, continuez à découper jusqu'au bord opposé, en séparant le filet au fur et à mesure.

3. Découpez la peau pour détacher le filet complètement.

Retournez le poisson et renouvelez l'opération de l'autre côté.

4. Pour enlever la peau, placez la raie sur la planche, peau en dessous. Avec un couteau à lame souple, incisez entre la peau et la chair.

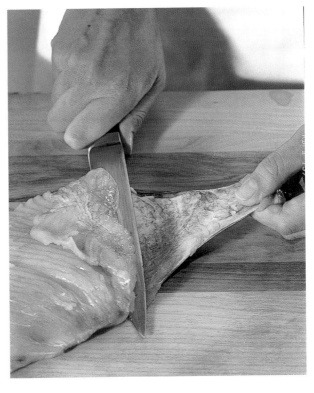

# Écailler, vider et désosser des poissons de petite taille

Vous pouvez écailler, vider et désosser sans couteau les petits poissons gras tels que les sardines et les anchois frais.

1. Enlevez les écailles des sardines entières en les frottant avec les doigts. Facilitez-vous la tâche en tenant le poisson sous le robinet d'eau.

2. Déboîtez la tête en la tirant vers l'arrière. Les viscères doivent venir avec la tête.

3. Tirez pour extraire le plus de viscères possible. Jetez les viscères et la tête.

4. Passez le doigt à l'intérieur pour enlever le reste, tout en l'ouvrant délicatement. Rincez soigneusement sous l'eau froide en veillant à ce que l'eau pénètre bien partout.

5. Désossez en séparant doucement l'arête centrale des deux filets. Veillez à ne pas vous piquer avec les petites arêtes. Vous pouvez laisser les filets attachés l'un à l'autre au niveau du dos.

Terme du glossaire
Mariner

# Fumer des filets de poisson à chaud

Les filets de poissons gras et à saveur forte, tels que les filets de truites illustrés ici, conviennent très bien pour un lent fumage à chaud. Le petit fumoir à usage privé ci-dessous est constitué d'une boîte en métal et d'une plaque chauffante. Pensez que les filets fumés à chaud auront beaucoup plus de goût s'ils ont été préalablement plongés dans une saumure.

En général, le poisson fumé ayant subi une longue salaison se conserve bien, tout comme les poissons ayant été salés pendant longtemps et fumés par la suite à température élevée. Néanmoins, c'est avec un saumurage et un fumage de courte durée que l'on obtient les meilleurs poissons fumés, même s'ils se gâtent aussi rapidement que du poisson frais. Conservez-les une semaine au réfrigérateur, et pour les congeler, enveloppez-les avec soin dans un film plastique, puis dans de l'aluminium.

## Les meilleurs bois de fumage

Les professionnels des techniques de fumage privilégient non seulement certaines salaisons ou saumures, mais également certains types de bois. Les avis sont très partagés, mais il ressort que le pin, l'eucalyptus et tous les bois résineux donnent aux aliments fumés une saveur trop forte, voire désagréable. Préférez le bois de chêne ou de hêtre.

## Filets de truite fumés à chaud

1. Mettez de la sciure (voir illustration) dans un plat en métal et posez-le sur la plaque chauffante du fumoir. Réglez la plaque de façon que la sciure fume sans brûler.
2. Disposez les filets sur la grille, au-dessus de la plaque. Fermez le fumoir. Fumez environ 2 h entre 60 °C et 70 °C (140 et 158 °F), jusqu'à ce que les filets soient fermes au toucher.
3. Servez le filet entier dans un plat, avec un peu de crème fraîche en accompagnement
4. Si vous préférez, coupez-le en tranches, à la japonaise.

Voir également
Lever les filets, page 222
Saumurage des poissons, page 239

Termes du glossaire
Fumer
Salaison

# Fumer des filets de poisson à froid

Pour le fumage à froid, vous aurez besoin d'un fumoir dans lequel la fumée refroidit avant d'entrer en contact avec le poisson. Ce type de fumoir est très coûteux, mais il est possible d'en fabriquer un soi-même, en faisant communiquer un tuyau de poêle entre un fumoir classique et un second fumoir (improvisé), la fumée passant de l'un à l'autre (sur l'illustration, le fumoir a été fabriqué avec une boîte en carton).

Quand vous sortez le saumon, enveloppez-le bien dans un film plastique et dans de l'aluminium, puis placez-le au réfrigérateur au moins 24 h avant de servir. Si le saumon présente un aspect humide, posez-le sur la grille du four (éteint), peau en dessous, et faites fonctionner un ventilateur devant la porte ouverte environ 4 h pour faire sécher le poisson. Aérez au maximum pour ne pas garder d'odeurs tenaces.

## Saumon fumé à froid

1. Placez une grille à l'intérieur d'une grande boîte en carton, sur un support qui permette à la fumée de circuler. Ici, il s'agit de carton plié, mais vous pouvez également transpercer la boîte avec des broches et disposer la grille par-dessus. Placez sur la grille les filets préalablement salés ou marinés.

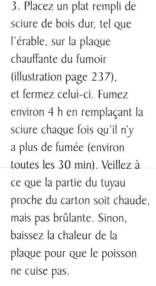

2. Encastrez l'une des extrémités du tuyau de poêle dans le fumoir classique et l'autre, dans la boîte en carton, par un orifice découpé à cet effet (le fumoir illustré ici était doté d'une cheminée, qui a été retirée et remplacée par le tuyau, qui relie maintenant le fumoir et le carton). Fermez la boîte avec du ruban adhésif. Pour que la fumée puisse sortir, découpez une ouverture de 20 cm (8 po) de côté, au bas de l'une des faces du carton.

3. Placez un plat rempli de sciure de bois dur, tel que l'érable, sur la plaque chauffante du fumoir (illustration page 237), et fermez celui-ci. Fumez environ 4 h en remplaçant la sciure chaque fois qu'il n'y a plus de fumée (environ toutes les 30 min). Veillez à ce que la partie du tuyau proche du carton soit chaude, mais pas brûlante. Sinon, baissez la chaleur de la plaque pour que le poisson ne cuise pas.

## Découper le saumon en tranches et le servir

1. Découpez la peau durcie à la surface du filet et jetez-la. Commencez la découpe de tranches fines au tiers du filet (en partant de la queue). Avec un couteau à lame souple bien appliqué contre le filet, coupez jusqu'à la queue et remontez vers la tête de 1 cm (½ po) à chaque tranche.
2. Servez avec des blinis et de la crème fraîche.

### Voir également
Blinis, page 61
Lever les filets d'un saumon, page 224
Fumer des filets à chaud, page 237
Saler du saumon pour le fumage à froid, page 239

### Termes du glossaire
Fumer
Salaison

# Saumurage et salaison des poissons

Il est préférable, avant de les fumer, de faire mariner 2 ou 3 h dans une saumure les filets de poisson à forte saveur tels que la truite. Les saumures donnent au poisson un goût plus délicat et éliminent les restes de sang. En plus du sel, elles contiennent souvent du sucre, qui a la double fonction d'adoucir la saveur du poisson et d'éviter qu'il ne soit trop salé. Le poisson saumuré peut ensuite être fumé, ou préparé suivant une autre méthode, grillé par exemple.

On peut également saler les poissons au sel sec (tout particulièrement le saumon): utilisez soit du sel, soit un mélange de sel, de sucre et d'aneth pour la préparation du gravlax, spécialité scandinave. Le poisson en gravlax se déguste directement après la salaison, mais on fume souvent à froid les poissons qui ont été salés sans fines herbes (saumon). Le poisson en gravlax doit rester 2 jours au réfrigérateur, et être retourné toutes les 12 h, avant d'être passé sous l'eau.

### Saler du saumon pour le fumage à froid

Suivez la préparation du gravlax ci-contre, mais sans les fines herbes. Pour les filets d'un saumon de 3 à 5 kg (6 ½ à 11 lb), utilisez 500 ml (2 tasses) de sel et autant de sucre. Couvrez et enveloppez le saumon à la manière du gravlax, en n'utilisant que du sel pour la première phase. Au bout de 10 h, retournez les filets; 10 h plus tard, rincez-les et enveloppez-les à nouveau pendant 9 h, cette fois uniquement avec du sucre. Retournez-les et laissez reposer 9 h. Le saumon a séché 38 h: 20 h dans du sel, 18 h dans du sucre.

### Faire mariner des filets de poisson

Portez de l'eau salée et sucrée à ébullition (480 g (2 tasses) de sel et 240g (1 tasse) de sucre par litre) jusqu'à dissolution des solides. Laissez refroidir, ajoutez de la glace, mettez le poisson dans la saumure et laissez mariner de 2 à 3 h au réfrigérateur.

### Saler des filets de saumon en gravlax

L'herbe utilisée est généralement l'aneth, mais les chefs suédois, pays d'origine du gravlax, tout comme les chefs d'autres pays, remplacent les ingrédients de la recette par d'autres herbes, selon leur préférence. Dans la recette illustrée ici, l'estragon a été choisi. Mélangez 240 g (1 tasse) de sel et autant de sucre pour les filets d'un saumon de 1,4 à 2,25 kg (3 à 5 lb).

1. Sur trois feuilles d'aluminium superposées, suffisamment larges pour envelopper le poisson en entier, étalez un quart du mélange sel-sucre. Déposez un filet de saumon dessus, la peau du côté de l'aluminium. Saupoudrez le poisson avec un autre quart du mélange.

2. Couvrez avec des branches d'estragon et saupoudrez à nouveau avec un autre quart de sel et de sucre.

3. Placez le second filet sur le premier de façon à voir la peau et saupoudrez avec le reste du mélange.

4. Enveloppez bien les filets dans l'aluminium.

5. Disposez sur le saumon emballé une planche à découper ou une petite plaque et, par-dessus, un objet de poids moyen, par exemple deux ou trois casseroles. Glissez 48 h au réfrigérateur en pensant à retourner le poisson toutes les 12 h.

6. Au bout de 48 h, retirez l'estragon et jetez-le. Passez rapidement les filets sous l'eau et séchez-les avec un torchon.

7. Parsemez vos filets d'estragon frais ciselé, et servez comme du saumon fumé.

Voir également
Lever les filets d'un saumon, page 224
Fumer des filets à chaud, page 237
Découper le saumon en tranches, page 238
Fumer des filets à froid, page 238

Terme du glossaire
Salaison

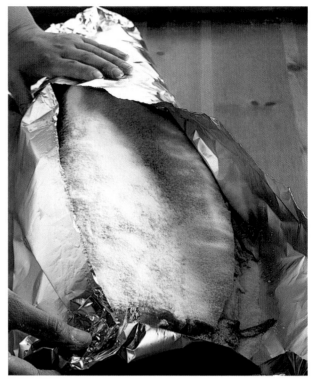

6. Une fois que tous les os ont été enlevés, retournez le morceau de poitrine. Coupez l'épaisse couche de gras située sur l'un des côtés, et taillez celle qui recouvre toute la poitrine.

7. Découpez la viande en dés de 2,5 cm sur 5 cm (1 x 2 po) environ.

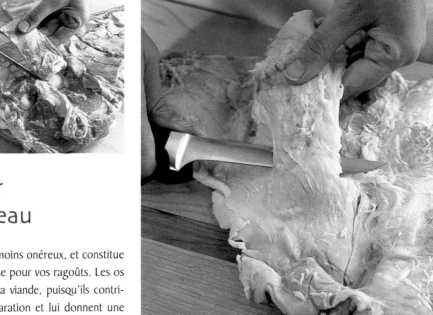

# Parer et découper une poitrine de veau

La poitrine est le morceau du veau le moins onéreux, et constitue une fois désossée une viande délicieuse pour vos ragoûts. Les os peuvent certainement être cuits avec la viande, puisqu'ils contribuent à rehausser le goût de la préparation et lui donnent une texture moelleuse et gélatineuse. Vous pouvez également les réserver pour préparer un fond.

1. Avec un couteau, retirez l'excès de gras des côtés et du dessus.

2. Retournez la poitrine. Tranchez entre chaque côte en séparant au fur et à mesure la viande de l'os.

3. Faites glisser la lame derrière chaque côte pour détacher la viande de l'os.

4. Soulevez chaque côte et détachez-la en tordant. Finissez de séparer la viande des os qui restent de l'autre côté de la poitrine.

5. Tranchez entre la chair et la rangée d'os cartilagineux qui séparent la poitrine en deux (le sternum).

Voir également
Préparer une blanquette
de veau, page 212

## Couper le jarret d'un gigot d'agneau

1. Pratiquez une incision tout autour de la base du jarret (partie inférieure du gigot) jusqu'à ce que vous atteigniez l'os.
2. Découpez toute la chair du jarret et réservez-la pour votre préparation.
3. Sciez l'os en ne laissant dépasser que 5 cm (2 po) environ (cette partie servira de poignée lors de la découpe).

# Parer et désosser un gigot d'agneau

Si vous achetez un gigot entier chez votre boucher, il débarrassera volontiers la pièce de l'os de la hanche, mais si vous effectuez votre achat dans un supermarché, cette tâche vous reviendra certainement. Il est rarement nécessaire de couper le jarret; le procédé est néanmoins expliqué et illustré ci-après.

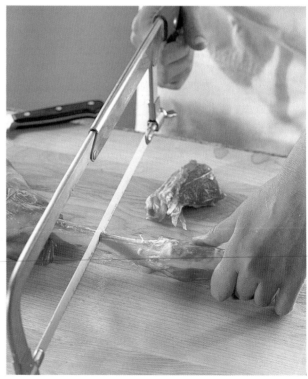

## Parer un gigot d'agneau

1. Avec un couteau à désosser, coupez la peau et le gras en bandes, tout en laissant une fine couche de gras pour éviter que la viande ne se dessèche. Lorsque vous découpez la peau, facilitez-vous la tâche en tenant chaque bande bien tendue, et glissez le couteau dessous.
2. Coupez le long de l'os de la hanche, à l'intérieur; en le contournant, détachez la viande au fur et à mesure en l'écartant.
3. Poursuivez l'opération en suivant soigneusement les contours de l'os. Appliquez bien la lame contre l'os pour détacher toute la viande.
4. Sectionnez l'articulation qui relie l'os de la hanche au fémur, entre l'extrémité arrondie et la cavité. Détachez l'os en tournant.
5. Taillez tous les morceaux de gras apparus lors du désossement.

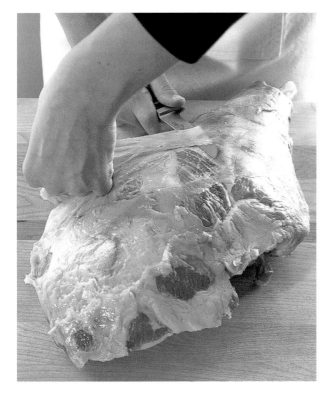

**Voir également**
Ficeler et rôtir un gigot
   d'agneau, page 184

**Termes du glossaire**
Jus
Rôtir

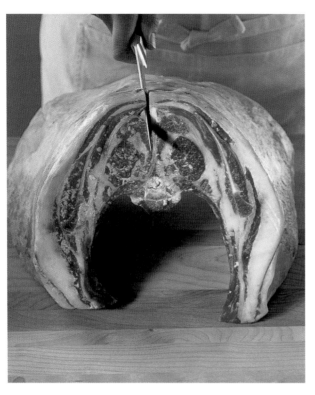

1. Passez les doigts le long du dos pour détecter l'emplacement de la rangée d'os centrale, et faites une incision entre cette ligne et les côtes avec un couteau à désosser, en suivant bien le tracé.

2. Tournez le carré dans l'autre sens. Pratiquez une seconde incision entre les os du milieu et l'autre rangée de côtes.

3. En commençant par l'extrémité du filet, coupez en passant la lame de chaque côté de la rangée d'os.

4. Continuez à couper jusqu'à ce que vous atteigniez les côtes.

244

# Débiter un double carré d'agneau

Le carré correspond à la cage thoracique de l'agneau. Un carré d'agneau se compose de huit ou neuf côtes. En général, la dernière côte (parfois les deux dernières) reste attachée à la selle, et trois autres côtes, à chaque épaule. L'agneau se découpant dans le sens de la largeur (contrairement au porc, qui se découpe dans le sens de la longueur), le carré d'agneau vendu aux bouchers et aux restaurants se présente sous la forme d'un «double» carré, c'est-à-dire des deux parties de la cage thoracique reliées par la colonne vertébrale. Le carré d'agneau que vous achetez chez le boucher ou au supermarché correspond en fait à la moitié d'un carré complet. Les cuisiniers courageux, tout comme les plus économes, peuvent acheter un double carré d'agneau, le débiter, le parer et découvrir les côtes eux-mêmes. Pour séparer un double carré en deux, les bouchers professionnels utilisent une scie, mais un couperet permet de séparer en même temps la colonne vertébrale (ou os de la longe), et ne produit pas de poussière d'os.

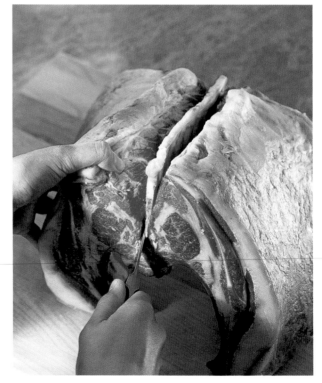

8. Finissez à présent de séparer la première rangée. Débitez la colonne vertébrale en morceaux et réservez-la pour votre préparation.

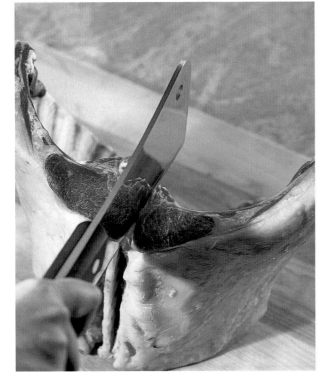

5. Au moyen d'un couperet, tranchez à l'endroit où les côtes rejoignent la colonne vertébrale. Inclinez légèrement le couperet vers le centre pour ne pas emporter de chair en tranchant.

6. Lentement et avec précaution, continuez à trancher jusqu'à ce que vous ayez séparé de la colonne les trois quarts de cette première rangée de côtes.

7. Renouvelez l'opération de l'autre côté de la colonne, mais en tranchant cette fois jusqu'au bout. Séparez complètement la seconde rangée de côtes.

Voir également

Rôtir un carré d'agneau, page 184
Découvrir les côtes d'un carré d'agneau, page 246

# Parer un carré d'agneau et découvrir les côtes

La plupart des supermarchés et des bouchers vendent les carrés d'agneau parés avec la pointe des côtes découvertes (pratique purement décorative), mais peut-être cela vous intéresse-t-il de le faire vous-même. Pour découvrir les côtes, retirez de leurs extrémités toute la membrane et toute trace de chair, afin d'éviter qu'elles ne brûlent lors de la cuisson et ne gâchent le côté esthétique de la présentation. Selon la technique décrite ici, la chair recouvrant l'extrémité des côtes est soigneusement retirée en un seul et unique morceau, mais vous pouvez également procéder en grattant la chair et la membrane pour en débarrasser l'os. Quoi qu'il en soit, découvrir les côtes restant essentiellement une question d'esthétique, cette pratique n'a rien d'indispensable.

## Parer un carré d'agneau

1. Placez le carré sur la planche à découper. Pratiquez de chaque côté une incision dans le gras, à 8 cm (3 po) du filet environ, en tranchant jusqu'à atteindre les côtes. Reliez ces deux entailles en tranchant la couche de gras jusqu'aux côtes.

2. Détachez le gras des extrémités des côtes avec le couteau, et réservez-le. Il sera découpé plus tard et incorporé à la préparation pour rehausser la saveur du jus.

3. Fendez en travers le gras qui recouvre le filet. Veillez

à ne pas entailler la chair. Retirez la couche de gras qui recouvre l'extrémité correspondant à l'épaule (à gauche sur l'illustration) et réservez-la. Les deux côtés du carré cuisent ainsi uniformément.

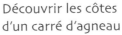

4. Détachez au couteau le morceau de cartilage restant sur l'omoplate, et réservez-le pour votre préparation.

5. Sur l'autre partie, retirez le gras en laissant une couche de 6 mm (¼ po). Jetez-le. Veillez à ne pas couper trop profond pour ne pas transpercer la viande.

6. Coupez le tendon jaune situé à la base du carré.

7. En maintenant le carré bien à plat sur la planche à découper, tranchez les côtes avec un couperet, le long de la ligne correspondant au premier morceau de gras enlevé. Tranchez les côtes une par une pour éviter qu'elles ne se brisent en éclats.

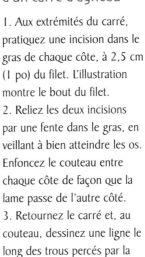

## Découvrir les côtes d'un carré d'agneau

1. Aux extrémités du carré, pratiquez une incision dans le gras de chaque côte, à 2,5 cm (1 po) du filet. L'illustration montre le bout du filet.

2. Reliez les deux incisions par une fente dans le gras, en veillant à bien atteindre les os. Enfoncez le couteau entre chaque côte de façon que la lame passe de l'autre côté.

3. Retournez le carré et, au couteau, dessinez une ligne le long des trous percés par la lame. Transpercez complètement la membrane qui recouvre chaque côte et séparez-la des côtes en grattant avec la lame.

4. Dans le sens des côtes, fendez la membrane qui sépare chacune d'elles et rabattez-la d'un côté ou de l'autre de chaque os.

5. Avec le dos du couteau, écartez encore la membrane, et enroulez-la éventuellement le long des bords de chaque côte. Ne la coupez pas à l'endroit où elle joint la côte; faites-la seulement rouler le plus loin possible.

6. Tenez le carré verticalement et continuez à gratter les côtes avec la lame pour séparer de la noisette la bande de viande et de gras du haut.

7. Tenez fermement la bande de viande (aidez-vous d'un torchon) et tirez de façon à la séparer des côtes.

8. Coupez tous les morceaux de gras épais encore attachés au carré.

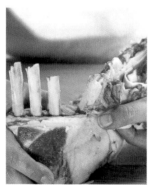

## Découvrir les côtes d'un carré de porc

Procédez de la même manière que pour le carré d'agneau, mais retirez la longe, généralement laissée sur la pièce.

1. Demandez à votre boucher de couper l'os de la longe (colonne vertébrale de l'animal, qui reste attachée aux côtes lorsque la viande est débitée). Cela vous permettra de trancher le rôti vous-même. Sur l'illustration, l'os préalablement retiré est présenté pour indiquer son emplacement initial.

2. À environ 2,5 cm (1 po) des extrémités des côtes, tranchez la chair entre les côtes.

3. Détachez la viande, la membrane et le gras des extrémités, en passant une lame contre les os.

Voir également
Rôtir un carré d'agneau,
    page 187
Retirer le gras des chutes
    pour la cuisson du rôti,
    page 252

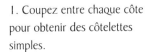

1. Coupez entre chaque côte pour obtenir des côtelettes simples.
2. Avec un couteau de cuisine ou un couteau à désosser, retirez l'excès de gras.
3. Pour des côtelettes doubles, fendez à toutes les deux côtes.
4. Retirez éventuellement l'une des deux côtes.

## Tailler un carré d'agneau en côtelettes

Si vous voulez obtenir à partir d'un carré d'agneau des côtelettes à faire griller, parez d'abord votre carré (pages 246 et 247). Si la présentation vous tient à cœur, découvrez les côtes. Débitez-le soit en côtelettes simples en découpant entre chaque côte, soit en côtelettes doubles (toutes les deux côtes).

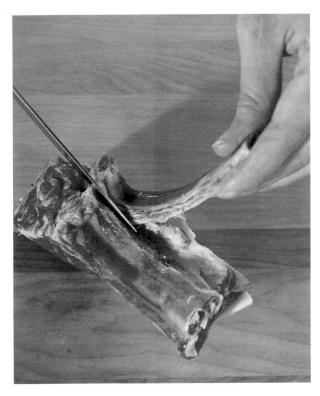

Voir également
Rôtir des carrés d'agneau
   et de porc,
   pages 187 et 189
Griller des côtelettes
   d'agneau, page 193
Sauter des côtelettes,
   d'agneau, page 195

# Parer et rôtir une selle d'agneau

La selle est le morceau de l'agneau qui se trouve juste derrière le carré. Pour avoir une idée de son emplacement, passez la main sur le creux de vos reins et remontez jusqu'aux premières côtes: la selle correspond à toute cette région, y compris les deux côtes du bas. Si on sépare la selle en deux dans le sens de la longueur et que l'on sépare ensuite chaque moitié en deux dans l'autre sens, on obtient des côtelettes appelées côtelettes de filet. Leur forme rappelle, en miniature, celle des steaks avec un os en T. Elles se composent de deux muscles principaux: le muscle extérieur ou filet; et le muscle passant sous la selle ou filet mignon (plus petit). La selle est l'un des morceaux les plus savoureux de l'agneau.

Vous trouverez ci-après les instructions pour parer un carré d'agneau. Certains bouchers laissent les flancs attachés à la selle et les replient de chaque côté (chez le bœuf, ces morceaux correspondent à la bavette). Ici, ils sont découpés et utilisés pour augmenter le volume du jus de cuisson.

## Préparer une selle d'agneau

1. Placez la selle sur la planche à découper, intérieur vers le haut. Coupez tous les morceaux de gras apparents.

2. Faites une petite incision à l'extrémité de l'un des flancs, à environ 2,5 cm (1 po) du filet (apparent des deux côtés), en prenant soin de ne pas l'abîmer. Faites une seconde incision à l'extrémité opposée, toujours à 2,5 cm (1 po) du filet.

3. Reliez les deux incisions pour détacher la plus grande partie du flanc. Séparez-le complètement en faisant passer la lame autour de la (ou des) côte située en haut.

4. Découpez soigneusement la viande attachée à la côte. Faites glisser le couteau dessous et arrachez-la en tournant. Réservez-la.

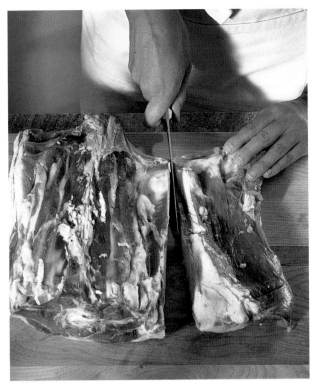

5. Tournez la selle et appliquez les étapes 2, 3 et 4 à l'autre flanc.

6. Découpez l'excès de gras des deux côtés de la selle.

7. Sur la face extérieure et arrondie, découpez la membrane qui recouvre le gras: découpez une petite bande, puis, en la tenant bien tendue, faites glisser le couteau dessous en orientant la lame vers le haut. Coupez-la ainsi par longues bandes.

8. Retirez le gras jusqu'à ce qu'il n'en reste qu'une fine couche, en veillant à ne transpercer ni la viande ni la fine membrane argentée qui la recouvre.

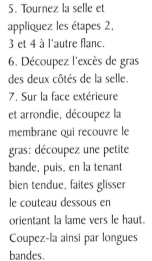

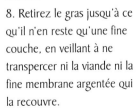

## Rôtir une selle d'agneau

Les flancs coupés au préalable (page 250) rehaussent la saveur du jus de cuisson du rôti.

1. Placez-les sur la planche à découper, gras en dessous, et détachez le plus de viande possible. Jetez le gras.
2. Coupez la viande en bandes fines.
3. Ficelez la selle pour qu'elle garde sa forme.

4. Tapissez votre plat avec les bandes de viande issues des flancs, les côtes réservées et quelques gousses d'ail épluchées. Salez la selle, poivrez-la, et disposez-la dessus. Faites rôtir au four à 220 °C (425 °F) jusqu'à ce qu'un thermomètre planté dans un des filets affiche 50 °C (122 °F) (entre saignant et à point), soit environ 25 min. Retirez la selle du plat et gardez-la au chaud pendant que vous préparez un jus. Servez.

Voir également
Rôtir un carré d'agneau
et préparer un jus,
page 187

## Découper une selle d'agneau rôtie

Il existe deux façons de découper une selle. La première (sans doute la plus esthétique) consiste à couper le filet et le filet mignon en tranches dans le sens de la longueur. La seconde consiste à détacher les deux filets, puis à découper le filet en médaillons ou noisettes, et le filet mignon en fines lanières.

## Découper une selle d'agneau dans le sens de la longueur

1. En tenant la selle avec une fourchette, découpez le long de la rangée d'os centrale (du côté droit) en appliquant bien le couteau contre les os. Contournez la petite arête située en bas des os.
2. Coupez le premier filet en deux (sauf si vous voulez de très longues tranches).
3. Taillez la couche de gras du dessus et découpez le filet en tranches.
4. Comme sur la photo, découpez des tranches jusqu'à ce que vous atteigniez l'os.

## Découper une selle en médaillons (noisettes)

1. Incisez le long de chaque côté de l'os central et détachez les deux filets.
2. Découpez-les en médaillons.

## Découper un filet mignon

1. Après avoir découpé les deux filets, retournez la selle. Coupez le petit filet mignon en deux. Faites glisser un couteau sous chacune des moitiés et détachez-les des os. Détachez le second filet mignon de la même manière.
2. Les filets étant de petite taille, coupez-les dans le sens de la longueur (en lanières) plutôt qu'en médaillons.

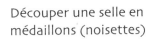

# Découper un lapin

Lors de la découpe d'un lapin, on détache généralement les deux cuisses, les deux pattes de devant, la cage thoracique et le râble. S'il s'agit d'un gros lapin, le râble peut être divisé en deux de manière à obtenir quatre parts. S'il s'agit d'un lapin de petite taille, ou si vous avez affaire à des invités gourmands, vous pouvez servir une cuisse et la moitié d'un râble par personne. Pour enrichir le jus de cuisson, vous pouvez faire cuire, en même temps que les cuisses et le râble, les pattes de devant et la cage thoracique, que vous pourrez bien sûr servir lors d'un repas de famille (les restes sont abondants), mais que vous éviterez généralement de servir lors d'un repas plus formel. En outre, de par la position des os, le râble n'est pas facile à découper. Il est donc préférable de le désosser au préalable.

Le lapin qui apparaît sur l'illustration est un lapin adulte, qui conviendra parfaitement pour un braisage. Découpez un jeune lapin de la même manière, mais réduisez le temps de cuisson. Cuisinez-le comme un poulet, sauté ou en ragoût.

### Découper un lapin

1. Retirez tous les morceaux de gras de l'intérieur du lapin.
2. Sectionnez la peau qui relie l'une des pattes de devant au corps, et enlevez la patte. Retirez la seconde patte de la même manière.

3. Après avoir palpé afin de trouver l'emplacement des seconde et troisième côtes en partant du bas, tranchez entre ces deux côtes d'un côté de la cage thoracique.
4. Coupez jusqu'à la colonne vertébrale. Recommencez de l'autre côté.
5. Détachez complètement la cage et le cou à l'endroit où vous avez atteint la colonne.
6. Avec un couperet, découpez la cage thoracique en plusieurs morceaux. Vous rehausserez avec ces morceaux la saveur de vos bouillons ou de vos préparations sautées ou en ragoût.

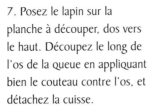

7. Posez le lapin sur la planche à découper, dos vers le haut. Découpez le long de l'os de la queue en appliquant bien le couteau contre l'os, et détachez la cuisse.

8. Détachez la seconde cuisse en commençant cette fois par l'extrémité de l'os.

9. Tranchez l'os de la queue avec un couperet.

10. Retournez le râble et déployez les flancs sur les côtés. Détachez les deux côtes restantes en glissant un petit couteau dessous. Enlevez-les avec les doigts.

11. Salez et poivrez l'intérieur des flancs. Ajoutez éventuellement des herbes, ou toute autre garniture à votre convenance.

12. Rabattez les flancs sur l'intérieur du râble.

13. Ficelez-le et coupez-le en deux avec un grand couteau de chef. Un couperet peut s'avérer nécessaire pour trancher la colonne vertébrale.

14. Avec un petit couteau, débarrassez les cuisses des petits os pelviens.

15. Réservez-les pour les incorporer à votre plat ou bouillon.

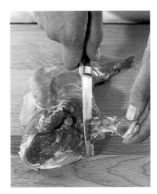

## Désosser un râble de lapin

1. Placez le râble sur la planche à découper, le dos contre la planche. Déployez les flancs. Avec un petit couteau d'office, incisez sous les petits muscles (filets mignons) situés le long du râble, en commençant au milieu.

2. Grattez la petite rangée d'os reliée à la colonne vertébrale et poussez les filets vers la base des os (mais ne les détachez pas).

3. Passez le couteau sous la rangée d'os, des deux côtés, afin de la détacher des grands filets.

4. Faites le tour de la colonne vertébrale avec le couteau. Une autre rangée d'os apparaît: détachez-la en passant la lame tout autour et dessous. Appliquez bien la lame contre les os de manière à ne pas transpercer la peau.

5. Continuez à couper autour de la colonne vertébrale jusqu'à ce qu'apparaisse dessous l'intérieur blanc de la peau. Essayez de ne pas transpercer la peau (une fente ou deux sont toutefois acceptables).

6. Soulevez la colonne vertébrale et détachez-la en sectionnant le bout cartilagineux des os, qui restent incrustés dans la peau.

7. Tranchez les os un par un jusqu'à ce que vous ayez complètement séparé la colonne vertébrale. Votre râble est maintenant prêt à farcir et à ficeler.

Voir également
Préparer une fricassée de poulet, page 154
Préparer un sauté de poulet, page 157
Braiser un lapin, page 257 et 258
Farcir et ficeler un râble de lapin, page 257

# Préparer et braiser un lapin de grande taille

Les lapins jeunes et de petite taille sont ceux que l'on trouve le plus communément chez le boucher et dans les supermarchés. Préparez-les comme le poulet, soit sautés, soit braisés peu de temps, jusqu'à ce qu'ils soient tendres. Pour les lapins de plus grande taille, vous obtiendrez une chair tendre en prolongeant le temps de cuisson. Un long braisage donne au lapin une saveur incomparable.

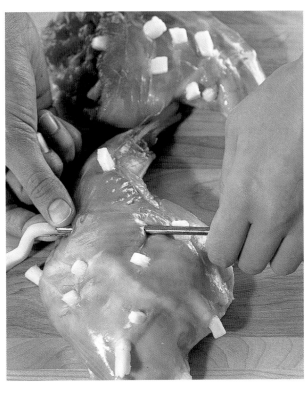

Braisé, le lapin est très tendre, et aussi savoureux qu'en ragoût. Vous pouvez néanmoins décider de le larder, afin de le rendre plus tendre encore et d'en enrichir la texture.

1. Découpez des lardons dans la couenne d'un morceau de lard.

2. Découpez le lard en tranches d'environ 6 mm (¼ po) d'épaisseur, puis chaque tranche en lanières de 6 mm (¼ po) de large.

3. Pour entrelarder les cuisses, attachez un morceau de lard à une lardoire et enfilez-le dans la chair.

4. Taillez-le de manière à laisser dépasser environ 6 mm (¼ po) (si vous le coupez trop, vous perdez l'effet décoratif, car le lard rétrécit pendant la cuisson).

5. Enfilez 5 ou 6 lanières de lard de plus, et recommencez de l'autre côté. Lardez l'autre cuisse de la même manière.

6. Entrelardez le râble (ici, un râble désossé) en commençant par l'intérieur.

7. Déposez deux feuilles de sauge au centre (ou parsemez avec les fines herbes de votre choix). Salez et poivrez l'intérieur.

8. Rabattez les flancs sur l'intérieur du râble et donnez-lui une forme arrondie. Lardez l'extérieur et ficelez-le.

9. Hachez grossièrement les pattes de devant, ainsi que les os détachés lors de la découpe. Disposez le tout dans une marmite à fond épais, avec des légumes aromatiques taillés grossièrement (mirepoix).

10. Disposez par-dessus les cuisses et le râble.

11. Faites rôtir à 190 °C (375 °F), jusqu'à ce que le dessus de la viande soit bien doré. Retournez-la et faites dorer l'autre côté.

12. Veillez à ce que les jus ne brûlent pas au fond du plat pendant la cuisson. Si les jus brunissent trop avant que le lapin ait fini de dorer, ajoutez un peu d'eau ou de bouillon pour les empêcher de brûler. Poursuivez la cuisson jusqu'à ce que le lapin soit bien doré et que les jus aient caramélisé au fond du plat.

13. Enfoncez bien la viande dorée au creux des légumes et des os, ajoutez un bouquet garni et recouvrez à moitié de bouillon de poulet ou de bœuf.

14. Portez à ébullition sur la cuisinière, couvrez, et braisez dans un four à 160 °C (320 °F) pendant environ 2 h, jusqu'à ce que vous puissiez enfoncer facilement une fourchette dans la chair. Vérifiez régulièrement que le jus ne dépasse pas le stade du frémissement (une bulle doit apparaître à la surface toutes les 2 ou 3 sec). Transférez le lapin dans un plat et filtrez les jus de braisage. Dans la passoire, appuyez bien sur les légumes avec le dos de la louche afin de faire sortir le plus de jus possible. Jetez les os et les légumes.

15. Dégraissez le jus de braisage avec une saucière. Placez le lapin dans une marmite propre (ou dans la même, préalablement nettoyée) et versez le jus dégraissé dessus.

16. Remettez au four, et arrosez la viande de jus toutes les 10 min, jusqu'à ce qu'elle soit recouverte d'une pellicule sirupeuse.

17. Ajoutez éventuellement de la crème au jus et remettez au four.

Voir également
Préparer un fond de poulet, page 30
Composer un bouquet garni, page 31
Préparer une fricassée de poulet, page 154
Préparer un sauté de poulet, page 157

18. Arrosez la viande jusqu'à ce que la sauce acquière la consistance désirée (comptez environ 5 min). Disposez sur un plat.

19. Découpez la selle en médaillons. Découpez les cuisses. Servez un morceau de chaque.

Termes du glossaire
Braiser
Déglacer
Dégraisser
Glacer
Larder
Mirepoix

Glossaire

### À la nage

Cuire à la nage désigne le fait de pocher des aliments, souvent des produits de la mer, dans un court-bouillon et de servir celui-ci avec ses légumes sous forme de garniture autour des aliments. Si vous préparez un court-bouillon pour le servir à la nage, veillez à couper les légumes de façon décorative, en julienne par exemple, comme illustré à la page 13.

### Bain-marie

Récipient d'eau qui permet de cuire de façon homogène les mets tels que les crèmes et de les protéger de la chaleur directe du four ou, dans certains cas, de la flamme du brûleur. En général, le bain-marie est employé pour les mets qui se cuisent dans des récipients de petite taille tels que les ramequins, car la température constante de l'eau leur permet de cuire tous au même rythme, quel que soit le type de four. L'eau est d'abord amenée à ébullition sur le brûleur (la cuisson dans l'eau froide étant trop lente) puis versée autour des ramequins, dans un récipient suffisamment grand pour les contenir tous. En général, on place le bain-marie quelques secondes sur la cuisinière afin que l'eau refroidie par les ramequins recommence à frémir. Une triple épaisseur de papier sulfurisé ou de journal ou bien un torchon posé sous le bain-marie protège la préparation de la chaleur directe de la flamme.

### Bavarois

Sorte de mousse, dont la version sucrée est bien connue et qui s'obtient en mélangeant de la crème fouettée et un mélange liquide parfumé, souvent une crème anglaise, à la vanille, au café, au chocolat ou aux fruits. Les bavarois aux fruits modernes sont parfois élaborés sans crème anglaise. Les bavarois salés, mélange de crème fouettée et de diverses purées salées, ne contiennent évidemment jamais de crème anglaise. La gélatine permet d'affermir le bavarois une fois refroidi. (Voir également Mousse.)

### Beurre blanc

Riche sauce au beurre obtenue en mélangeant du beurre à une préparation contenant du vin blanc, du vinaigre de vin blanc et des échalotes que l'on a préalablement fait revenir.

### Blanchir

Blanchir consiste à cuire des aliments dans de l'eau bouillante en vue d'une cuisson plus poussée par la suite. Par exemple, les racines comestibles ou tubercules tels que les pommes de terre peuvent être blanchis dans de l'eau bouillante pour les ramollir avant d'être sautés, grillés ou rôtis (une cuisson lente des tubercules cuirait excessivement l'extérieur avant que la chaleur intense de la poêle ou du gril n'ait le temps de pénétrer la chair dense jusqu'à l'intérieur). On blanchit les grands tubercules en les mettant dans l'eau froide pour que la chaleur les pénètre progressivement et les cuise de manière plus homogène. (Si les pommes de terre sont plongées dans de l'eau bouillante, l'extérieur se ramollit avant que la chaleur n'ait atteint le cœur.)

Le blanchiment est aussi employé pour nuancer la saveur intense de certains ingrédients. Par exemple, on blanchit parfois les petits lardons (voir Préparer des lardons, page 155) afin d'en adoucir le goût fumé prononcé, qui risquerait d'être dominant dans des plats comme le bœuf bourguignon ou le coq au vin. Les navets plus vieux sont parfois tranchés et blanchis dans un premier temps à l'eau froide afin d'éliminer toute amertume. Les viandes et les os sont parfois blanchis (voir Blanquette de veau à la crème, page 212) afin d'éliminer l'écume qui risquerait de troubler le court-bouillon ou le bouillon. Les ris sont, eux, blanchis de façon à les affermir et à conserver leur forme. Le blanchiment des tomates et des pêches permet de les peler aisément. Certaines personnes ajoutent du bicarbonate de soude dans l'eau destinée à blanchir les légumes verts. Le bicarbonate étant alcalin, il neutralise les acides naturels contenus dans les légumes et leur rend un vert éclatant, mais il les ramollit aussi. Il semblerait de plus qu'il neutralise certaines substances nutritives.

## Blanquette

Ragoût de veau crémeux obtenu en pochant des morceaux de poitrine de veau, puis en épaississant le bouillon avec du roux et un mélange de crème et de jaunes d'œufs. (Voir également Roux.)

## Bouillir

Cuire dans de l'eau ou autre liquide porté à ébullition. Peu de techniques prêtent autant à confusion que l'ébullition, la cuisson à feu doux et le pochage. En fait, il est souvent préférable d'éviter l'ébullition. La plupart des d'aliments, comme la viande et les produits de la mer, sont de préférence pochés (cuits dans un liquide maintenu juste en dessous du point d'ébullition et tout juste frémissant en surface), car l'ébullition les dessèche ou les rend filandreux et le liquide peut devenir trouble ou graisseux. Pour certains aliments, une cuisson à gros bouillon est préférable. Le riz et les pâtes cuisent plus rapidement et de manière plus homogène dans de l'eau bouillante. Les légumes verts sont souvent cuits à découvert dans une grande quantité d'eau bouillante salée qui les empêche de baisser la température de l'eau. Cela évite de ralentir la cuisson des légumes et de leur faire perdre leur éclat. Le sel contribue également à maintenir leur couleur verte. Dès que les légumes sont cuits, égouttez-les puis plongez-les dans de l'eau glacée, ou passez-les rapidement sous le robinet pour bien les refroidir (technique dite du rafraîchissement). (Voir également Blanchir, Pocher.)

## Bouillon

On utilise ici indistinctement les termes *bouillon* et *fond* pour désigner la préparation d'un liquide goûteux issu de la cuisson lente de viandes, poissons ou légumes (et leurs produits dérivés, tels que les os, arêtes et chutes) généralement avec des herbes dans un autre liquide, le plus souvent de l'eau. Les ingrédients sont parfois eux-mêmes cuits dans du bouillon, créant ainsi un

double bouillon. Selon certaines recettes, le bouillon est préparé sans le bouquet garni ni les légumes aromatiques habituels, mais ces ingrédients y sont ajoutés ultérieurement, une fois qu'il est incorporé à une soupe ou une sauce. Contrairement au bouillon, le fond, considéré comme une base de départ, ne constitue généralement pas le liquide définitif.

## Braiser

Cuire dans un peu de liquide. Contrairement au pochage, qui consiste à submerger complètement les aliments dans un liquide frémissant, les mets braisés nécessitent une quantité de liquide relativement réduite. Le braisage vise généralement à concentrer la saveur des aliments dans le liquide qui les entoure de manière à transformer celui-ci en sauce ou à le réduire pour qu'il enrobe les aliments braisés ou qu'il soit réabsorbé par ceux-ci. Il peut s'agir soit d'une technique relativement rapide consistant à mitonner les aliments à feu très doux jusqu'à ce qu'ils soient cuits à point (pages 116, 128 et 154), soit d'un procédé plus long impliquant une cuisson lente employée surtout, mais pas exclusivement, pour les morceaux de viande coriaces à rendre plus tendres (pages 128, 203, 206 et 257). Vous pouvez, au choix, dorer les aliments avant d'ajouter le liquide, larder les viandes afin de les maintenir moelleuses ou encore varier le liquide (la plupart des aliments sont braisés dans une quantité de liquide suffisante pour les recouvrir à mi-hauteur, tandis que d'autres le sont dans très peu de liquide et que certains sont même braisés dans leur propre jus). Les aliments sont généralement braisés dans un récipient clos, mais ceux qui dégagent beaucoup d'eau et cuisent assez rapidement sont braisés à découvert de façon à réduire et concentrer le liquide.

Le braisage rapide des légumes, également dit glaçage (page 76), constitue une excellente manière de cuire les tubercules tels que carottes, oignons et navets. Cette technique offre, en outre, une alternative pleine de saveur à l'étuvée ou à l'ébullition des légumes verts. Bien que la cuisson à feu doux risque de rendre les légumes moins croquants et d'atténuer leur éclat, ce type de cuisson permet d'obtenir des saveurs plus prononcées.

Les poissons peuvent être braisés en entier, en filets ou en darnes, dans une quantité de liquide qui les recouvre juste à mi-hauteur. Les crustacés nécessitent encore moins de liquide, juste assez pour produire de la vapeur et préparer une sauce. La plupart des produits de la mer sont braisés rapidement, juste le temps que la chaleur pénètre et cuise la chair. Certains crustacés et fruits de mer (calamars, poulpes, couteaux, conques et bulots) doivent néanmoins être braisés longuement à feu doux afin de rendre leur chair plus tendre et d'en dégager la saveur.

Le braisage est la méthode employée pour la plupart des plats de viande à cuisson lente comme les ragoûts. Traditionnellement, il implique une cuisson longue et à feu doux, pour que les protéines dures de la viande aient le temps de s'adoucir et que légumes et herbes aromatiques, auxquels on ajoute parfois du vin, fondent toutes leurs saveurs en une sauce succulente et naturelle. Néanmoins, les morceaux tendres de viande rouge et de volaille peuvent être braisés rapidement, juste le temps de les cuire à point (sinon ils durcissent et se dessèchent).

Les ragoûts, préparations braisées dans lesquelles la viande est coupée en cubes, présentent une infinité de variantes. Vous pouvez soit dorer la viande au four ou dans un corps gras chaud avant d'y ajouter le liquide afin de corser le ragoût, soit braiser la viande directement. On ajoute souvent des légumes aromatiques en début de cuisson, tels qu'oignons, carottes, poireaux, ail et céleri qui, mélangés avec du vin, peuvent aussi servir à mariner la viande avant la cuisson. Dans la plupart des plats de viande braisée, les légumes sont hachés puis retirés en fin de cuisson, mais dans les ragoûts plus rustiques, ils sont coupés en gros morceaux et servis avec le plat. Dans les mets plus raffinés (tels que le ragoût de bœuf braisé, page 206), légumes frais et autres garnitures sont cuits séparément et ajoutés au plat juste avant de le servir. Les viandes à braiser longuement sont parfois lardées de graisse de porc insérée en petites lamelles à l'aide d'une lardoire (page 275-276). Même si nombreux sont ceux qui répugnent à ajouter de la graisse à un plat, aucune autre technique ne permet de conserver aussi efficacement toute l'onctuosité et la texture moelleuse des viandes braisées.

Braisez la viande rouge et blanche dans un liquide tout juste frémissant, en veillant à ce que seules une ou deux bulles remontent à la surface par intervalles de quelques secondes. Si vous laissez le liquide bouillir, la viande deviendra filandreuse et sèche et le liquide de braisage sera gras. En revanche, si le liquide n'est pas

suffisamment chaud, la cuisson de la viande prendra trop de temps. Le moyen le plus simple de vérifier la température de cuisson consiste à soulever le couvercle pour examiner le liquide, mais cela peut s'avérer peu pratique (si le récipient est volumineux) et risque de dissiper quelque peu les saveurs (autrefois, les recettes françaises de viandes braisées recommandaient souvent de sceller le couvercle avec une pâte à base de farine et d'eau). Il est préférable de bouillir de l'eau dans une petite casserole résistante au four, de la couvrir puis de la placer dans le four près du récipient utilisé. Il suffit alors de vérifier l'eau de la casserole. (Voir également Étuver, Glacer, Larder, Pocher et Réduire.)

## Brunoise
Légumes coupés en très petits dés légèrement inférieurs à 6 mm (¼ po).

## Caraméliser
Corser le goût de nombreux aliments, y compris légumes, viandes et poissons, en les dorant légèrement et en caramélisant leurs sucs et autres composants naturels. On fait généralement dorer les viandes destinées à des ragoûts, par exemple, afin d'en caraméliser le jus et d'en renforcer la saveur. De même, on caramélise souvent les légumes hachés, notamment carottes et oignons (parfois avec des cubes de viande tels que du prosciutto), dans un peu de graisse avant d'y ajouter du liquide pour rehausser le goût des soupes, ragoûts et sauces. Les mets braisés comme les rôtis en cocotte (page 203) et le civet de lapin (page 257) sont parfois caramélisés en plusieurs étapes: on caramélise d'abord les légumes aromatiques ainsi que les chutes de viande dans la cocotte avant d'y ajouter les morceaux de viande; on ajoute ensuite une petite quantité de bouillon à la viande, que l'on réduit afin qu'elle caramélise avant d'y incorporer le véritable liquide de braisage; enfin, celui-ci est à son tour caramélisé sur la surface de la viande au cours du glaçage définitif. On caramélise aussi parfois les légumes, notamment les jeunes oignons et les tubercules, après les avoir glacés. Le liquide s'évapore presque complètement et se caramélise au fond de la poêle avant d'être déglacé avec de l'eau, de la crème ou du bouillon, pour finalement former une sorte de sauce servant à napper les légumes. (Voir également Braiser, Garniture, Glacer, Légumes aromatiques, Mirepoix.)

## Casserole
Voir Gratiner.

## Chiffonnade
Émincé de légumes à feuilles ou d'herbes (page 20).

## Concasser
Hacher ou écraser des aliments plus ou moins grossièrement, en général des tomates. La substance obtenue peut alors servir de sauce. Les tomates doivent être préalablement pelées et épépinées, car, contrairement aux coulis, la pâte obtenue n'est pas tamisée. (Voir également Coulis.)

## Confit
Traditionnellement, les confits sont élaborés par cuisson lente de morceaux de canard, d'oie ou de porc dans leur propre graisse fondue en vue de les conserver recouverts de graisse, dans des pots. Avant l'apparition des réfrigérateurs, cette méthode servait à conserver la viande en empêchant la formation de bactéries. Aujourd'hui, on prépare des confits tout simplement parce qu'ils sont succulents et en réalité peu gras, la graisse s'étant presque entièrement détachée de la viande à la cuisson. En cuisine française moderne, le terme est parfois utilisé plus globalement pour désigner tout aliment cuit à feu doux et submergé dans un corps gras afin d'en concentrer la saveur. Les confits diffèrent des fritures, car ils sont cuits à feu très doux, alors que les fritures s'effectuent à feu vif.

## Consommé
Les consommés traditionnels sont dérivés de concentré de bœuf ou de veau que l'on a fait épaissir avec du roux pour obtenir une sauce espagnole, elle-même concentrée en demi-glace par lente réduction à petit feu. En ajoutant divers ingrédients savoureux, tels que légumes aromatiques, herbes, vins, truffes, champignons et/ou grains de poivre vert, nos chefs ont établi une vaste famille de consommés devenus classiques. Aujourd'hui toutefois, la plupart des consommés sont élaborés sans roux, et sont plutôt dérivés de fond de veau ou de bœuf très réduit appelé glace de viande. Généralement, cela consiste à mélanger une petite quantité de glace de viande à des ingrédients goûteux, tout comme pour la demi-glace. La sauce est alors achevée avec du beurre ou de la crème pour l'épaissir légèrement et la rendre fondante. (Voir également Glace de viande, Monter au beurre, Roux.)

## Corser
Donner plus de goût à une sauce en y incorporant une essence ou des sucs de viande.

## Coulis
En cuisine contemporaine, un coulis est un mélange, souvent à base de fruits, qui a été préalablement tamisé pour éliminer pépins et restes de peau de façon à produire une purée parfaitement lisse. Le coulis ne diffère de la tomate concassée que par le fait que la substance obtenue est tamisée et qu'il n'est donc pas nécessaire de peler ni d'épépiner préalablement les tomates utilisées. (Voir également Concasser.)

## Coupe-légumes
Appareil servant à couper les légumes en tranches plus ou moins épaisses. Les modèles les plus courants sont les coupe-légumes en plastique relativement petits que l'on tient d'une main tout en déplaçant de l'autre l'aliment à trancher. Le plus performant comporte deux petits écrous au dos pour régler la lame selon l'épaisseur désirée. L'autre modèle n'offre que deux ou trois épaisseurs, qui se révèlent, par ailleurs, souvent peu pratiques. Il existe un troisième type de coupe-légumes, la mandoline, généralement en acier inoxydable et munie d'un plan incliné sur un support. Cet ustensile convient particulièrement à la découpe de pommes de terre, car il est muni de lames pour les frites ainsi que pour la préparation de chips ondulées et gaufrées (page 80). J'estime que les coupe-légumes classiques sont plus tranchants que les

Râper du chou à l'aide d'un coupe-légumes doté d'une protection

Découpage de frites avec une mandoline et une protection

mandolines et bien moins coûteux. On les trouve dans les magasins spécialisés.

## Court-bouillon

Bouillon de légumes élaboré en faisant mijoter des oignons (ou des poireaux), des carottes, du céleri et parfois du fenouil, avec un bouquet garni, le tout dans de l'eau souvent additionnée de vin blanc. Cette technique est particulièrement adaptée au pochage de poissons et de fruits de mer. (Voir également À la nage.)

## Crème aux œufs

Mélange liquide incorporant des œufs entiers, blancs ou jaunes d'œufs, et cuit au four à feu doux jusqu'à ce qu'il soit ferme. Peut servir à élaborer aussi bien une quiche qu'une crème caramel.

## Cuire à la vapeur

Cuire des aliments en les suspendant sur (et non dans) de l'eau bouillante située à l'intérieur d'un récipient couvert ou d'une marmite à vapeur. Cette technique, également dite *étuver*, est simple: on amène rapidement un peu d'eau (parfois additionnée d'herbes fraîches ou de légumes aromatiques) à ébullition dans la partie inférieure de la marmite sur feu vif. On place les aliments à étuver à l'intérieur du compartiment perforé, on couvre la marmite et les aliments cuisent dans leur vapeur. Cette technique est couramment utilisée pour la cuisson des légumes (page 86), des poissons et des fruits de mer, car elle est rapide et conserve la coloration ainsi que les substances nutritives des aliments. En fin de cuisson à l'étuvée, veillez à laisser la vapeur se dissiper avant de prendre les aliments à l'intérieur de la marmite.

Il existe divers types de récipients à vapeur dans le commerce:
• Le plus petit modèle, qui est aussi le moins coûteux, est un panier métallique que l'on déplie au fond du récipient (page 86). Adaptable au récipient, ce modèle est pratique pour étuver les petites quantités de légumes (peu pratique pour les poissons).
• Le deuxième type de récipient à vapeur est une sorte de marmite métallique perforée et munie de petits pieds et d'une anse. On la place à l'intérieur d'un récipient plus grand (page 86).
• Les paniers en bambou de style chinois se placent sur un faitout ou une poêle chinoise (wok) au-dessus de l'eau ou du liquide bouillant (page 86). Ces modèles permettent d'étuver des aliments en grandes quantités ou de types différents, car ils sont souvent volumineux et superposables.

• Les couscoussiers peuvent servir à étuver d'autres aliments que le couscous. Ils se composent d'une partie inférieure, que l'on remplit partiellement d'eau bouillante, et d'une partie supérieure, qui contient les aliments et que l'on place au-dessus de l'eau bouillante. Les couscoussiers, souvent peu coûteux et assez volumineux, sont bien adaptés à la cuisson à la vapeur. En dernier lieu, vous pouvez improviser votre propre dispositif en utilisant une grille à gâteau circulaire et trois petites boîtes de conserve vides sans fond ni dessus. Placez les boîtes au fond d'un faitout couvert, ajoutez l'eau, puis posez la grille sur les boîtes.

### Étuver des légumes à feuilles dans un panier dépliant : Le panier dépliant est pratique pour étuver de petites quantités de légumes verts à feuilles (épinards par exemple). Placez le panier dans un faitout rempli d'environ 2,5 cm (1 po) d'eau, en veillant à ce que l'eau n'atteigne pas le fond du panier. Faites bouillir l'eau sur feu vif et ajoutez les légumes. Couvrez le faitout et cuisez 5 min (une ou deux pour les légumes tendres). Retirez le couvercle, éteignez le feu, attendez 30 sec environ que la vapeur se dissipe et retirez les légumes.

### Étuver des tubercules et des légumes verts en même temps dans un panier à vapeur chinois : Le panier chinois permet d'étuver en même temps divers types d'aliments, même s'ils nécessitent des temps de cuisson différents. On place les aliments à cuisson plus lente en premier. Disposez les tubercules dans le panier. Faites rapidement bouillir un peu d'eau au fond d'un wok ou d'un faitout de même diamètre que le panier. Placez le panier rempli de tubercules au-dessus de l'eau bouillante et couvrez-le. Lorsqu'il ne manque plus que 5 min environ pour que les tubercules soient cuits (piquez-les avec une fourchette pour en évaluer la texture), posez un autre panier rempli de légumes verts dessus et couvrez-le à nouveau. Continuez la cuisson jusqu'à ce que tous les légumes soient cuits, soit environ 5 min de plus.

## Cuire au four

Les termes cuire et rôtir sont souvent utilisés indifféremment, mais rôtir implique généralement une cuisson à haute température, tout au moins au début, afin d'obtenir un aliment doré en surface (rôtir implique également d'autres techniques comme le déglaçage du plat et la préparation d'un jus ou d'une sauce). On cuit, en général, les préparations au four à température moyenne, afin de laisser le temps à la chaleur de pénétrer les aliments et au processus de cuisson de s'accomplir. La cuisson au four est une technique excellente pour les ingrédients qui contiennent beaucoup d'eau, comme les tomates et les champignons, car à basse température, le four permet de concentrer les saveurs par lente évaporation de l'humidité. (Voir également Rôtir.)

## Déglacer

Verser du liquide dans une poêle ayant servi à sauter ou rôtir des aliments afin de dissoudre les sucs caramélisés collés au fond du récipient. Le déglaçage vise à élaborer rapidement une sauce ou

un jus destiné à un rôti, un steak ou encore à un filet ou une darne de poisson. Pour préparer ce type de sauce, videz le récipient des restes de graisse éventuels en vérifiant que le jus collé au fond n'a pas noirci ni brûlé. (En cas de doute, versez 1 c. à soupe d'eau dans la poêle chaude et goûtez le jus. S'il est amer, pas

de chance!) Ajoutez quelques cuillerées à soupe de vin, de bouillon ou d'eau, puis grattez délicatement le fond de la poêle à l'aide d'une cuillère en bois afin de libérer les sucs caramélisés. Vous pouvez soit utiliser ce type de sauce telle quelle, soit l'enrichir en y ajoutant du bouillon réduit, quelques noisettes de beurre, un peu de crème épaisse ou bien en la faisant épaissir avec une purée à base d'ail ou de tomates par exemple, puis en la réduisant jusqu'à obtention de la consistance désirée. Vous pouvez, en outre, relever la sauce en y ajoutant des herbes hachées ou des ingrédients tels que des grains de poivre vert (voir Tournedos de bœuf sauté sauce poivre vert, page 197). (Voir également Épaississant, Jus, Jus lié, Monter au beurre, Sauce.)

## Dégraisser

Enlever la graisse qui se forme à la surface des bouillons, sauces, jus et liquides de braisage lorsque le liquide frémit (la graisse étant plus légère que l'eau, elle flotte à la surface). Il existe plusieurs méthodes fiables pour dégraisser un bouillon. La première, qui

exige une certaine pratique, consiste à écumer les bords du bouillon frémissant à l'aide d'une louche ou d'une cuillère afin d'enlever uniquement la graisse et l'écume flottant à la surface (inclinez légèrement le récipient pour faciliter cette opération).

Si vous avez le temps, mettez le bouillon au réfrigérateur toute une nuit et enlevez le lendemain

Écumer avec une louche

la graisse qui s'est figée à la surface. Pour dégraisser les petites quantités de sucs de rôtis, inclinez le récipient et enlevez la

Dégraisser un bouillon froid

Dégraisser le jus d'un rôti

Saucière

Laisser la graisse en surface

graisse à la cuillère. Si la quantité de sucs est plus importante, versez le liquide non dégraissé dans une saucière afin que le bec verseur empêche la graisse de passer.

## Demi-glace

En cuisine française classique, la demi-glace servait de base à la plupart des consommés. Elle s'obtient en réduisant une sauce espagnole jusqu'à ce qu'elle devienne très concentrée et légèrement sirupeuse. La sauce espagnole est elle-même le résultat d'un bouillon de veau épaissi avec du roux, puis réduit à feu doux et écumé. De nos jours toutefois, la plupart des chefs remplacent la demi-glace par de la glace de viande pour réaliser leurs consommés. (Voir également Consommé, Glace de Viande, Roux.)

## Eau-de-vie

Liquide alcoolisé consommable provenant de la distillation du jus fermenté des fruits. L'eau-de-vie la plus connue est le kirsch, à base de cerises, mais pratiquement tous les fruits peuvent être transformés en eau-de-vie. Ainsi, les eaux-de-vie de framboise, de mirabelle et de quetsche sont très appréciées. Les meilleures eaux-de-vie sont généralement jeunes, parfaitement claires et sèches au palais. Dans le commerce, ne les confondez pas avec les versions aromatisées, qui sont des eaux-de-vie de raisin additionnées de sirop, souvent bien trop sucrées pour la cuisine. Les eaux-de-vie authentiques étant coûteuses, il est conseillé d'en user avec parcimonie et de les ajouter en fin de cuisson ou une fois la préparation refroidie. Les eaux-de-vie chauffées perdent, en effet, leur délicieux arôme fruité.

## Écumoire

Ustensile qui ressemble souvent à une toile d'araignée métallique, muni d'une longue poignée également en métal (page 77). Cet ustensile sert à plonger et à sortir des aliments d'une grande quantité d'huile de friture. Il est préférable d'utiliser ce type d'écumoire plutôt qu'une cuillère à égoutter, car elle retient une quantité infime d'huile et s'avère très maniable.

## Émincer

Couper en tranches très fines. (Voir également Hacher.)

## Émulsion

Substance lisse obtenue en mélangeant deux liquides normalement non miscibles, l'huile et l'eau par exemple. Au niveau microscopique, une émulsion se compose de minuscules particules d'un seul liquide (ou parfois d'un solide) tenues en suspension dans un autre. Ces particules sont séparées les unes des autres par une couche très mince d'émulsifiant qui enrobe chacune d'elle et les empêche de s'entrechoquer et de créer des globules plus volumineux qui resteraient à la surface ou dans le fond. La mayonnaise est une émulsion dans laquelle des globules microscopiques d'huile sont en suspension dans une quantité relativement faible de liquide à base d'eau. La substance est tenue en suspension par l'émulsifiant, en l'occurrence le jaune d'œuf. Citons également la sauce au beurre blanc (globules de matière grasse de beurre en suspension dans le vin blanc et du vinaigre, émulsifiés par les composants solides du lait contenus dans le beurre), la sauce hollandaise (émulsifiée par le jaune d'œuf, comme la mayonnaise), les sauces crémeuses (les composants solides du lait contenus dans la crème maintiennent la matière grasse du beurre et son liquide en une émulsion stable), les vinaigrettes (la moutarde maintient l'eau et l'huile sous forme d'émulsion) et la sauce béchamel (la farine contenue dans le roux stabilise le lait en une émulsion résistant à la chaleur).

Les cuisiniers élaborent leurs sauces, crèmes, soufflés, gâteaux et pâtisseries à base de diverses émulsions, mais certaines sont à éviter. Si l'on amène un bouillon ou un jus de viande à ébullition, la graisse distillée lentement se réincorpore au liquide et finit par s'émulsifier, produisant un bouillon trouble, gras et vaseux (alors que la cuisson à feu doux fait flotter la graisse et permet de l'enlever aisément). De même, la première étape dans la préparation d'un jus lié consiste à écumer la graisse qui flotte dans le plat, sinon l'épaississant, généralement de la farine, émulsifie la graisse dans le jus. La sauce des poires au four de la page 101 constitue l'exception à cette règle. Dans cette recette, les poires doivent distiller les sucs pour que ceux-ci se combinent au beurre fondu. Pour cela, on ajoute de la crème épaisse, qui émulsifie les deux composants en une sauce au beurre. (Voir également Dégraisser, Jus, Jus lié, Roux.)

## Entrelarder

Voir Larder.

## Épaississant

Ingrédient servant à épaissir et à corser des liquides afin de leur donner une consistance analogue à celle d'une sauce. Il peut s'agir de sucs d'un rôti ou d'une poêle déglacée, de bouillons réduits et concentrés, de réductions acides de vinaigre ou de vin contenant des herbes et des échalotes (comme pour la béarnaise

Liant élaboré à base de maïzena

Liant à la crème et au jaune d'œuf pour une blanquette

les veloutés) en les battant au fouet dans le roux chaud. Les sauces sont alors souvent écrémées, puis cuites à feu doux. On saupoudre parfois les aliments de farine alors qu'on les fait revenir afin d'épaissir directement le liquide de braisage. Une

Mélanger la farine et le beurre pour préparer un roux

Cuire le roux

ou le beurre blanc), de liquides provenant de ragoûts ou de rôtis en cocotte ou encore de simples condiments comme la moutarde.
• Beurre: on incorpore souvent un peu de beurre à des liquides, tels les sucs d'une poêle déglacée ou des jus de braisage concentrés (technique appelée «Monter au beurre») afin de leur conférer une texture onctueuse, une consistance analogue à celle d'une sauce ainsi qu'une saveur délicate. En revanche, on utilise de plus grandes quantités de beurre pour les sauces plus copieuses, telles que la sauce au beurre blanc (page 48), ainsi que pour les sauces émulsifiées au jaune d'œuf, comme la sauce hollandaise (page 41).
• Farine de maïs (maïzena): mélangée dans une proportion égale de liquide froid (page 210), puis incorporée à des liquides chauds peu avant de servir, elle permet de les rendre luisants et de les épaissir. En cuisine chinoise, la maïzena sert d'épaississant. En cuisine française classique, elle sert à épaissir les sucs de rôtis.
• Jaunes d'œufs: utilisés de diverses manières comme épaississant. La méthode traditionnelle consiste à les mélanger à de la crème pour les ajouter à des préparations épaissies au roux afin de leur conférer éclat et onctuosité (page 181). On peut aussi les battre pour les transformer en sabayon en vue de créer la base d'une sauce hollandaise et de ses dérivés.
• Farine: utilisée de diverses manières comme épaississant. On la transforme parfois en roux en la mélangeant à du beurre et en la cuisant à feu doux dans une casserole à fond épais jusqu'à ce que la préparation dégage une légère odeur de roussi. Quelques minutes de cuisson suffisent pour les roux blancs, tandis qu'une cuisson un peu plus longue est nécessaire pour les roux bruns, destinés aux consommés traditionnels. On incorpore des liquides tels que du lait (pour la béchamel) et du fond (pour

Préparer le beurre manié

Incorporer le beurre manié

Fariner pour dorer et épaissir

Réaliser une purée d'ail

autre méthode consiste à incorporer du beurre manié (farine et beurre en proportions égales) dans les ragoûts au vin rouge et dans les sauces comme épaississant de dernière minute.

• Crème épaisse: mélangée à des préparations (fond concentré), puis réduite jusqu'à obtention de la consistance désirée.

• Légumes en purée: parfois incorporés cuits à des liquides afin de renforcer la texture et la saveur des aliments. Les légumes font parfois partie du processus de cuisson comme dans les cas suivants: les légumes aromatiques cuits dans un ragoût sont transformés en purée et réincorporés au liquide de braisage; les légumes sont cuits autour d'un rôti puis broyés en purée pour épaissir le jus. On peut, en outre, préparer les purées de légumes à l'avance afin d'épaissir et aromatiser à la dernière min les sucs provenant de poêles déglacées ainsi que de ragoûts, rôtis en cocotte et jus de rôtis. Les purées d'ail, d'oignons et d'oseille sont les plus prisées. (Voir également Beurre blanc, Monter au beurre, Roux, Sabayon, Sauce blanche.)

## Étuver

Braisage réalisé dans très peu ou pas du tout de liquide, et généralement destiné aux produits de la mer ainsi qu'aux viandes délicates comme le veau. Les mets cuits à l'étuvée capturent l'essence des aliments braisés en les cuisant dans leur propre jus.

## Faire revenir

Technique analogue à celle du sauté, mais les aliments sont remués brièvement sur le feu au lieu d'être sautés ou retournés à l'aide d'une spatule (page 130). En Asie, cette technique implique souvent l'utilisation d'un wok (grande poêle chinoise). On peut néanmoins faire revenir des aliments asiatiques dans une poêle classique et vice-versa. (Voir également Sauter.)

## Flamber

Enflammer une sauce ou autre liquide. Les mets contenant de l'alcool peuvent être flambés soit dans la cuisine, soit directement à table. La flambée vise surtout à impressionner les invités! Dans les restaurants, par mesure de sécurité, on fait flamber les sauces et autres liquides contenant de l'alcool en ébullition en inclinant simplement le récipient au-dessus du brûleur. Voici quelques astuces pour réussir vos flambées chez vous.

• Assurez-vous que le mets est chaud: il est impossible de faire flamber un plat froid en l'arrosant d'alcool, car celui-ci ne dégage ses gaz inflammables qu'à chaud. Préparez, par conséquent, les aliments à flamber dans un plat qui restera chaud lorsque vous le présenterez à table.

• Enflammez l'alcool dans la cuisine: à moins d'être un expert, il peut être périlleux de le faire devant les invités. Placez plutôt le plat sur un trépied, dans la salle à manger, et, dans la cuisine, amenez l'eau-de-vie, le rhum ou la sauce alcoolisée à ébullition dans une casserole à fond épais. Dès que l'alcool commence à bouillir, inclinez soigneusement la casserole vers la flamme pour qu'elle s'embrase (si votre cuisinière est électrique, employez une longue allumette). Ensuite, tamisez de préférence l'éclairage de la salle à manger et faites votre entrée!

• Ne versez pas l'alcool flambé directement de la casserole: versez-le soigneusement sur le mets chaud à l'aide d'une longue cuillère, car sinon, les flammes seront excessives.

• Secouez légèrement le plat pour raviver les flammes: une fois l'alcool versé, vous remarquerez que les flammes s'estompent très rapidement. Tenez le plat avec un torchon en veillant à ne pas trop l'approcher des flammes, et secouez-le à nouveau brièvement. Vous pouvez répéter l'opération plusieurs fois.

## Flan

Mélange liquide ou semi-liquide lié par des œufs entiers ou des blancs ou jaunes d'œufs, que l'on fait cuire au four à feu doux dans un moule ou une dariole. Les quiches, crèmes caramel et crèmes brûlées, ainsi que le flan aux carottes de la page 97 sont tous des exemples connus de flans sucrés et salés. On peut transformer n'importe quelle purée en flan en y ajoutant de l'œuf. Un œuf entier, 2 blancs ou 2 jaunes lient 175 ml (¾ tasse) de liquide.

## Fond

Voir Bouillon.

## Fricassée

Ce terme désigne depuis longtemps divers types de ragoûts, mais de nos jours, il se rapporte plus spécialement à un ragoût dans lequel la viande, généralement de la volaille, est découpée en morceaux, légèrement cuite au beurre, puis mijotée jusqu'à ce qu'elle soit à point. À ne pas confondre avec la blanquette (page 212), que l'on cuit directement dans du liquide, sans la faire revenir préalablement dans du beurre. La fricassée diffère également des mets sautés, car la viande fricassée est mijotée dans du liquide, tandis que la viande sautée est cuite entièrement dans un corps gras, généralement du beurre, et accompagnée d'une sauce obtenue en déglaçant le plat avec des liquides pleins de saveurs, souvent additionnés d'épaississant. (Voir également Blanquette, Sauter.)

## Frire

Cuire des aliments submergés dans de l'huile chauffée. Méthode très rapide qui permet souvent une préservation optimale des saveurs. Frits à la bonne température, les aliments absorbent peu d'huile et se révèlent étonnamment légers (saupoudrer de farine ou de fine chapelure empêche aussi l'absorption d'huile). Si l'huile est trop chaude, les aliments deviennent dorés trop vite

sans vraiment cuire. Dans le cas contraire, ils absorbent trop d'huile. Les aliments en gros morceaux sont à frire à une température inférieure pour que la chaleur pénètre bien toute la chair. Utilisez un thermomètre spécialisé pour vérifier que votre huile est à la bonne température, mais en cas de doute, surveillez le

comportement de certains aliments. Si l'huile est trop froide, ils restent au fond du récipient. Si elle est un peu plus chaude (mais pas assez), ils descendent au fond et remontent lentement. La température est idéale si les aliments ne descendent pas jusqu'au fond du récipient et remontent en surface en 1 ou 2 sec. Si l'huile est trop chaude, ils flottent immédiatement et restent en ébullition à la surface. Néanmoins, ces règles ne sont données qu'à titre indicatif: les frites en fin de cuisson ont besoin d'une huile suffisamment chaude pour que les pommes de terre soient immédiatement entourées de bulles, tandis que pour un poisson entier, l'huile doit être moins chaude.

On peut également modifier la texture des aliments frits en les saupoudrant. Cela n'est pas nécessaire pour les frites, tandis que certains aliments, tels poissons et crustacés, gagnent à être légèrement farinés pour plus de croustillant. Les professionnels sont partagés au sujet de la panure adéquate pour le poulet frit, certains préconisant la farine seule et d'autres préférant les pâtes à frire. Je penche plutôt pour la farine, qui le rend croustillant sans

le graisser excessivement. Il est souvent utile d'enduire les légumes d'une très légère pâte à base de farine additionnée d'eau plate ou gazeuse (page 78). Les légumes rendant beaucoup d'eau, comme les tomates, donnent de meilleurs résultats s'ils sont dorés à l'œuf et saupoudrés de chapelure (page 79). On fait parfois frire les escalopes de veau et de volaille panées dans beaucoup d'huile, mais il est préférable de les faire sauter dans du beurre ou de l'huile d'olive (page 162).

Consignes de sécurité: l'huile de friture atteint des températures extrêmes et risque d'occasionner de graves brûlures.
• Utilisez une friteuse ou un récipient lourd et profond.
• Ne remplissez jamais votre friteuse à plus des deux tiers, car l'huile risquerait de déborder lorsque vous ajoutez les aliments.
• Vérifiez que les aliments sont bien secs (sauf s'il s'agit de pâte à frire) avant de les plonger dans l'huile chaude. Des aliments mouillés provoqueraient des éclaboussures ou des débordements.
• N'incorporez pas les aliments avec les mains, en raison du risque de brûlure. Utilisez une écumoire, un panier à friture ou des pinces (si vous devez le faire à la main, déposez délicatement les aliments dans l'huile pour éviter les éclaboussures).
• Placez l'huile de friture sur la partie arrière de la cuisinière ou en tout autre lieu sûr. Attention aux longues poignées qui pourraient dépasser et provoquer un accident!
• Gardez du bicarbonate de soude à portée de main en cas d'incendie. (Voir également Écumoire, Rissoler.)

## Fumer

Exposer des aliments à de la fumée de bois afin d'en renforcer la saveur et parfois, d'en faciliter la conservation et même la cuisson. Les aliments peuvent être fumés à chaud ou à froid. Le fumage à chaud cuit les aliments et leur donne un goût fumé, tandis que le fumage à froid leur donne ce goût sans les cuire. Le fumage à chaud est la plus courante des deux techniques et peut même être pratiqué dans un barbecue couvert, en plaçant le charbon de bois d'un côté et les aliments de l'autre. On ajoute généralement au charbon des copeaux de bois ou de la sciure afin d'accroître la fumée. La graisse des aliments susceptible de suinter pendant la cuisson retombe sur le côté vide du gril, et non sur le charbon, évitant ainsi de produire de la suie et une fumée inadaptée. Les professionnels des techniques de fumage ne jurent non seulement que par certaines salaisons ou saumures, mais également par certains types de bois. Les avis sont très partagés, mais il ressort que le pin, l'eucalyptus et tous les bois résineux donnent aux aliments fumés une saveur trop forte, voire désagréable. Préférez sans hésitation le bois de chêne ou de hêtre.

## Garniture

Pour les profanes, ce terme désigne un brin de persil que l'on ajoute à la va-vite et à la dernière minute afin de donner un peu de couleur au mets. Pour les professionnels, la garniture fait toutefois partie intégrante du mets: ce sont les légumes et autres ingrédients ajoutés aux ragoûts, mets braisés, rôtis, viandes ou poissons sautés qui confèrent à ces plats toute leur spécificité (par exemple, les petits oignons, les lardons et les champignons sont indissociables du bœuf bourguignon et du coq au vin). Modifier cette garniture revient à modifier le caractère et le nom du plat, même si le mode de cuisson et la viande restent les mêmes. La maîtrise des diverses garnitures permet aux plus créatifs de décliner un même plat à l'infini. Les légumes cuits tels que carottes, navets, fenouil, champignons sauvages, concombres, épinards et autres, utilisés seuls ou combinés, permettent de relever un plat traditionnel. En outre, le moment que vous choisissez pour incorporer le légume crée un effet particulier et détermine la manière dont la garniture se marie avec divers types de viande, poissons et fruits de mer. Par exemple, si vous ajoutez les légumes en début de cuisson, ceux-ci absorbent la saveur du bouillon et de la viande, et assimilent le goût des ingrédients et de la sauce. Par contre, si vous le faites en fin de cuisson, les légumes apportent leur saveur distincte, créant ainsi un contraste avec les principaux ingrédients.

## Garniture aromatique

Traditionnellement, la garniture aromatique désigne les ingrédients ajoutés à un ragoût ou à un mets braisé en début de cuisson afin d'apporter les saveurs qui lui sont indispensables. La garniture aromatique la plus courante, appelée mirepoix, se compose de carottes, d'oignons et de céleri hachés, mais parfois aussi d'ail, de fenouil et de tomates. Les recettes plus raffinées recommandent de retirer la garniture aromatique du mets avant de le servir et de remplacer cette dernière par des légumes frais et d'autres ingrédients, qui constituent la garniture définitive. Dans les recettes plus rustiques, la garniture aromatique est, au contraire, laissée dans le plat et servie avec celui-ci. Dans certains ragoûts et mets braisés, la garniture aromatique cuite est transformée en

purée et utilisée pour épaissir le liquide de braisage. (Voir également Épaississant, Mirepoix.)

## Glace de viande

On prépare la glace de viande en réduisant du bouillon, généralement à base de veau ou d'os de bœuf que l'on a fait revenir, jusqu'à obtention d'un épais sirop si concentré que, une fois refroidi, il acquiert la consistance du caoutchouc dur. La glace de viande sert à corser les sauces de cuisson, à confectionner des consommés classiques et à enrichir les soupes et jus de viande. Contrairement à la demi-glace, que l'on épaissit à la farine, la glace de viande ne contient pas d'amidon. Elle a remplacé la demi-glace dans la grande majorité des cuisines professionnelles contemporaines. (Voir également Consommé, Demi-glace, Jus.)

## Glacer

On glace parfois les viandes ainsi que les tubercules en réduisant le liquide de braisage jusqu'à obtention d'une substance liquide concentrée qui enrobe les aliments et leur confère une saveur et un aspect luisant appétissants. On glace généralement les tubercules (page 76) avec un peu d'eau ou de bouillon, une pincée de sucre et du beurre. On glace les viandes braisées comme le civet de lapin (page 257) et les rôtis en cocotte (page 203) en les plaçant au four, à découvert, et en les arrosant pour que le liquide de braisage se concentre sur la surface de la viande.

## Gluten

Lorsque l'on ajoute de l'eau à de la farine, deux protéines, la gluténine et la gliadine, s'allient pour former le gluten, substance élastique et gluante. Le pétrissage d'une pâte accroît l'élasticité du gluten. Cela est parfois souhaitable, en boulangerie par exemple, car le gluten capture le dioxyde de carbone et permet ainsi de faire lever le pain. En revanche, il est préférable d'éviter l'activation du gluten dans certains cas, dans la préparation de pâte à frire, à tarte ou à crêpe par exemple. En effet, le gluten se contracte et durcit lorsqu'il est cuit, exposant ainsi les aliments frits. Le meilleur moyen d'éviter la formation de gluten consiste à ne pas travailler ni pétrir la pâte et à la laisser reposer au réfrigérateur avant de l'utiliser (laisser la pâte reposer a pour effet d'inverser le processus de formation du gluten).

## Goujonnette

Mince lamelle de poisson obtenue en découpant un filet de plus grande taille pour lui donner l'aspect d'un très petit poisson, généralement fariné et frit (voir Goujonnettes frites, page 121).

## Gratiner

Méthode permettant de lier des aliments cuits ou crus (généralement des légumes ou des pâtes, les macaronis au fromage par exemple) à l'aide d'un liquide tel que de la crème, du lait, de la béchamel ou de la sauce tomate que l'on met au four dans un plat peu profond afin de les cuire. Généralement, on saupoudre le gratin de fromage ou de chapelure afin qu'il présente en surface une mince croûte dorée. Il s'agit en fait d'un ragoût en cocotte, sauf que le gratin est cuit dans un plat peu profond spécialement conçu pour qu'il y ait davantage de croûte en surface.

Le cassoulet est l'un des plus célèbres gratins au monde, et aussi l'un des plus savoureux. Il s'obtient en superposant diverses couches de haricots blancs et de viandes dans une terrine en grès, en saupoudrant la préparation de chapelure, puis en faisant cuire le tout à feu doux jusqu'à ce qu'une croûte se forme en surface. Mais il existe également une variante qui consiste à réincorporer soigneusement cette croûte dans la préparation à l'aide d'une cuillère et à saupoudrer à nouveau le mets de chapelure pour produire une deuxième croûte. On répète l'opération jusqu'à ce que plusieurs croûtes savoureuses aient été réincorporées au cassoulet.

## Griller

Cuire à l'air libre des aliments au-dessus de la source de chaleur (traditionnellement sur du charbon de bois). Cette méthode diffère de la cuisson à la broche, qui consiste à rôtir les aliments devant la source de chaleur, ainsi que de la cuisson au grilloir à l'intérieur d'un four. Certains couvrent le gril pendant la cuisson, ce qui donne aux aliments un goût fumé, mais

présente le risque de les recouvrir d'une fine couche de suie et de graisse. Traditionnellement, la cuisson au gril se réalise à l'air libre en veillant à limiter le plus possible les émanations de fumée (certains grils professionnels sont équipés à l'arrière de petits ventilateurs qui permettent d'éliminer la fumée et la suie). Si vous décidez de couvrir le gril, méthode tout à fait adaptée à la cuisson de dinde, poissons et morceaux de viande volumineux comme le gigot d'agneau, rangez les charbons d'un côté du gril et placez les aliments de l'autre, pour éviter que la graisse fondue ne suinte sur les charbons et n'entraîne la formation de suie.

Nous avons tous tendance à utiliser indistinctement les termes *barbecue* et *gril*, mais la cuisson au barbecue constitue parfois une technique spéciale impliquant une cuisson lente sur un gril couvert, ainsi que l'application d'une sauce ou d'une marinade. Les aliments grillés au barbecue sont généralement très fumés et peuvent être cuits jusqu'à ce qu'ils se détachent de l'os, de la même manière que les aliments braisés.

La cuisson au gril désigne traditionnellement une cuisson sur un gril au charbon de bois et à l'air libre. Les grils fonctionnant au gaz sont plus pratiques que ceux qui sont alimentés au charbon, mais ils ne produisent pas le même arôme délicat que le charbon de bois ou les bois combustibles de qualité.

• Marinades et herbes aromatiques: les grillades étant si savoureuses en soi, aucune préparation complémentaire n'est vraiment nécessaire. Cela dit, les aliments grillés assimilent tout aussi bien la saveur prononcée de certains ingrédients tels que l'ail et les herbes séchées. Les marinades les plus simples consistent à arroser les grillades d'un peu d'huile d'olive et d'herbes fraîches ou séchées: thym, origan, romarin (attention, très fort), marjolaine. Les marinades plus sophistiquées ressemblent à celles que l'on destine aux ragoûts (voir Coq au vin, page 156) et aux mets braisés, et peuvent contenir du vin ainsi que des légumes hachés. L'une des manières les plus simples et savoureuses de mariner une grillade consiste à l'arroser d'un peu de sauce de soja et à la frotter à l'ail. Les marinades de produits de la mer doivent être simples et délicates; un peu d'huile d'olive suffit. N'y ajoutez ni jus de citron ni vinaigre; les composants acides risqueraient de cuire la surface des aliments et de les faire coller au gril.

• Allumage du feu: il existe différents dispositifs permettant d'allumer un feu au charbon de bois, mais le moins coûteux et le plus pratique est l'appareil en forme de conduit illustré ici. Entassez le charbon à l'intérieur en insérant au fond deux feuilles de papier journal froissé. Placez l'appareil sur le gril, enflammez le journal et attendez environ 30 min que la chaleur monte le long du conduit et enflamme le charbon, puis videz celui-ci sur le gril.

• Marquage des grillades: pour marquer vos grillades de stries décoratives dignes d'un vrai professionnel, la grille doit être équipée de lourdes barres en fonte. La plupart des grils ménagers ne possèdent pas de grille suffisamment épaisse pour conserver assez de chaleur et marquer les grillades (néanmoins, les petits réchauds à charbon japonais peu coûteux en sont souvent dotés). Pour marquer vos grillades, grillez-les sur un côté pendant quelques minutes, puis déplacez-les sur 90 degrés de façon à obtenir des marques perpendiculaires aux premières. Il suffit de les marquer sur le côté apparent. Si vous êtes perfectionniste, versez un peu d'huile d'olive ou de beurre fondu sur les aliments juste avant de les servir pour leur donner un aspect luisant.

• Utilisation d'une poêle à fond cannelé: la plupart de ces ustensiles sont de lourdes poêles en fonte (parfois antiadhésives) dont la surface rainurée donne aux grillades une apparence qui rappelle les marques du gril ainsi qu'un léger goût fumé. Même si le résultat n'est pas aussi savoureux que les grillades au charbon de bois, ce type de poêle peut vous dépanner si vous êtes pressé ou en cas d'averse soudaine. Chauffez d'abord fortement la poêle sur le réchaud, essuyez rapidement la surface à l'aide d'un essuie-tout imbibé d'huile d'olive et placez-y les aliments légèrement huilés.

• Nettoyage du gril ou de la poêle à fond cannelé: vaporisez-le avec un produit nettoyant pour fours, en évitant tout contact avec l'épiderme et avec les yeux, car ces produits sont très toxiques. Pour nettoyer un gril très noirci, vous pouvez aussi utiliser une grosse brosse métallique. Après le brossage, essuyez le gril avec un essuie-tout ou un papier légèrement huilé pour éliminer les restes de suie. (Voir également Griller au four, Mariner.)

## Griller au four

Griller avec une source de chaleur placée directement au-dessus des aliments, généralement une flamme à gaz ou une résistance électrique. On utilise pour cela le grilloir du four, à ne pas confondre avec le gril extérieur classique qui grille par-dessous. Les grilloirs professionnels, équipés d'un dispositif réglable facilitant le contrôle de la cuisson, sont nettement plus pratiques que les grilloirs ménagers. Ces derniers peuvent néanmoins être utiles si vous les utilisez à bon escient.

Préchauffez toujours votre grilloir pendant au moins 5 min avant d'y placer les aliments afin de laisser le temps à l'élément de chauffer. Certains cuisiniers garnissent d'aluminium les parois du grilloir pour en faciliter le nettoyage, mais cela est déconseillé, car

l'aluminium risque d'accumuler le liquide dégagé par les aliments, provoquant ainsi un effet de cuisson à la vapeur. Pour empêcher les aliments de se dessécher en surface sous le grilloir, badigeonnez-les d'un peu d'huile avant la cuisson.

Le seul moyen de moduler la chaleur d'un grilloir ménager consiste à en régler la hauteur. Rapprochez les morceaux de viande et de poisson peu épais de la source de chaleur, pour les dorer rapidement sans trop les cuire. La viande rouge à servir saignante doit également être tout près du grilloir pour qu'elle devienne dorée rapidement. Les aliments à cuisson plus lente qui doivent être entièrement cuits, tels le poulet, sont à griller plus loin de la source pour éviter de les dorer trop vite. En cas de doute, surveillez de près les aliments et réglez la grille au besoin.

Le grilloir sert parfois uniquement à dorer la surface d'aliments déjà cuits, tels que les gratins, difficiles à dorer au four. Il suffit de poser la préparation sous le grilloir préchauffé et de la déplacer au besoin pour un résultat homogène. Soyez très vigilant, car le grilloir risque de très vite brûler les aliments. Vous pouvez, en outre, utiliser le grilloir pour cuire des plats à cuisson très rapide, tels que du poisson ou des fruits de mer en fines tranches, directement dans l'assiette. Pour cela, étalez soigneusement chaque tranche sur une feuille d'aluminium beurrée. Chauffez l'assiette au four juste avant de la servir, renversez-y les tranches avant de décoller l'aluminium et de placer l'assiette sous le grilloir. Faites-la tourner pendant 10 à 20 sec pour assurer une cuisson homogène, ajoutez-y éventuellement une sauce légère et servez immédiatement. (Voir également Griller.)

## Hacher

Couper des aliments en morceaux irréguliers et plus ou moins fins (émincer).

## Julienne

Couper des légumes en minces filaments (page 13).

## Jus

Il s'agit en principe des sucs naturels rendus par la viande et la volaille rôties. La différence entre un jus et un jus lié réside dans le fait que ce dernier est opaque et épaissi à la farine, tandis que le jus reste transparent et très légèrement ou pas du tout épaissi.

Pour préparer un jus, il suffit parfois d'utiliser les sucs dégraissés du plat, de cuisson, mais il reste hélas rarement assez de jus dans le plat, car la plupart des rôtis, tout particulièrement ceux qui sont cuits saignants, ne dégagent pas suffisamment de sucs naturels. Il convient donc de les rallonger. Pour cela, on peut ajouter

Écumer la graisse du jus

Déglacer le plat de cuisson

Racler pour dissoudre les sucs

bouillon ou eau dans le plat, mais étant donné que ces liquides ne dégagent pas un goût aussi intense que les sucs du rôti, ils entraînent souvent une perte de saveur. Pour y remédier, garnissez le plat de cuisson d'os coupés en morceaux (provenant du rôti), de chutes de viandes (également du rôti) et de légumes aromatiques, généralement des oignons, des carottes, un peu de céleri et parfois de l'ail. Cette garniture rôtit en même temps que la viande et mêle ses saveurs au liquide ajouté pour déglacer le plat. Il arrive que le rôti dégage si peu de sucs qu'il est presque impossible d'en extraire la graisse. Il arrive également que les sucs soient clairs et fades. Pour remédier à ces deux problèmes, placez le plat de cuisson sur la cuisinière et faites bouillir les sucs jusqu'à ce qu'ils caramélisent, ce qui permet d'en rehausser le goût. Lors de la caramélisation, la graisse se sépare des sucs et flotte à la surface, facilitant ainsi son élimination. Une fois que la graisse est retirée, déglacez le plat en y versant un peu de bouillon ou d'eau, et faites mijoter la préparation pendant quelques minutes tout en

raclant avec une cuillère en bois les sucs caramélisés au fond du plat. (Voir également Déglacer, Dégraisser, Épaississant, Jus lié.)

### Jus lié
Jus à l'américaine épaissi au roux. Ce dernier se prépare en mélangeant de la farine, soit dans du beurre, soit dans une partie de la graisse préalablement retirée du jus (page 169). On peut également employer de la maïzena additionnée d'un peu d'eau (page 210), incorporer ce mélange au jus, puis chauffer celui-ci jusqu'à ce qu'il soit frémissant afin de l'épaissir. Une fois que le jus est épaissi, on peut en corser le goût en y ajoutant d'autres ingrédients, des herbes ou des abattis de volaille par exemple (page 166). Il est, en outre, possible de remplacer la farine par une purée de légumes pour faire épaissir un jus naturel et le transformer en jus lié (page 286). Vous pouvez utiliser pour cela de l'ail, rôti en même temps que votre plat de viande ou de volaille (page 184) ou bien séparément, et le réduire en purée afin de l'incorporer au jus. (Voir également Épaississant, Jus, Roux.)

### Laisser reposer
Voir Rôtir.

### Larder
Introduire un corps gras sous forme de petits bâtonnets dans un morceau de viande afin de maintenir celui-ci moelleux et juteux une fois braisé. On croit souvent à tort que l'ajout de liquide comme du vin, de l'eau ou du bouillon permet de maintenir la viande moelleuse. En fait, ce sont les graisses et certains types

Larder

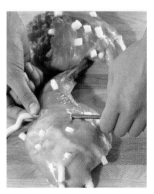

Entrelarder

de tissus musculaires qui permettent aux viandes de rester moelleuses et leur confèrent une texture fondante. Cette technique peut étonner à l'ère de la diététique, mais elle est d'autant plus adaptée que les viandes sont plus maigres de nos jours.

La technique consiste à introduire du lard (poitrine de porc sans maigre, non salée et non fumée) sous forme de bâtonnet dans la partie creuse d'une lardoire, nom désignant l'aiguille qui sert à larder, puis à insérer celle-ci dans un gros morceau de viande. Le bâtonnet de lard reste dans la viande lorsque l'on retire la lardoire. Il convient de larder la viande perpendiculairement à la direction de la découpe de façon à créer un effet décoratif sur chaque tranche.

Pour entrelarder une viande, la technique diffère légèrement: on pique des bâtonnets de lard généralement plus minces sur la surface extérieure de la viande, également à l'aide d'une lardoire. Cette technique est utilisée pour les morceaux de viande moins volumineux, lapin et petit gibier par exemple.

### Légumes aromatiques

Les légumes qui apportent des saveurs et des arômes particuliers aux bouillons, soupes, sauces et autres mets braisés sont parfois appelés légumes aromatiques. Dans la cuisine française, les carottes, les oignons et le céleri, souvent combinés pour former une mirepoix, servent à donner du goût. Dans d'autres cuisines, l'ail, le gingembre ou la citronnelle sont parfois considérés comme des légumes aromatiques. (Voir également Garniture, Mirepoix.)

### Macédoine

Mélange de légumes ou de fruits coupés en petits dés. (Voir également Brunoise.)

### Mandoline

Voir Coupe-légumes.

### Mariner

Mettre des aliments, généralement de la viande, du poisson et parfois des légumes, à tremper dans un liquide aromatique appelé marinade afin de les parfumer. Les marinades se composent habituellement de liquides goûteux (vin, sauce de soja ou jus de citron par exemple), d'herbes (thym ou romarin) et de légumes aromatiques (ail et oignons). On laisse les aliments tremper dans la marinade pendant un temps déterminé avant de les cuire afin

que leur chair s'imprègne de toutes les différentes saveurs (Voir Coq au vin, page 156.) Les marinades servent souvent à préparer des ragoûts et des fricassées. Dans certains ragoûts, on filtre la marinade pour faire revenir, d'une part, les légumes avec la viande et utiliser, d'autre part, le liquide

de la marinade, souvent du vin, en totalité ou en partie comme liquide de cuisson. Dans d'autres variantes, on ajoute l'ensemble de la marinade à la viande, sans faire revenir les légumes préalablement (page 206). Certaines marinades, notamment celles qui sont destinées aux viandes à cuisson rapide, ainsi qu'aux fricassées de volaille ou de fruits de mer, sont cuites puis mises à refroidir avant leur utilisation. Cela permet aux légumes aromatiques de distiller leur arôme dans le vin et d'en atténuer quelque peu l'acidité. On évite d'ajouter du jus de citron aux marinades de fruits de mer, même s'il s'agit d'une pratique courante, car cela fait souvent coller les aliments au gril ou à la poêle. Évitez les marinades pour les fruits de mer délicats, car cela risquerait d'en troubler le goût. Pour les grillades de fruits de mer ou de poissons, placez les aliments sur le gril en les recouvrant d'une simple préparation d'huile d'olive extravierge additionnée d'herbes fraîches ou séchées, ou bien nappez de cette préparation les aliments avant la cuisson. Il existe une variante sèche de la marinade composée d'herbes fraîches ou séchées finement hachées, d'épices moulues ou de champignons séchés et moulus (page 164) que l'on dépose sur les aliments pendant la cuisson.

Certaines marinades sont incorporées aux préparations après leur cuisson. C'est le cas du mets typiquement méditerranéen appelé escabèche, qui fut certainement inventé pour conserver les poissons. Cette marinade s'obtient en cuisant divers légumes aromatiques avec de l'ail et des oignons, dans de l'huile d'olive et en ajoutant du vinaigre de vin. On laisse cette préparation refroidir avant de la verser sur le poisson sauté.

**Préparer des sardines en escabèche:** bien que cette recette soit toujours associée aux sardines, vous pouvez utiliser n'importe quel petit poisson relativement gras à forte saveur (rouget, maquereau, truite ou petit maquereau espagnol par

Faire sauter les sardines farinées

Faire mariner les sardines cuites

Préparer la marinade

Escabèche prête servir

I mesure de céleri, et se décline en diverses variantes régionales ou internationales: le *soffritto* en Italie (oignons, carottes, céleri et, en général, ail), le *sofrito* en Espagne et *sofregit* en Catalogne (oignons, carottes, céleri, jambon et parfois tomates), le *bumbu* à base d'épices en Indonésie (les recettes varient, mais la plupart contiennent de l'ail, des échalotes, des épices et une purée de crevettes) et le *refogado* au Portugal (oignons, carotte, céleri et un peu de safran). Les ingrédients de ces préparations peuvent être hachés plus ou moins menus selon leur durée de cuisson. S'il s'agit d'un bouillon à mijoter longuement, on peut laisser les légumes quasiment entiers. S'il s'agit au contraire d'une sauce rapide, ils doivent être hachés très finement. (Voir également Suer, Garniture.)

## Moelle

Certains os sont remplis de moelle, substance grasse qui produit des globules rouges et s'avère très savoureuse. En cuisine, la moelle sert parfois à donner une texture délicieusement fondante aux farces et aux pâtés. Coupée en disques ou en cubes, elle sert également à élaborer les sauces bordelaises, généralement servies sur les steaks sautés. Les meilleurs os à moelle sont les fémurs, tranchés par le boucher en morceaux cylindriques de 5 cm (2 po) de diamètre, ce qui facilite l'extraction de la moelle. Ne confondez pas les os à moelle avec les os de jarret, os cartilagineux que l'on fait mijoter pour obtenir des fonds gélatineux.

Les recettes impliquant l'utilisation de moelle expliquent rarement comment l'extraire de l'os. Certains os sont faciles à manier: appuyez simplement sur la moelle à une extrémité de l'os pour la faire ressortir de l'autre côté. Les os plus récalcitrants doivent être entaillés avec un couperet sur deux côtés de façon à ouvrir l'os et à

277

exemple). Contrairement aux recettes traditionnelles, ici, les sardines fraîches sont étêtées et désossées (page 236). Commencez par fariner les sardines, puis faites-les sauter à la poêle en les retournant une fois jusqu'à ce qu'elles soient bien cuites. Mettez les sardines dans un plat, essuyez la poêle et faites revenir des oignons, de l'ail et des herbes dans un peu d'huile d'olive pour les ramollir. Ajoutez de l'huile d'olive et du bon vinaigre de vin, puis retirez la préparation du feu. Laissez la marinade reposer avant de la verser sur les sardines. Mettez le plat couvert au réfrigérateur pendant au moins 2 h et 3 jours au plus.

## Mirepoix

De nombreux plats, notamment les mets braisés, les ragoûts, les rôtis et les soupes, impliquent de faire suer diverses préparations de légumes aromatiques hachés avant d'y ajouter du liquide. Ces préparations visent à renforcer la fraîcheur et la saveur des viandes et des poissons. La mirepoix, la plus célèbre de ces préparations, consiste à mélanger 2 mesures d'oignons, 2 mesures de carottes et

Appuyer avec le pouce

Entailler avec un couperet

en sortir la moelle en un seul morceau. Une fois la moelle retirée, mettez-la au réfrigérateur toute une nuit dans un bol d'eau salée. Cela permet de drainer le sang de la moelle, pour éviter qu'elle ne devienne grise à la cuisson.

## Monter au beurre

Incorporer du beurre froid à un liquide chaud en le battant au fouet afin de donner à ce liquide une consistance onctueuse et une saveur intense et d'en faire une sauce. Cette technique sert à achever les sauces de cuisson ainsi que les consommés modernes, que l'on élabore désormais plutôt avec de la glace de viande qu'avec de la demi-glace. La sauce au beurre blanc en est un exemple, mais elle implique une proportion anormalement élevée de beurre. La plupart des sauces montées au beurre contiennent nettement moins de beurre. (Voir également Beurre blanc, Demi-glace, Glace de viande.)

## Mousse

Terme générique désignant toute préparation allégée avec une substance aérée, généralement des œufs en neige ou de la crème fouettée. Certaines mousses sont élaborées à partir d'une purée de viandes, de poissons ou de légumes cuits dans laquelle on incorpore délicatement une crème légèrement battue. Pour ce type de mousses, on mélange généralement du beurre à la purée afin de la rendre onctueuse et de permettre à la mousse de garder sa forme une fois refroidie. La mousse de foie de poulet (page 165) est un exemple connu de ce type de mousse, mais cette technique peut aussi être utilisée avec des champignons ou des tomates. Les bavarois sont un type de mousse élaborée soit à partir d'un liquide salé (purée de tomates ou d'oseille, bouillon), soit à partir d'un liquide sucré (crème anglaise, compote de fruit), auquel on incorpore de la crème fouettée. On ajoute de la gélatine au fond liquide des bavarois pour permettre à la préparation de prendre lorsqu'elle est refroidie. Les mousses sucrées sont réalisées à partir de préparations aux fruits et au chocolat. Techniquement, un soufflé est une mousse élaborée avec un fond de sauce épaissi (page 177). On peut servir les mousses froides ou chaudes. (Voir également Bavarois, Mousseline, Soufflé.)

## Mousseline

Purée de viande ou de poisson cru mélangée à beaucoup de crème épaisse ou de crème fraîche, et souvent à des blancs d'œufs (les recettes anciennes sont également liées par une sauce veloutée), puis cuite au four ou pochée dans des moules individuels. Ce terme désigne aussi, plus généralement, des mousses salées cuites au four dans des moules individuels. La texture des préparations de mousseline varie, du relativement ferme si elles doivent être façonnées et pochées comme les quenelles (page 280), jusqu'au plus liquide si elles sont à cuire dans un moule. Le principe de ces préparations consiste à affermir la protéine de la chair (et du blanc d'œuf, le cas échéant) pendant la cuisson, de façon à obtenir une mousseline ferme et aérée.

Pour réussir une mousseline, incorporez autant de crème que possible à la purée de viande ou de poisson afin de la rendre légère et aérée. S'il s'agit de quenelles, la quantité de crème est limitée par le fait que la préparation non cuite doit rester suffisamment ferme pour garder sa forme dans le liquide de pochage. Si vous comptez cuire la préparation au four dans un moule, elle peut être complètement liquide, comme pour un flan. On ajoute souvent des blancs d'œufs aux préparations de mousseline en moule afin de compenser la forte proportion de crème (de même qu'on ajoute des œufs pour figer une préparation liquide de flan). La quantité de crème dépend du degré de fermeté que la protéine concernée atteint à la cuisson.

Pour incorporer un maximum de crème à la préparation sans la rendre trop liquide, le mélange à base de purée doit être très froid et la crème, incorporée par étapes, par intervalles de quelques heures environ, la préparation devant être réfrigérée entre chaque ajout. Une fois la préparation terminée, goûtez-la pour en apprécier la texture.

Réaliser une mousseline de saumon: vous pouvez soit préparer votre mousseline de saumon sous forme de quenelles à pocher (page 280), soit la cuire au four dans des moules individuels. Retirez les arêtes éventuelles ainsi que les taches brunes du filet de saumon (non pour le goût, mais pour la coloration de la préparation), puis coupez le filet en cubes de 2,5 cm (1 po). Écrasez les cubes à l'aide d'un robot, puis passez la purée obtenue au tamis en appuyant dessus avec le fond d'un petit bol ou le dos d'une cuillère. Placez la purée de saumon dans un bol, lui-même situé dans un autre bol rempli de glace, et incorporez-y progressivement les blancs d'œufs. Dès que la préparation est complètement lisse, couvrez-la et mettez-la au réfrigérateur pendant 1 ou 2 h. Une fois la préparation bien refroidie, incorporez-y un tiers de la crème à l'aide d'une cuillère en bois, recouvrez-la de papier sulfurisé ou de film transparent, puis mettez-la au frais de 2 à 12 h. Incorporez le reste de la crème, remettez la préparation au réfrigérateur et assaisonnez-la à votre goût (faites-le après en avoir poché une petite partie si vous préférez). Goûtez la préparation: s'il s'agit de quenelles, pochez-en une cuillerée dans de l'eau frémissante; s'il s'agit de mousselines servies dans des moules, remplissez un petit moule à moitié et faites-le cuire au four dans un récipient d'eau frémissante (sans mettre trop d'eau, car le moule risquerait de se renverser). Si la préparation ne conserve pas sa forme, ajoutez-y un ou deux blancs d'œufs et goûtez-la à nouveau. Si elle prend mais semble sèche, ajoutez-y de la crème. Assaisonnez au besoin.

Passer la préparation au tamis

Ajouter de la crème épaisse

Goûter la texture de la mousseline

Beurrer les moules

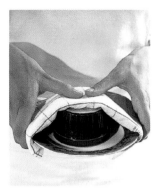

Démouler les mousselines

Couvrir de papier sulfurisé

Servir avec de la sauce tomate

Cuire des mousselines de saumon dans des moules: garnissez les moules de beurre fondu et mettez-les au frais pour que le beurre durci forme une pellicule antiadhésive. Remplissez les moules ainsi refroidis. Pour protéger les mousselines de la chaleur directe du four, garnissez le fond d'un récipient assez grand pour contenir les moules d'une triple couche de papier sulfurisé ou de papier journal, et posez un rond de papier sulfurisé beurré sur le haut de chaque mousseline pour les empêcher de noircir ou de dessécher.

Versez de l'eau bouillante jusqu'à mi-hauteur des moules (enlevez l'une des mousselines pour faciliter l'opération). Faites chauffer à four moyen jusqu'à ce que l'eau devienne frémissante. Faites cuire au four à 180 °C (350 °F) environ 45 min, jusqu'à ce que la préparation prenne (secouez légèrement l'une d'elles pour voir si elle est ferme). Démoulez les mousselines sur des assiettes individuelles et nappez-les avec la sauce tomate légèrement crémeuse illustrée ici (page 50) ou une sauce à l'écrevisse (page 141).

Les mousses et autres préparations cuites dans des moules, dégagent toujours un peu de liquide. Pour éviter d'inonder l'assiette au démoulage, placez un torchon sur le moule et renversez celui-ci quelques secondes pour y drainer le liquide. Remettez le moule dans le bon sens et couvrez-le d'une assiette renversée. Tenez le moule et l'assiette dans un torchon et renversez l'ensemble en le secouant énergiquement afin de dégager la mousse et de la placer sur l'assiette. (Voir également Bain-marie, Flan, Quenelle, Sauce blanche.)

279

### Noisette

Très petits médaillons de viande (porc, veau, bœuf et agneau) coupés dans le filet ou le filet mignon et de préférence sautés.

### Paner

Saupoudrer de farine ou de chapelure des aliments à cuisson rapide devant être sautés ou frits afin de créer une croûte. Utilisez toujours des miettes de pain frais (page 164). (Les miettes de pain rassis sont sèches et absorbent trop de graisse.) Pour obtenir de la chapelure très fine absorbant un minimum de graisse, tamisez-la d'abord. Lorsque vous faites revenir des aliments panés, utilisez du beurre clarifié (page 46) ou de l'huile d'olive extravierge pour un goût optimal. (Si vous employez du beurre normal, les composants solides du lait risquent de brûler, de coller à la chapelure, et de parsemer celle-ci de points noirs. Rien de grave toutefois.) Étant donné que la chapelure devient dorée à une température relativement faible, faites revenir les aliments panés à feu plus doux que la normale. Vous pouvez également remplacer la chapelure par d'autres ingrédients tels que des cèpes séchés en poudre (page 164), des noix et truffes hachées (page 217), ou du parmesan râpé. On enduit parfois les aliments de farine ou d'une simple pâte à frire, notamment pour les faire sauter, comme dans les cas suivants: tomates frites (page 79), aubergines sautées (page 90), crevettes *tempura* (page 122), goujonnettes frites (page 121) et poulet frit (page 160).

### Persillade

Mélange d'ail écrasé, de persil haché menu, d'un peu d'huile d'olive et parfois, de chapelure. On peut utiliser d'autres herbes en plus ou à la place du persil (thym, marjolaine, lavande, origan).

Ajoutez la persillade aux légumes sautés 1 ou 2 min avant la fin de la cuisson en la remuant pour dégager sa saveur (page 90). Elle permet aussi de dorer la surface des rôtis, notamment les carrés d'agneau, et d'aromatiser les tomates au four (page 72).

### Pocher

Cuire des aliments en les plongeant totalement dans un liquide à peine frémissant (à ne pas confondre avec l'ébullition, qui a pour effet de durcir et de dessécher les viandes et de désintégrer les filets de poisson délicats ainsi que les œufs).

Quasiment n'importe quel liquide peut servir à pocher des aliments, mais l'eau et le bouillon restent les plus courants. Le court-bouillon, élaboré en faisant mijoter des légumes aromatiques, tels que carottes, oignons, poireaux et fenouil, dans de l'eau et du vin blanc avec un bouquet garni (page 113), est un exemple de liquide de pochage très employé. On peut citer aussi les bouillons de viande et de poissons, les sirops légèrement sucrés pour les fruits et, le plus simple de tous, l'eau additionnée d'herbes, d'un peu de vin blanc ou de vinaigre de vin.

Le liquide de pochage est parfois servi dans de vastes bols autour des aliments pochés, faisant ainsi office de sauce délicate ressemblant à du bouillon. Les légumes aromatiques qui accompagnent le liquide sont servis à la nage. Pour certains aliments pochés, notamment les viandes comme le pot-au-feu (page 201) ou le *bollito misto* italien, le liquide est servi séparément, en entrée. On peut, en outre, le transformer en sauce ou en soupe. Pour assurer une cuisson homogène, commencez à cuire dans du liquide froid les poissons entiers et les gros morceaux de viande, mais placez les aliments moins volumineux à cuisson plus rapide, tels les petits poissons entiers et les darnes, dans du liquide chaud. En effet, si vous commencez à cuire un grand poisson dans du liquide déjà frémissant, l'extérieur cuit avant que la chaleur n'ait le temps de pénétrer à l'intérieur, de sorte que le poisson est trop cuit à l'extérieur et pas assez au centre. En revanche, si vous commencez à cuire un petit poisson dans de l'eau froide, celui-ci est trop cuit avant même que le liquide ne devienne frémissant. Commencer à cuire les viandes à cuisson lente dans un liquide froid contribue à produire de l'écume que l'on peut enlever pour clarifier le bouillon. En revanche, commencer à cuire les viandes tendres à cuisson rapide dans du liquide frémissant permet de cuire l'extérieur rapidement et de conserver l'intérieur saignant ou à point. (Voir également À la nage, Blanchir, Bouillir, Court-bouillon.)

## Poêler

Souvent employés indistinctement, les termes *poêler* et *sauter* se distinguent en fait par une nuance. Ils désignent tous deux une cuisson sur feu vif dans un peu d'huile, de beurre ou autre corps gras, mais lorsque l'on poêle des aliments, on ne les remue qu'une ou deux fois à l'aide d'une spatule en bois, sans les faire sauter. (Voir également Sauter.)

## Purée

Aliments broyés et tamisés jusqu'à obtention d'une substance complètement lisse. Les purées peuvent être dégustées seules, telles la purée de pommes de terre (page 94) et la compote de pommes (page 95), ou servir de base à des mets plus élaborés: mousses (page 165), quenelles et mousselines (page 278), flans (page 97), soupes (page 100) et farces pour pâtes (page 57). Il existe nombre d'appareils permettant d'élaborer des purées. Choisissez la méthode la mieux adaptée aux aliments à broyer.
• Mixeur: convient mieux au broyage de préparations peu épaisses et de liquides. Ne tentez pas de broyer des préparations trop fermes dans un mixeur, car les aliments resteraient bloqués.
• Tamis culinaire: instrument composé d'un crible à mailles plus ou moins fines, fixé dans un cadre robuste, généralement en bois ou en métal et de forme ronde, ce qui permet de réaliser les purées les plus fines. Il est préférable de passer préalablement au mixeur les préparations difficiles à broyer, comme le poisson cru, avant de les tamiser. Appuyez sur les aliments à tamiser avec le dos d'une cuillère, un racloir en plastique ou le fond d'un petit bol métallique et éliminez les restes éventuellement collés sur le dessous du tamis. Les tamis en bois ne possèdent généralement pas de crible de rechange, ce qui oblige à les remplacer complètement en cas d'usure. Les tamis métalliques, certes plus coûteux, permettent en revanche d'utiliser différents cribles facilement remplaçables.
• Moulin à légumes: passoire équipée d'une manivelle et de lames en forme d'hélices qui broient les préparations à travers une plaque perforée. Certains moulins ont plusieurs plaques interchangeables pour obtenir des purées plus ou moins épaisses. Le moulin à légumes est particulièrement adapté aux préparations semi-liquides contenant épluchures, graines ou fibres, car il tamise en même temps qu'il broie. Ils sont idéaux pour tamiser les tomates cuites.

**Pour réduire en purée des patates douces**: insérez la grille la plus fine dans le moulin, la pièce centrale tournée vers le haut comme illustré ici. Positionnez le moulin au-dessus d'un récipient et placez la pulpe des patates douces rôties dans le moulin. Tournez la manivelle en tenant fermement la poignée, jusqu'à ce que toute la pulpe soit broyée.
• Robot culinaire: adapté aux préparations fermes telles que poissons ou viandes crus qui seraient très difficiles à broyer autrement. Ne broyez néanmoins pas de pommes de terre au robot, car celui-ci les rendrait gluantes en travaillant excessivement les fécules. Il est préférable de passer les pommes de terre au presse-purée. Ne broyez pas non plus les préparations liquides dans le robot, car le liquide s'écoulerait par le bas. Par contre, les robots peuvent servir à broyer des ingrédients secs tels que les noisettes et les champignons séchés.
• Mixeur à main: mixeur équipé d'une lame au bout d'une longue poignée que l'on plonge dans le récipient

Insertion du disque perforé

Moulin à légumes assemblé

Mixeur à main

de liquide. Cet appareil présente l'avantage de ne pas obliger à transvaser le liquide chaud dans un récipient annexe. Ce type de mixeur est idéal pour les soupes et les sauces.

• Presse-purée: appareil particulièrement adapté à l'élaboration de purées de pommes de terre et autres purées de légumes, car les aliments passent par de minuscules orifices. Les presse-purée permettent de réaliser des purées à texture très lisse que seuls les tamis à mailles fines sont susceptibles de surclasser.

• Passoire: ustensile très répandu, il est utile de savoir comment l'utiliser pour l'élaboration de purées. Les passoires conviennent surtout aux purées relativement peu épaisses ou liquides qui ne sont pas trop difficiles à broyer. Broyez les préparations liquides et semi-liquides dans la passoire en appuyant avec une louche dirigée vers le bas (page 96). Les passoires peuvent être équipées de cribles à mailles fines, moyennes et grosses. Pour obtenir une purée très fine, il peut être judicieux de filtrer d'abord les aliments dans une passoire à mailles moyennes ou grosses, puis dans une plus fine. (Voir également Quenelle.)

## Quenelle

Il s'agit d'une purée crue de poisson (traditionnellement du brochet) ou de veau allégée avec de la crème, transformée en mousseline, façonnée en une forme ovale allongée, puis pochée (Lyon est réputée pour ses quenelles de brochet pochées dans du bouillon de poisson et servies avec une sauce à l'écrevisse ou gratinées au four). Le terme désigne parfois uniquement la forme de l'aliment (glaces, sorbets et mousses). Les quenelles sont généralement servies en entrée. Ici, elles sont cuites et nappées d'une sauce hollandaise au safran, puis gratinées.

**Façonner des quenelles:** ici, la mousse de foie de poulet (page 165) est modelée en quenelles. Pour cela, trempez 2 cuillères de taille égale dans de l'eau froide. Prenez une dose généreuse de préparation avec l'une d'elles et lissez-en la surface avec l'autre cuillère, tournée dans la direction opposée. Glissez la cuillère du dessus partiellement sous la préparation de la cuillère du dessous afin de déposer soigneusement sur une assiette ou un plat les quenelles ainsi formées.

**Pocher des quenelles de saumon:** faites cuire les quenelles à feu doux pour éviter qu'elles ne se désintègrent. Préparez une mousseline de saumon juste assez ferme pour être pochée sous forme de quenelles (page 278). Modelez la préparation en quenelles et placez-les en rangées sur un plat à four préalablement beurré et suffisamment creux pour qu'elles soient submergées de liquide. Recouvrez à la louche les quenelles d'eau salée ou de bouillon frémissant. Placez le récipient sur feu doux à moyen et faites cuire les quenelles dans le liquide à peine

Placer les quenelles sur le plat

Égoutter les quenelles

Former les quenelles avec 2 cuillères

Déposer les quenelles sur un plat

Verser du bouillon frémissant

Quenelles gratinées au four

frémissant. Une fois toutes les quenelles remontées à la surface, retournez-les délicatement pour immerger la moitié restée à la surface. Pochez-les pendant 3 min supplémentaires jusqu'à ce qu'elles soient cuites à point (si vos quenelles sont plus grandes que celles illustrées ici, coupez-en une pour vérifier: si le centre paraît plus moelleux que le reste de la quenelle, elle n'est pas assez cuite). Retirez les quenelles avec une écumoire et égouttez-les sur un torchon. Versez la sauce et servez immédiatement ou, au besoin, réchauffez les quenelles avant de les servir. Ici, les quenelles sont nappées d'une sauce hollandaise au safran, puis cuites au four. (Voir également Mousse, Mousseline.)

### Râper

Couper en lanières. Technique analogue à la découpe en chiffonnade, mais moins précise. Un coupe-légumes ou une mandoline facilite la coupe de légumes tels que le chou ou le fenouil. (Voir également Chiffonnade, Coupe-légumes.)

### Réduire

Technique consistant à faire cuire des liquides pour les débarrasser d'une partie de leur eau par évaporation. Cette méthode permet de concentrer la saveur d'un bouillon ou d'une sauce et, occasionnellement, d'épaissir la sauce en concentrant les ingrédients tels que la gélatine naturelle.

### Rissoler

Frire dans une quantité d'huile ne recouvrant qu'à moitié les aliments (page 160). La plupart des cuisiniers emploient cette méthode pour préparer du poulet frit. Cette technique exige moins d'huile que la friture normale, mais les aliments doivent être retournés à mi-cuisson. (Voir également Frire.)

### Rond de papier sulfurisé ou d'aluminium

Certains aliments étant braisés en partie submergés dans du liquide, on couvre le récipient pour que la chaleur reste à l'intérieur et cuise les morceaux en surface en même temps que les autres. D'autres aliments, tels les ris de veau (voir Préparer des ris braisés, page 214) et les oignons glacés (voir Petits oignons caramélisés, page 76), doivent être couverts de manière à réduire le liquide de braisage et le concentrer en cours de cuisson. Pour cela, vous pouvez soit couvrir partiellement le récipient de façon à conserver la chaleur à l'intérieur tout en laissant la vapeur

Papier sulfurisé plié        Découpage du rond

s'échapper, soit, pour de meilleurs résultats, couvrir les aliments d'un rond de papier sulfurisé ou d'aluminium. Cela permet non seulement de conserver la chaleur tout en laissant l'humidité s'évaporer, mais aussi de réduire et concentrer le liquide en une sauce ou un glaçage savoureux. Pour cela, découpez un rond juste assez grand pour tenir dans le récipient et couvrir les aliments. Pliez en deux un carré assez grand pour couvrir le haut du récipient et repliez-le dans le sens opposé. Pliez le papier plusieurs fois en diagonale à partir de la pointe, cela donnant l'aspect d'un avion. Tenez la pointe du papier au milieu du récipient et découpez la partie qui dépasse. Dépliez le papier au-dessus des aliments. (Voir également Braiser, Glacer, Réduire.)

### Rôtir

Au sens strict, rôtir consiste à cuire des aliments à la broche devant un feu et à l'air libre. Même si le four a désormais largement supplanté la broche, nous recherchons tous un résultat aussi proche que possible du rôtissage en plein air. Rôtir vise à créer une croûte dorée sur les aliments tout en les cuisant bien à l'intérieur. Aucun liquide (bouillon, vin ou eau) n'intervient: le rôti est uniquement en contact avec de l'air chaud ou parfois enrobé de graisse chaude. Il s'agit d'une technique aussi simple que complexe: simple, car il suffit de glisser les aliments dans le four; complexe, car si la température est inadéquate, les aliments risquent de ne jamais dorer ni cuire correctement.

Le rôtissage convient parfaitement aux gros morceaux de viande tendre ainsi qu'aux jeunes volailles. Ce type de viande ne gagne pas à être braisée longuement et à feu doux, car elle se dessèche. Les viandes maigres tendres et la volaille se desséchant dès

qu'elles sont un peu trop cuites, il importe de savoir bien évaluer la cuisson d'un rôti.

Certains posent leur rôti sur une grille à rôtir, mais cela est déconseillé. Le rôti étant suspendu au-dessus de la lèchefrite, les sucs brûlent dès qu'ils gouttent. Posez le rôti sur une couche d'os coupés en petits morceaux (du rôti), de chutes de viandes (du rôti) et de légumes aromatiques (souvent des oignons, des carottes et un peu de céleri) répartis au fond du plat afin d'empêcher le rôti de coller et pour distribuer la chaleur de façon homogène sans brûler les sucs, qui gagnent, en outre, en saveur.

• Déterminer la température du four: les fours ménagers variant énormément, ne vous fiez pas aveuglément aux températures indiquées dans les recettes tant que vous n'êtes pas familiarisé avec votre four. Le meilleur moyen de rôtir des viandes et de la volaille consiste à commencer à une température relativement élevée de façon à vous assurer que le rôti deviendra doré avant d'être trop cuit. Si, une fois que le rôti est doré, vous constatez qu'il n'est pas entièrement cuit, baissez la température et continuez la cuisson jusqu'à ce qu'il soit à point. En général, plus le rôti est gros, plus la température doit être basse, car la cuisson des gros morceaux prend relativement longtemps et laisse donc au rôti le temps de dorer. Les petits rôtis, tels les carrés d'agneau, doivent être cuits à forte température: 220 °C (425 °F). Pour les rôtis de plus de 2,5 kg (5 ½ lb), commencez à 200 °C (400 °F). Les gros rôtis, comme les dindes qui peuvent cuire 3 h ou plus, ont tout le temps de devenir dorés, même à la température relativement faible de 180 °C (350 °F).

Si le rôti est cuit mais n'a pas doré, augmentez la température afin de roussir la viande rapidement. Par contre, si la viande est bien dorée en surface mais crue à l'intérieur, baissez la température pour achever la cuisson sans dorer la viande.

Pour certains rôtis très petits (cailles, pigeonneaux, poulardes), le four risque de ne pas être assez chaud pour dorer la viande sans trop la cuire: passez-les à la poêle avant de les rôtir.

• Déterminer le point de cuisson: le moyen le plus aisé et le plus fiable consiste à introduire un thermomètre à lecture instantanée ou une brochette soit dans le centre du rôti, soit entre la poitrine et la cuisse s'il s'agit d'une volaille. Les volailles à chair blanche telles que poulets et dindes doivent afficher 60 °C (140 °F) dans la partie la plus froide, la zone située entre la poitrine et la cuisse, près de l'articulation. Les volailles à chair rouge, telles que les canards, doivent afficher environ 50 °C (122 °F) lorsqu'ils sont cuits. Cette méthode s'applique aussi au porc et au veau, qui doivent toujours afficher une température de 60 °C (140 °F). Les viandes telles que le bœuf, l'agneau, la venaison et le lapin sont à rôtir selon le goût. Elles doivent afficher un peu moins de 50 °C (122 °F) pour les viandes saignantes, de 50 à 55 °C (122 à 131 °F) si vous les souhaitez saignantes à point, de 55 à 57 °C (131 à 135 °F) si vous les souhaitez à point, et de 57 à 60 °C (135 à 140 °F) pour les viandes bien cuites (n'oubliez pas que la température interne augmente lorsqu'on laisse reposer le rôti).

• Laisser reposer: une fois le rôti sorti, laissez-le reposer dans un endroit chaud pendant 20 à 30 min en le recouvrant d'aluminium (il garde la viande chaude; ne le collez pas trop à la viande pour éviter que la vapeur ne fasse perdre le côté croustillant). Cette technique permet de détendre le muscle (la viande est un muscle) pour redistribuer les sucs dans la viande et éviter ainsi qu'ils ne suintent excessivement sur le plat à la découpe. En outre, la chaleur pénètre jusqu'au centre du rôti, rendant la cuisson homogène. La température interne d'un rôti augmentant de quelques degrés une fois qu'il est sorti du four, si vous le préférez saignant, cuisez-le jusqu'à ce qu'il atteigne à peine 50 °C (122 °F). Les rôtis sont servis avec du jus lié ou simple. (Voir également Jus.)

### Roux

Mélange de beurre et de farine servant à épaissir sauces, soupes et jus. On fait revenir le beurre avec la farine dans une casserole épaisse sur feu moyen. Certaines recettes suggèrent néanmoins de passer d'abord la farine au four. La plupart des roux sont blancs, la cuisson de la farine étant limitée à 1 ou 2 min. Le roux brun figure dans les recettes plus anciennes et s'obtient par cuisson plus longue. Les cuisiniers cajuns préfèrent souvent les roux très bruns cuits longuement. (Voir également Épaississant.)

Sabayon

## Sabayon

Préparation mousseuse et légère que l'on obtient en battant sur feu doux des jaunes d'œufs dans de l'eau ou autre liquide. Le fond mousseux à base de jaunes d'œufs qui sert à préparer la sauce hollandaise et ses dérivés (page 44) porte parfois ce nom. Actuellement, on utilise parfois des liquides comme celui qui sert à braiser du poisson en le battant avec des jaunes d'œufs pour former un sabayon léger et salé, analogue à une sauce hollandaise sans beurre. Il peut aussi s'agir d'une sauce sucrée élaborée en battant des jaunes d'œufs dans du vin blanc et du sucre jusqu'à ce que la substance soit épaissie et mousseuse. La version italienne, appelée *zabaglione*, est analogue à la française, sauf qu'elle contient du vin doux (Marsala).

## Salaison

À l'origine, il s'agissait de traiter des aliments avec un ingrédient, généralement du sel et/ou du sucre (avant l'apparition des réfrigérateurs), dans le but de les conserver en les protégeant des bactéries, moisissures et parasites. Aujourd'hui néanmoins, la salaison sert davantage à renforcer le goût et la texture des aliments. Beaucoup sont salés dans de la saumure aromatisée aux herbes ou aux épices, les petits oignons macérés dans du vinaigre et certains poissons par exemple. En outre, on sale parfois les viandes et les poissons en les frottant entièrement avec du sel éventuellement additionné de sucre, car ces condiments permettent d'assécher les aliments tout en renforçant leur saveur. Certains aliments salés, comme le gravlax (page 239) et le prosciutto, peuvent être servis dès que la salaison est terminée. En revanche, le saumon et certains autres poissons peuvent être cuits davantage ou fumés après leur salaison. (Voir également Fumer.)

## Sauce

Certaines sauces visent simplement à renforcer le goût inhérent des aliments, du jus sur une tranche de rosbif par exemple, tandis que d'autres, telles la hollandaise et la mayonnaise, visent à créer un effet de contraste. Certaines sauces, telles la moutarde, sont généralement plutôt considérées comme des condiments, mais elles créent également des contrastes et relèvent les plats. En cuisine française classique, il existe des sauces «intégrantes» et «non intégrantes». Les sauces telles que le jus lié, le liquide d'un ragoût ou d'un mets braisé et la sauce récupérée d'une poêle déglacée proviennent de la cuisson et sont dérivées des aliments eux-mêmes: ce sont des sauces intégrantes. Les sauces non intégrantes sont, elles, élaborées en marge des aliments qu'elles accompagnent et se divisent en sept groupes: hollandaise, mayonnaise, vinaigrette, sauce au beurre, sauce blanche, consommé et sauce tomate. Les centaines de sauces classiques et plus modernes en sont toutes dérivées. Une fois que vous maîtrisez les sauces élémentaires, il est donc facile de créer des variantes. (Voir également Déglacer, Sauce blanche.)

## Sauce blanche

Les sauces blanches traditionnelles se divisent en deux catégories: les dérivées de la béchamel et les dérivées du velouté. Les béchamels élémentaires s'élaborent en ajoutant du lait chaud à un roux blanc, tandis que les veloutés se réalisent en ajoutant du bouillon chaud à un roux blanc. D'innombrables variantes sont possibles: si l'on ajoute du fromage à une béchamel, on obtient une sauce Mornay; si l'on y ajoute de la crème, elle se transforme en sauce crémeuse. Si l'on ajoute de la tomate à une sauce veloutée, on obtient une sauce aurore; si l'on ajoute de la crème et le liquide de cuisson de champignons à une sauce veloutée, on obtient une *sauce suprême*. Beaucoup de chefs ont supprimé la farine des sauces blanches et préparent des variantes «modernes» avec d'autres épaississants, tels que de la crème réduite, du beurre, des purées de légumes et des jaunes d'œufs. On peut modifier la consistance d'une sauce béchamel ou veloutée en variant la proportion de liquide par rapport au roux. L'épaisseur désirée dépend du mets auquel on destine la sauce. Les béchamels épaisses sont destinées aux soufflés, les moyennes, aux gratins et les fines, aux soupes.
Les recettes traditionnelles pour l'élaboration du roux recommandent des mesures en poids égales de farine et de beurre, mais comme nous mesurons souvent par cuillerées, voici quelques indications des diverses épaisseurs des sauces béchamels et veloutées.

### Dosage pour 500 ml de sauce

| | FARINE | BEURRE | LAIT/BOUILLON |
|---|---|---|---|
| Sauce fine | 3 c. à soupe | 3 c. à soupe | 500 ml (2 tasses) |
| Sauce moyenne | 4 c. à soupe | 4 c. à soupe | 500 ml (2 tasses) |
| Sauce épaisse (gratins) | 5 c. à soupe | 5 c. à soupe | 500 ml (2 tasses) |
| Fond de soufflé | 6 c. à soupe | 6 c. à soupe | 500 ml (2 tasses) |

## Sauter

Cuire des aliments à la poêle sur feu vif et dans un peu de graisse afin de les dorer et d'en rehausser le goût. Cette technique présente l'avantage de laisser des sucs caramélisés dans la poêle, que l'on peut déglacer en ajoutant du liquide comme de l'eau, du vin ou du bouillon en vue de réaliser une sauce instantanée et délicieuse.

En règle générale, il convient de chauffer la poêle fortement avant d'y placer les aliments. Le liquide des sucs doit, en effet, pouvoir s'évaporer immédiatement pour que les protéines caramélisent et forment une croûte salée. Si la chaleur est insuffisante, soit les aliments suent au lieu de revenir, soit les sucs s'accumulent au fond de la poêle et finissent par cuire les aliments à la vapeur. Les aliments qui dégagent beaucoup d'eau (champignons, cubes de viande à ragoût, noix de Saint-Jacques par exemple) ne doivent être incorporés qu'en petites quantités à la fois afin de ne pas trop faire baisser la température de la poêle. On fait sauter les aliments panés et farinés sur feu moyen, car l'enveloppe devient dorée plus vite que l'intérieur, ainsi que les très gros morceaux de viande ou de poisson qui ont le temps de devenir dorés sans risque de cuisson excessive. On peut cuire les aliments panés et farinés dans du beurre non clarifié, qui brûle à des températures élevées, car on les cuit sur feu moyen. Contrairement à la friture, qui exige beaucoup d'huile chaude, il suffit pour faire sauter des aliments de mettre juste assez de graisse afin de les empêcher de coller à la poêle. Les aliments étant généralement sautés sur feu très vif, il importe d'employer un corps gras capable d'être fortement chauffé. Le beurre non clarifié brûlant à faible température, il est préférable de le clarifier pour ce type de cuisson. Les huiles végétales et les huiles d'olive conviennent parfaitement dans ce cas, car elles tolèrent des températures très élevées. Pour sauter des aliments, choisissez une huile d'olive normale plutôt qu'extravierge. La saveur délicate de l'extravierge plus coûteuse serait de toute manière anéantie par la chaleur extrême.

Bien qu'employés indistinctement, les termes *sauter* et *poêler* désignent deux techniques légèrement différentes. Il s'agit dans les deux cas d'une cuisson sur feu vif, mais sauter implique des aliments peu volumineux que l'on fait littéralement sauter dans la poêle. En revanche, poêler concerne des aliments de plus grande taille que l'on ne retourne qu'une ou deux fois avec une spatule.

Choix de la poêle: les novices ne ménagent souvent ni leur argent ni leurs efforts pour dénicher la poêle idéale. Une poêle quelconque suffit, mais il est vrai qu'un modèle de qualité facilite la tâche. Utilisez de préférence une poêle suffisamment grande pour ne pas devoir y superposer les aliments, mais dont le maniement doit rester facile. Si la poêle est trop grande, les sucs dégagés par les aliments sautés risquent de couler vers les bords et de brûler. Si elle est trop petite, les aliments cuisent à la vapeur dans leurs sucs au lieu de devenir dorés.

• Il est primordial que la poêle possède un fond épais pour que la chaleur soit répartie de façon homogène sur toute sa surface. Si la poêle est fine, la zone située directement au-dessus du brûleur ou de la plaque électrique chauffe beaucoup plus que le reste du récipient, entraînant des disparités de cuisson dans les aliments.

• Utilisez une poêle à bords inclinés, pour pouvoir y faire sauter des aliments (légumes tranchés, noix de Saint-Jacques et petits morceaux de viande par exemple). Ce type de bord permet de retourner facilement les aliments.

• Utilisez une poêle à bords droits pour faire revenir des morceaux plus volumineux de poisson, volaille, viande et légumes en les remuant au lieu de les sauter. Ce type de poêle convient également mieux au déglaçage en vue de la préparation d'une sauce: si vous utilisez un modèle à bords inclinés, la sauce risque de coller et de brûler une fois réduite. Si vous préparez une sauce déglacée, il est préférable de choisir une poêle à surface claire (aluminium, étain, acier inoxydable) pour que vous puissiez voir si les sucs ont brûlé avant de les déglacer. Les poêles à bords droits dotées d'un couvercle sont parfaites pour les fricassées, qui impliquent l'ajout d'un liquide une fois les aliments sautés.

• Les poêles antiadhésives de qualité facilitent grandement le travail, mais les modèles à fond épais bien conçus sont coûteux. Les poêles en fonte ayant servi fréquemment peuvent vous dépanner, mais certains les jugent trop lourdes pour les sautés. Sauté désigne également un mets contenant de la viande ou de la volaille que l'on a fait sauter, avec une sauce préparée dans la poêle (pages 157 et 195). On chauffe les aliments dans la sauce à la dernière minute. Un sauté diffère d'une fricassée, qui implique un début de cuisson dans un corps gras, puis une fin de cuisson dans un liquide. Ces deux techniques diffèrent du ragoût, car la viande ou la volaille restent sur le feu uniquement jusqu'à ce que leur chair soit bien cuite, alors que les ragoûts sont mijotés plusieurs heures. (Voir également Braiser, Déglacer, Fricassée, Frire, Poêler, Rissoler, Suer.)

## Soufflé

Préparation, généralement une sauce épaissie (béchamel pour la version salée et crème pâtissière ou sabayon pour la version sucrée) que l'on mélange à des blancs d'œufs et que l'on fait cuire au four dans un moule (page 177). Les soufflés surgelés ne sont pas réellement des soufflés, car ils ne sont jamais cuits au four. Il s'agit, en fait, d'une sorte de mousse qui est congelée dans un moule à soufflé.

## Suer

Cuire des aliments à feu doux, totalement ou partiellement couverts, jusqu'à ce qu'ils perdent leur eau. On utilise souvent cette technique pour préparer soupes, ragoûts et sauces afin que les aliments (légumes, viandes et poissons) distillent leurs sucs dans la poêle ou dans le liquide de cuisson. Cette méthode est l'antithèse du sauté, lequel consiste à cuire les aliments sur feu vif pour qu'une croûte se forme et leur donne un riche goût caramélisé. Dans l'exemple illustré, on fait suer des poireaux

en julienne dans un faitout couvert à feu doux jusqu'à ce qu'ils deviennent tendres. (Voir également Sauter.)

## Timbale

Préparation, généralement à base de légumes réduits en purée, que l'on fait cuire à feu doux dans un grand moule ou dans des moules individuels, le plus souvent au bain-marie. Une timbale ressemble à un flan, mais est la plupart du temps rendue plus consistante par l'addition de chapelure. (Voir également Bain-marie, Crème.)

Achevé d'imprimer au Canada
sur les presses des Imprimeries Transcontinental Inc.